推动构建
人类命运共同体

习近平外交思想研究中心 著

五洲传播出版社

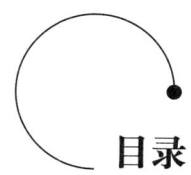

目录

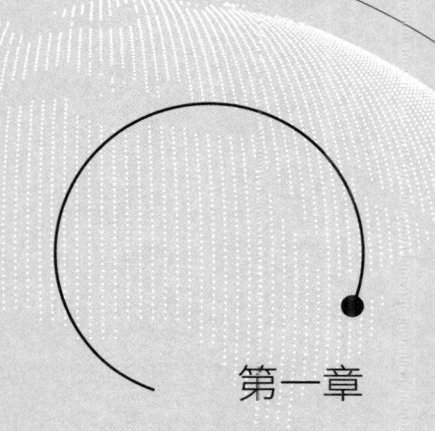

第一章

推动构建人类命运共同体
的时代背景

时代是思想之母，实践是理论之源。回望人类历史，伟大的时代必然产生伟大的思想。在世界经历百年未有之大变局的背景下，2012年和2017年召开的中共十八大、十九大，推动中华民族的伟大复兴进入波澜壮阔的"非凡十年"，中国特色社会主义伟大事业进入新时代，我们党确立了习近平同志党中央的核心、全党的核心地位，确立习近平新时代中国特色社会主义思想的指导地位。2022年举行的中共二十大则向世界郑重宣告：从现在起，中国共产党的中心任务就是团结带领全国各族人民全面建成社会主义现代化强国、实现第二个百年奋斗目标，以中国式现代化全面推进中华民族伟大复兴。当前，世界百年未有之大变局加速演进，新一轮科技革命和产业变革深入发展，国际力量对比深入调整，我国发展面临新的战略机遇。同时，新冠疫情影响深远，逆全球化思潮抬头，单边主义、保护主义明显上升，世界经济复苏乏力，局部动荡和冲突频发，全球性问题加剧，世界进入新的动荡变革期。我们所处的是一个充满风险和挑战的时代，也是一个充满希望和机遇的时代。这些深刻的世界之变、时代之变、历史之变，构成了"推动构建人类命运共同体"这一伟大思想创造提出并不断丰富发展的宏阔时代背景。

第一节 人类社会发展进入新纪元

人类社会正处在一个大发展大变革大调整时代。全球性问题给人类社会带来的影响前所未有，新一轮科技和产业革命深刻重塑着人类社会，既带来新的机遇，也提出前所未有的挑战。2008 年爆发的国际金融危机、2020 年以来席卷全球的新冠疫情以及 2022 年发生的乌克兰危机，进一步折射出各国相互联系程度的空前紧密。应对全球性挑战的出路、人类社会的未来等重大问题引发越来越多有识之士的思考。

一、经济全球化不可逆转

当今世界进入各国相互依存的经济全球化时代，不同国家和地区结成了你中有我、我中有你、一荣俱荣、一损俱损的关系。经济全球化为世界经济增长提供强劲动力，促进了商品和资本流动、科技和文明进步、各国人民交往，[1] 促成了贸易大繁荣、投资大便利、人员大流动、技术大发展。同时，经济全球化是一把"双刃剑"，确实带来了新问题。当世界经济处于下行期的时候，全球经济的蛋糕不容易做大，甚至变小了，增长和分配、资本和劳动、效率和公平的矛盾就会突出，发达国家和发展中国家都会感受到压力和冲击。[2] 特别是近几年来，受新冠疫情肆虐，单边主义和保护主义抬头等因素影响，经济全球化遭遇逆流，但经济全球化是社会生产力发展的客观要求和科技进步的必然结果，是历史大势，不是哪些人哪些国家人为造出来的。世界各国虽然国情不同、所处发展阶段不同、面临的现实挑战不同，但应对

---

[1] 习近平：《论把握新发展阶段、贯彻新发展理念、构建新发展格局》，北京，中央文献出版社，2021 年 8 月第 1 版，第 253 页。

[2] 同上，第 253 页。

风险挑战和推动经济增长的愿望相同、实现经济繁荣和社会发展的憧憬相同，打造更为包容、均衡和公平的新型全球化，日益成为各国的共同追求。正如习近平总书记指出的那样："世界经济的大海，你要还是不要，都在那儿，是回避不了的。想人为切断各国经济的资金流、技术流、产品流、产业流、人员流，让世界经济的大海退回到一个一个孤立的小湖泊、小河流，是不可能的，也是不符合历史潮流的。"[1]

二、文化多样化持续推进

文明因交流而多彩，因互鉴而发展。人类文明多样性是世界的基本特征，也是人类进步的源泉，多样带来交流，交流孕育融合，融合产生进步。世界上有 200 多个国家和地区、2500 多个民族，不同的历史和国情，不同的民族和习俗，孕育了不同的文化，使世界更加丰富多彩。20 世纪 90 年代以来，尤其是进入 21 世纪后，不同文化文明间相互交流、融合发展的态势更趋明显。尤其是随着以中国为代表的一批文明古国现代化进程的加速推进，各类文明文化更加平等地交流、碰撞、融合的态势日益明显，世界文化正在形成"百花齐放、百川竞流"的格局。在全球化进程中，全球多元文化百花齐放、千帆竞发、交汇融合已经是大势所趋。各种文明相互交融、共同发展，世界文化大家庭正以交融共享跨越文化隔阂，以和谐共生代替文化冲突，以多元共存超越文化优越，以繁荣共进消除文化偏见，谱写着"各美其美、美美与共"的华美乐章，人类文明百花园在文化交融的助力下迎来更加包容、开放和繁荣的盛况。

---

[1] 习近平：《习近平谈治国理政》第二卷，北京，外文出版社 2017 年第 1 版，第 476 页。

三、新一轮科技革命和产业变革突飞猛进

当前，新一轮科技革命和产业变革正处在实现重大突破的历史关口。物质结构、宇宙演化、生命起源、意识本质等一些重大科学问题的原创性突破正在开辟新前沿、新方向，一些重大颠覆性技术创新正在创造新产业新业态，信息技术、生物技术、制造技术、新材料技术、新能源技术广泛渗透到几乎所有领域，带动了以绿色、智能、泛在为特征的群体性重大技术变革，大数据、云计算、移动互联网等新一代信息技术同机器人和智能制造技术相互融合步伐加快，科技创新链条更加灵巧，技术更新和成果转化更加快捷，产业更新换代不断加快，使社会生产和消费从工业化向自动化、智能化转变。[1] 学科之间、科学和技术之间、技术之间、自然科学和人文社会科学之间日益呈现交叉融合趋势，科学技术从来没有像今天这样深刻影响着各国前途命运，从来没有像今天这样深刻影响着世界人民生活福祉。

与此同时，科学技术的发展在很大程度上重塑了国与国之间的政治和经济关系。一方面，社会信息化与经济全球化相互交织、相互促进日益成为全球发展的新潮流。技术创新不断催生新理念、新应用和新产业，深刻影响世界经济发展模式，推动生产力实现新的飞跃，让更广范围的社会分工成为现实，使世界经济联系更加紧密。另一方面，数据安全、信息安全、网络安全以及将信息技术工具化、武器化又会对别国国家安全构成严峻威胁。

---

[1] 习近平：《习近平谈治国理政》第二卷，北京，外文出版社 2017 年版，第 268 页。

第二节 国际格局呈现新特征

一、国际力量对比深刻变化

冷战结束以来，世界多极化加速推进，国际力量对比向着更加均衡方向不断发展。一大批新兴市场国家和发展中国家走上发展的快车道，自身实力、自主发展能力、国际影响力不断增强，十几亿乃至几十亿人口正在加速走向现代化，多个发展中心在世界各地区逐渐形成。据国际货币基金组织测算，2021 年新兴市场和发展中经济体的经济总量占全球的 40.9%，创历史最高水平，较 21 世纪初提升超过 20 个百分点，对世界经济增长的贡献率持续提升。预计未来 5 年新兴市场和发展中经济体的经济总量占全球的比重将达 44% 左右。[1] 如果按购买力平价法（PPP）计算，新兴经济体和发展中国家的全球经济总量占比更是已经超过六成，在科技、教育、社会、文化等领域也取得长足发展。全球新一轮科技和产业变革，更使新兴市场国家和发展中国家迎来实现新的跨越式发展的重大机遇。新兴市场国家和发展中国家的群体性崛起，从根本上改变了国际力量对比。

二、国际体系和秩序深度调整

在国际力量对比变化、各国国内不平等鸿沟加深、欧洲等区域一体化遇阻、全球性问题愈演愈烈等因素共同作用下，第二次世界大战后建立的国际秩序和全球治理体系不适应的方面越来越多。世界银行、国际货币基金组织、世界贸易组织等现存国际秩序的支撑机制陷入多

---

[1]《再问命运：未来的发展机会在哪里》，《第一财经（网络版）》，2022 年 5 月 9 日，https://www.yicai.com/news/101405449.html。

重困境。新冠疫情和地缘政治因素等综合作用，导致全球产业链供应链紊乱、大宗商品价格持续上涨、能源供应紧张等风险相互交织，全球经济复苏进程的不确定性加剧。全球低通胀环境发生明显变化，复合型通胀风险正在显现，全球经济中期内陷入滞胀的风险加大。全球发展进程遭受严重冲击，国际发展合作动能减弱，南北发展差距进一步扩大，联合国 2030 年可持续发展议程的全球落实受到重创。全球将近 70 个国家的 12 亿人口面临疫情、粮食、能源、债务危机，全球过去数十年的减贫成果可能付诸东流。新兴市场国家和发展中国家推动国际秩序朝着更加公正合理方向发展的呼声越来越高。长期以来西方发达国家在全球政治经济权力体系中占据主导地位的状况正在发生历史性变化，世界秩序的主导权自近代以来首次开始向非西方世界转移扩散。

三、国际关系民主化深入发展

民主不仅是国内治理的方式，也是全球治理的原则。世界多极化相对于两极格局有利于保障更广泛的民主。越来越多的国家，特别是广大发展中国家越来越深刻认识到世界命运应该由各国共同掌握，国际规则应该由各国共同书写，全球事务应该由各国共同治理，发展成果应该由各国共同分享。它们要求更加平等地参与到国际事务当中，提高在国际组织中的代表性和发言权，要求尊重文明多样性和国家发展道路多样化。尽管霸权主义和强权政治依然存在，但国际关系民主化已成为不可阻挡的时代潮流。近年来，新兴市场国家和发展中国家在国际事务和全球治理中的话语权和影响力不断提升，积极参与二十国集团、金砖国家、上海合作组织等平台的合作，倡导和推动全球经济治理变革，东盟、非盟等地区性国际组织发挥着越来越重要的作用。

极少数大国或大国集团垄断世界事务、支配其他国家命运的时代已经一去不复返了。

第三节 世界思潮出现新变化

在人类社会发展进入新纪元、国际格局深刻调整的历史关口，各种政治和社会思潮也出现新变化、孕育新趋势，并与国际形势相互激荡、相互影响，成为百年变局的重要组成部分。

一、科学社会主义焕发出强大生机活力

世界社会主义五百年，从空想到科学、从理论到实践、从一国实践到多国发展，反映了人类对美好社会制度的执着追求，深刻改变着世界历史的发展进程。20 世纪 80 年代末至 90 年代初，世界社会主义遭受严重曲折。但历史发展规律不以人的意志为转移，历史总是要显示出其前进的力量。中国式现代化道路拓展了发展中国家走向现代化的路径选择。中国的成功实践，打破了"现代化＝西方化"的迷思，给世界上那些既希望加快发展又希望保持自身独立性的国家和民族提供了全新选择，科学社会主义在 21 世纪的中国焕发出强大生机活力。

二、西方各类思潮呈现多元复杂态势

在政治经济思潮领域，以"华盛顿共识"为代表的新自由主义和市场原教旨主义日渐式微，一些有关如何在本国和全球范围内打造新的兼顾效率与公平的市场经济体制、提升社会平等公正的社会政治思潮，正获得日益广泛的支持和更大的影响力，主要包括：一是主张

在社会分配层面直接发力，针对所有劳动年龄人口发放的"基础工资论"；二是主张强化福利国家的政府干预主张，重点以促进教育和就业领域改革来促进机会平等；三是主张以开征"财富税"为核心推进社会平等；四是主张在劳资双方间建立义务和权利的平衡关系来推进"社会共同善"；五是主张将私营企业视为"社会的受托人（trustees of society）"以回应时代挑战。在生态环境思潮领域，地球气候环境危机刺激了全球生态主义思潮兴盛，强力应对气候变化的全球共识得到空前强化。各种生态资本主义（自然资本主义、绿色资本主义）思潮大兴于西方。美国学者罗尔斯顿在确立"自然价值论"的环境伦理学基础上，进一步确立了生态中心主义的理论形态。针对资本主义生态危机，"生态学马克思主义（Ecological Marxism）"应运而生，将生态学和马克思主义相结合，试图从马克思主义和社会主义的视角提出化解生态危机的理论和方案，用生态学来补充马克思主义和社会主义，以此来应对生态危机。

第四节 中国与世界关系新起点

当前和今后一个时期，是中华民族伟大复兴持续推进和世界大变局加速演进的关键阶段。中国的发展与世界的发展同步交织、相互激荡，中国式现代化建设和全面推进社会主义现代化强国进程，创造人类文明的新形态，不断为人类社会发展作出巨大贡献，成为推动世界大变局的重要力量。

一、中国特色社会主义进入新时代

从中华民族复兴历史进程来看，党的十八大以来中国各项事业取得历史性成就、发生历史性变革，使中华民族迎来了从站起来、富起来到强起来的伟大飞跃，实现中华民族伟大复兴进入了不可逆转的历史进程。从科学社会主义的发展进程看，中国特色社会主义进入新时代，我们党确立习近平同志党中央的核心、全党的核心地位，确立习近平新时代中国特色社会主义思想的指导地位，实现了马克思主义中国化时代化新的飞跃。从中国近现代历史和世界历史来看，中国特色社会主义进入的新时代，是科学社会主义大放异彩的新时代，也是中国全面深化改革、扩大高水平对外开放、全面建设富强民主文明和谐美丽的社会主义现代化强国的新时代。

二、中国式现代化道路开创人类文明新形态

在中国共产党的领导下，中国坚持和发展中国特色社会主义，推动物质文明、政治文明、精神文明、社会文明、生态文明协调发展，创造了中国式现代化新道路，创造了人类文明新形态。在物质文明建设上，中国用几十年时间走完西方发达国家几百年走过的工业化历程，创造了经济快速发展和社会长期稳定两大奇迹；在政治文明建设上，中国积极发展全过程人民民主，健全全面、广泛、有机衔接的人民当家作主制度体系，构建多样、畅通、有序的民主渠道，丰富民主形式，从各层次各领域扩大人民有序政治参与，使各方面制度和国家治理更好体现人民意志、保障人民权益、激发人民创造，成功走出一条符合时代潮流的民主发展道路；在精神文明建设上，中国坚持马克思主义在意识形态领域的指导地位，不断吸收中华优秀传统文化和世界文明

精华，继承发扬革命文化，发展社会主义先进文化，构筑起中国精神、中国价值、中国力量，巩固全国各族人民团结奋斗的共同思想基础；在社会文明建设上，着眼于国家长治久安、人民安居乐业，建设更高水平的平安中国，完善社会治理体系，健全党组织领导的自治、法治、德治相结合的城乡基层治理体系，推动社会治理重心向基层下移，建设共建共治共享的社会治理制度，建设人人有责、人人尽责、人人享有的社会治理共同体，使社会既充满活力又拥有良好秩序；在生态文明建设上，中国推进绿色发展、循环发展、低碳发展，坚持走生产发展、生活富裕、生态良好的文明发展道路，全方位、全地域、全过程加强生态环境保护，生态环境保护发生历史性、转折性、全局性变化，为破解发展与保护难题提供了新思路。

三、中国与世界的关系发生历史性变化

中国共产党是胸怀天下、有全球视野的现代政党，始终坚持爱国主义与国际主义相统一。中国始终把自身发展置于人类发展的坐标系中，始终把中国人民利益同各国人民共同利益结合起来，始终把自己的前途命运同各国人民的前途命运紧密联系在一起，中华民族伟大复兴是人类进步事业的重要组成部分。随着中国特色社会主义进入新时代，我国综合国力和国际地位显著提升，前所未有地走近世界舞台中央，国际影响力、感召力、塑造力进一步提高，有能力为实现国际力量对比平衡、国际关系民主化、世界和平与战略稳定作出更为积极主动的贡献，有能力在全球性事务中发挥更大作用，同各国一道为解决全人类问题作出更大贡献。正如习近平总书记所指出的："解决好民族性问题，就有更强能力去解决世界性问题；把中国实践总结好，就有更强能力

为解决世界性问题提供思路和办法。"[1] 中国梦"不仅造福中国人民，而且造福世界人民"[2]，不仅关乎中国的命运，而且关系世界的命运。"中国坚持对外开放基本国策，奉行互利共赢的开放战略，不断提升发展的内外联动性，在实现自身发展的同时更多惠及其他国家和人民。"[3]

---

[1] 习近平：《习近平谈治国理政》第二卷，北京，外文出版社 2017 年版，第 340 页。

[2] 习近平：《习近平谈治国理政》，北京，外文出版社 2014 年版，第 57 页。

[3] 习近平：《习近平谈治国理政》第二卷，北京，外文出版社 2017 年版，第 483 页。

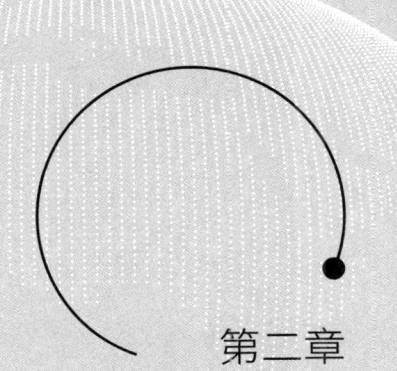

第二章

推动构建人类命运共同体的思想渊源

推动构建人类命运共同体，是习近平新时代中国特色社会主义思想特别是习近平外交思想的重要组成部分。这一思想继承了马克思主义共同体思想、世界历史理论和人与自然关系理论，对列宁的和平共处思想进行创造性发展，具有深厚的马克思主义思想底蕴；弘扬了中华优秀传统文化中"天下为公""协和万邦""和而不同""天人合一"等思想精华，体现了独特的中国风格；发扬了新中国外交胸怀天下、独立自主、和平发展、求同存异等优良传统，彰显了鲜明的历史传承。

第一节 汲取马克思列宁主义思想精华

构建人类命运共同体不仅是当代中国外交的重要主张，而且也是推动 21 世纪人类文明发展进步的重要思想，[1] 它继承和发展了马克思列宁主义的思想精华，充分体现了辩证唯物主义和历史唯物主义的世界观，是当代中国马克思主义、21 世纪马克思主义在国际关系、生态

---

[1] 王公龙：《人类命运共同体思想对马克思共同体思想的创新与重构》，《上海行政学院学报》2017 年第 5 期，第 4 页。

文明建设和人类文明进步等领域的集中体现，是 21 世纪马克思主义中国化的重大理论成果之一，为人类的进步、发展和繁荣贡献了中国智慧、中国方案和中国力量。[1]

一、马克思恩格斯的共同体思想

共同体思想是马克思主义的重要组成部分，是马克思恩格斯运用历史唯物主义原理，分析人类社会历史发展得出的科学结论，这一重要思想在马克思主义经典著作中时有体现。马克思基于唯物史观，根据生产方式、社会的发展变化等，将共同体的形态划分为自然共同体、虚幻共同体和真正共同体三种形式，并对此进行深刻论述，从而形成了共同体思想。马克思认为，人类共同体的演进经历了从前资本主义时代的"自然共同体"，到资本主义社会的"虚幻共同体"，再到共产主义社会的"真正的共同体"，即"自由人的联合体"这样一个过程。[2]

马克思在《政治经济学批判〈1857—1858 年手稿〉》中，对资本主义形成以前的诸多共同体类型进行了考察。马克思认为，人类早期依赖大自然而生存，因此对自然环境、地理位置以及语言交流等有极大的依赖性。为了应对各种生存威胁，人们以血缘或地缘关系为纽带，自发组成团体，共同占有生产资料，这就是最原始的共同体形式——自然共同体。[3] 在这一时期，人们只是为了维持生存而结成团体，个

---

[1] 杨洪源等：《构建命运共同体的人类文明》，北京，社会科学文献凵版社 2022 年版，第 11 页。

[2] 孙来斌：《论"人类命运共同体"与马克思共同体思想的关系》，《马克思主义研究》2019 年第 12 期；田鹏颖：《马克思主义视野中的"人类命运共同体"》，《哲学分析》2018 年第 1 期。

[3]《马克思恩格斯选集》第 3 卷，北京，人民出版社 1965 年版，第 132 页。

人不独立占有生产工具和土地，而是通过团体共同占有，相互依附是这一时期人与人之间关系最主要的特征。也就是说，在自然共同体中，个人不具备独立性，个人意志必须完全服从阶级统治，个体利益和共同利益大体一致。

随着分工日益发展，生产力水平不断提高，人类活动范围开始扩大，所有制形式也随之发生改变。原来的部落已不能满足人类的发展需求，以人的依赖为基础的奴隶制度以及与这一制度相适应的奴隶主所有制开始出现。在这一所有制下，只有奴隶主才拥有人身自由、财产和政治权利。由于社会不断进步，分工更加细化、生产力进一步发展，封建地主阶级开始出现，以土地私有制为基础的封建制度逐步建立。相对于原始部落和奴隶社会，封建社会的生产力水平，以及政治、文化等各方面都有显著进步。但在封建社会，人们依然没有摆脱人身依赖关系，对封建土地的依赖是这一时期最主要的特征，绝大多数人没有人身自由，只能服从和服务于统治者。从原始部落社会到奴隶社会，再到封建社会，人类都处于自然形成的共同体中。这种共同体的显著特征是：个体服从于共同体，共同体对个体拥有绝对控制权，个体的尊严、价值甚至人性都受到极大压抑。

随着社会不断发展，人类受自然和生产方式的制约逐步减少，个体为满足自身需求，开始寻求新的生产方式，并随之产生新的交换形式——物质交换方式。在这种交换过程中，共同体虽仍是主体角色，但个体独立意识开始形成，人的活动已不再局限于共同体之内。在此情况下，自然共同体逐渐落幕，资本主义生产方式开始登上历史舞台。

在资本主义生产方式下，社会生产日益扩大，分工更加细化，世界市场日渐完善，人类文明进程不断加速，但各种阶级冲突也日趋尖锐。资本家为追逐更多剩余价值，对工人进行残酷压榨，资本家之间的竞争也日益加剧。在资本主义社会，生产资料与劳动者相分离，劳动者表面上看起来获得了个人自由，但实质上是用物的依赖关系取代了人的依赖关系，用工资和利润掩盖了对劳动者的剥削。对此，马克思指出："正是由于特殊利益和共同利益之间的矛盾，共同利益才采取国家这种与实际的单个利益和全体利益相脱离的独立形式，同时采取虚幻的共同体的形式……"[1]

在资产阶级统治的"虚幻共同体"中，多数人的个人自由只是一种虚幻的表象，共同体的利益相对于个人来说是外在甚至对立的，资产阶级国家的职能就是调和利益对立，保护私有财产，其本质是统治无产阶级的工具。因此，对无产阶级来说，资产阶级国家这种共同体是"虚幻的"，资产阶级标榜的"自由""平等""公平""正义"等价值只为资产阶级所独有，对无产阶级来说完全是遥不可及的，无产阶级的世界与资产阶级的世界是对立的。

人类社会的发展要求无产阶级打破资产阶级社会的"虚幻共同体"，建立起"真正的共同体"。"真正的共同体"是共同体发展的最高阶段，是人类社会发展的理想形态。马克思认为，从前各个人联合而成的虚假的共同体，总是相对于各个人而独立的；由于这种共同体是一个阶级反对另一个阶级的联合，因此对于被统治的阶级来说，它不仅是完全虚幻的共同体，而且是新的桎梏。在真正的共同体的条件下，各个人在自己的联合中并通过这种联合获得自己的自由。[2]

马克思恩格斯指出，"代替那存在着阶级和阶级对立的资产阶级旧社会的，将是这样一个联合体，在那里，每个人的自由发展是一切

---

[1]《马克思恩格斯文集》第 1 卷，北京，人民出版社 2009 年版，第 536 页。

[2]《马克思恩格斯选集》第 1 卷，北京，人民出版社 1995 年版，第 119 页。

人的自由发展的条件"[1]。这一理想状态只有在共产主义社会才能实现。在马克思恩格斯看来，只有在共产主义这一联合体中才能实现真正的个人自由。在《德意志意识形态》《共产党宣言》等著作中，马克思恩格斯用"联合体""共同体""真正的共同体"来指称未来的共产主义社会。这说明，马克思主义创始人一直把"每个人的自由发展"作为共产主义社会，也就是"真正的共同体"的重要特征和价值目标。马克思恩格斯还认为，"人的自由全面发展"是有条件的。"只有在共同体中，个人才能获得全面发展其才能的手段，也就是说，只有在共同体中才可能有自由"。[2]这就意味着，在马克思主义创始人那里，每个人的自由发展离不开共同体，离不开全人类的共同发展。

习近平总书记高度评价马克思恩格斯在《共产党宣言》这一光辉著作中阐述的马克思主义基本原理。在纪念马克思诞辰二百周年大会上的讲话中，习近平总书记指出："从《共产党宣言》发表到今天，一百七十年过去了，人类社会发生了翻天覆地的变化，但马克思主义所阐述的一般原理整个来说仍然是完全正确的。我们要坚持和运用辩证唯物主义和历史唯物主义的世界观和方法论……坚持和运用马克思主义关于世界的物质性及其发展规律，关于人类社会发展的自然性、历史性及其相关规律，关于人的解放和自由全面发展的规律。"[3]

"人的解放和自由全面发展"的必由之路就是实现自由人联合体。人类命运共同体与"自由人联合体"在探索人类进步事业、推动人类

---

[1]《共产党宣言》，北京，人民出版社 2014 年版，第 51 页。

[2]《共产党宣言》，北京，人民出版社 2014 年版，第 119 页。

[3] 习近平：《在纪念马克思诞辰二百周年大会上的讲话》，载于《论中国共产党历史》，北京，中央文献出版社 2021 年版，第 209—210 页。

社会向前发展方面是一致的：二者都是服务世界绝大多数人的利益，二者的实现途径都是通过人类共同合作，实现共同利益。习近平总书记指出，构建人类命运共同体，就是要"把我们生于斯、长于斯的这个星球建成一个和睦的大家庭，把世界各国人民对美好生活的向往变成现实"[1]，而实现这一目标，无疑将极大地促进人的自由全面发展。由此可见，构建人类命运共同体继承和发展了马克思恩格斯的共同体思想，"人类命运共同体"是马克思"真正的共同体""自由人联合体"的当代呈现，[2] 为建立"自由人联合体"夯实现实基础。[3] 根据马克思主义理论，人类最终走向"真正的共同体"，也就是实现共产主义的过程十分漫长和艰难。在实现"真正的共同体"这一最终目的前，通过世界各国和各国人民的共同努力，推动构建"人类命运共同体"。从这一意义上讲，人类命运共同体的构建是未来实现"自由人的联合体"的必经阶段。[4]

二、马克思恩格斯的世界历史理论

世界历史理论是马克思恩格斯在科学分析人类社会发展一般规律的基础上，对人类社会历史发展阶段作出的科学预测。这一思想主要

---

[1] 习近平：《携手建设更加美好的世界》，载于《习近平外交演讲集》第二卷，北京，中央文献出版社 2022 年版，第 87 页。

[2] 钟明华、缪燚晶：《21 世纪马克思主义初探：基于人类命运共同体的思考》，《探索》2020 年第 2 期，第 31 页。

[3] 张新平、刘栋：《论人类命运共同体的发展逻辑——对马克思"三大社会形态"理论的新探讨》，《科学社会主义》2019 年第 1 期，第 31 页。

[4] 于沛：《从大历史观看人类命运共同体》，《求是》2019 年第 3 期，2019 年 2 月 1 日出版。

体现在《德意志意识形态》《共产党宣言》等马克思主义经典著作中，其产生的历史背景是：一方面，地理大发现让人类对赖以生存的地球有了更全面的了解。在地理大发现之前，各个国家和民族处于相对封闭状态，相互交往和联系十分有限。新大陆的发现和新航路的开辟扩大了世界各国的交往范围，为世界市场的形成和发展创造了条件。另一方面，资本主义社会化大生产深刻改变了人们的生产方式、交往方式，人类活动空间迅速扩大。随着资本主义在欧洲的兴起以及交通和贸易的发展，特别是伴随着这种发展而加速的殖民扩张，大规模的全球贸易活动将世界更紧密联系在一起，原本分散的民族、国家与区域之间逐渐形成了更加紧密的相互依赖关系，"各个相互影响的活动范围在这个发展进程中越是扩大，各民族的原始封闭状态由于日益完善的生产方式、交往以及因交往而自然形成的不同民族之间的分工消灭得越是彻底，历史也就越是成为世界历史"[1]。马克思恩格斯指出，资本主义生产力的极大发展，交通条件的极大改善，交往方式的极大扩展，形成了世界市场，"资产阶级，由于开拓了世界市场，使一切国家的生产和消费都成为世界性的了"[2]。正因为如此，"过去那种地方和民族的自给自足和闭关自守状态的物质生产被各民族的各方面的互相往来和各方面的互相依赖所代替了。物质的生产是如此，连精神的生产也是如此"[3]。马克思的世界历史理论揭示了资产阶级推动人类历史向世界历史转化的客观现实，科学预测了人类社会的发展趋势，揭示了人类社会日益由民族的、地域的历史向世界的历史发展的规律。

---

[1]《马克思恩格斯选集》第1卷，北京，人民出版社2012年版，第168页。

[2]《共产党宣言》，北京，人民出版社2014年版，第31页。

[3] 同上。

　　马克思恩格斯的"世界历史"理论，不仅提示了资本主义生产方式的全球扩张逻辑，而且指明了人类相互依存、命运与共的潜在发展趋势。换言之，世界历史的形成，本身已经预示了人类命运共同体的未来生成。[1]在全球化深入发展的背景下，马克思世界历史理论的思想伟力更加凸显。习近平总书记指出："学习马克思，就要学习和实践马克思主义关于世界历史的思想。马克思、恩格斯说：'各民族的原始封闭状态由于日益完善的生产方式、交往以及因交往而自然形成的不同民族之间的分工消灭得越是彻底，历史也就越是成为世界历史。'马克思、恩格斯当年的这个预言，现在已经成为现实，历史和现实日益证明这个预言的科学价值。"[2]习近平总书记进一步指出："今天，人类交往的世界性比过去任何时候都更深入、更广泛，各国相互联系和彼此依存比过去任何时候都更频繁、更紧密。……我们要站在世界历史的高度审视当今世界发展趋势和面临的重大问题……同各国人民一道努力构建人类命运共同体，把世界建设得更加美好。"[3]

　　推动构建人类命运共同体，就是习近平总书记运用马克思主义立场、观点、方法，观察时代发展，把握当今时代全球化总体趋势，把握世界历史的脉络与走向而提出来的重要理念，它继承和发展了马克思主义世界历史理论，对于进一步拓展人类社会发展新道路具有十分重要的意义。

　　普遍交往理论是马克思世界历史理论的重要组成部分。马克思主

[1] 杨洪源等：《构建命运共同体的人类文明》，北京，社会科学文献出版社2022年版，第4页。

[2] 习近平：《在纪念马克思诞辰二百周年大会上的讲话》，载于《论中国共产党历史》，北京，中央文献出版社2021年版，第207页。

[3] 同上，第207—208页。

义理论认为，世界历史是资本主义开拓世界市场而使世界建立起普遍联系的历史阶段，是生产力发展的必然结果。正是世界性的普遍交往使人们超越了地域的、民族的狭隘性，成为世界历史性的普遍的个人。马克思恩格斯正是从"交往"出发，研究人类社会历史发展规律的。在《德意志意识形态》中，马克思恩格斯从物质生产和普遍交往出发，阐释世界历史理论，展现"历史向世界历史转变"的动态过程，揭示世界历史发展的基本趋势。马克思恩格斯指出，各民族之间的相互关系取决于每一个民族的生产力、分工和内部交往的发展程度。[1]然而不仅一个民族与其他民族的关系，而且这个民族本身的整个内部结构也取决于自己的生产以及自己内部和外部的交往的发展程度。由此可见，在马克思恩格斯看来，民族内部交往与生产力发展水平，是其对外交往的基础，而对外交往的程度与水平又影响着其内部生产力与交往的发展，交往是促进生产力发展的必要手段，"只有当交往成为世界交往并且以大工业为基础的时候，只有当一切民族都卷入竞争斗争的时候，保持已创造出来的生产力才有了保障"[2]。在普遍交往状态下，各民族在交往过程中相互吸收和借鉴对自身发展有益的方面，从而进一步促进本民族的发展。随着科技进步，交往范围也不断扩大和加深，"交往"从"民族性"向"世界性"扩展。同时，随着物质交往的充分开展，各民族之间的文化与精神交往也得以普遍开展，"各民族的精神产品成了公共的财产。民族的片面性和局限性日益成为不可能，于是由许多种民族的和地方的文学形成了一种世界的文学"[3]。这就是说，通过

---

[1]《马克思恩格斯选集》第 1 卷，北京，人民出版社 1995 年版，第 68 页。

[2]《马克思恩格斯选集》第 4 卷，北京，人民出版社 1995 年版，第 532 页。

[3]《共产党宣言》，北京，人民出版社 2014 年版，第 31 页。

开展普遍性的交往，各民族国家之间在物质交往、精神交往方面的互相往来和互相依赖不断加强，逐步形成一个"共同体"。

但资本主义社会是少数资产者对多数无产者实行统治的社会，这决定了人们之间的交往是不平等的，也不可能是真正意义上的普遍交往。这种不平等交往状态不可能形成绝大多数人参与其中的"共同体"。只有无产阶级觉醒和社会不断发展进步，超越以资产阶级占统治地位的特殊的、有限的交往形式，在全球范围内建立起真正的"普遍交往"，才能推动人类形成一种所有人都能共享发展成果的共同体。

构建人类命运共同体，需要世界各国人民普遍参与。习近平总书记指出，"我们应该凝聚不同民族、不同信仰、不同文化、不同地域人民的共识，共襄构建人类命运共同体的伟业"[1]。这表明，构建人类命运共同体具有共同创造人类美好未来的历史意义，它意味着全世界人民携起手来，通过交流互鉴与合作共赢，大力促进社会生产力发展，推动建设一个持久和平、普遍安全、开放包容、共同繁荣、清洁美丽的世界，使世界发展的成果由全社会成员共同拥有和支配，最终造福全世界人民。

构建人类命运共同体，作为习近平新时代中国特色社会主义思想特别是习近平外交思想的重要组成部分，是马克思恩格斯世界普遍交往理论在新时代创新发展的重要理论成果，它站在全人类整体利益的高度，超越社会制度差异和阶级差别，秉持共同发展、合作共赢理念，致力于建立真正的普遍交往，使世界各国和各国人民都能从中受益。习近平总书记指出，"不同的历史和国情，不同民族和习俗，孕育了

---

[1] 习近平：《携手建设更加美好的世界》，载于《习近平外交演讲集》第二卷，北京，中央文献出版社 2022 年版，第 90 页。

不同文明，使世界更加丰富多彩，文明没有高下、优劣之分，只有特色、地域之别。文明差异不应该成为世界冲突的根源，而应该成为人类文明进步的动力"[1]。构建人类命运共同体主张求同存异，协同合作，互利共赢，在实际行动过程中形成休戚相关的命运共同体，这就意味着，构建人类命运共同体理念赋予了世界普遍交往以全新内涵，实现了人类交往范式的革命性变革，为破解资本主义社会普遍交往困境，以及当前因种种原因造成的普遍交往障碍，提供了一种全新的思路与方案，它打破不同制度国家间的意识形态隔阂，超越了新兴大国必然挑战守成大国，进而导致冲突的"修昔底德陷阱"等论调，从理论上为通向马克思"自由人联合体"最高理想、实现"为世界谋大同"的承诺提供了中国方案。

三、马克思恩格斯的人与自然关系理论

人与自然关系是人类社会最基本的关系，是马克思主义的基础性理论观点。马克思主义认为，人靠自然界生活，自然不仅给人类提供了生活资料来源，而且给人类提供了生产资料来源。[2]

马克思恩格斯都对人与自然关系进行过深刻论述，突出强调要实现人与自然关系的辩证统一。马克思指出："自然界，就它自身不是人的身体而言，是人的无机的身体。人靠自然界生活。这就是说，自然界是人为了不致死亡而必须与之处于持续不断的交互作用过程的、人的身体。所谓人的肉体生活和精神生活同自然界相联系，不外是说自然界同

---

[1] 习近平：《共同构建人类命运共同体》，载于《习近平外交演讲集》第二卷，北京，中央文献出版社 2022 年版，第 22 页。

[2] 中共中央宣传部、中华人民共和国生态环境部：《习近平生态文明思想学习纲要》，北京，学习出版社、人民出版社 2022 年版，第 6—7 页。

自身相联系，因为人是自然界的一部分。"[1] 恩格斯指出，"我们决不像征服统治异族人那样支配自然界，决不像站在自然界之外的人似的去支配自然界——相反，我们连同我们的肉、血和头脑都是属于自然界和存在于自然界之中的。"[2]

马克思恩格斯还指出，不尊重自然规律、从大自然过分索取将给人类带来灾难。恩格斯在其光辉著作《自然辩证法》中深刻指出："我们不要过分陶醉于我们人类对自然界的胜利。对于每一次这样的胜利，自然界都对我们进行报复。每一次胜利，起初确实起到了我们预期的结果，但是往后和再往后却发生完全不同的、出乎预料的影响，常常把最初的结果又消除了。美索不达米亚、希腊、小亚细亚以及其他各地的居民，为了得到耕地，毁灭了森林，但是他们做梦也想不到，这些地方今天竟因此而成为不毛之地，因为他们使这些地方失去了森林，也就失去了水分的积聚中心和贮藏库。"[3] 恩格斯还对资本主义生产对自然资源的掠夺和破坏予以深刻揭露和批判，指出："农业旧有条件遭到破坏，向大农场资本主义经营方式逐渐过渡——这些都是有英国和德国东部已经完成了的而在其他地方正在普遍进行着的过程。"[4]

马克思主义还认为，共产主义将实现人与自然的和解。马克思指出："共产主义是对私有财产即人的自我异化的积极的扬弃，因而是通过人并且为了人而对人的本质的真正占有……这种共产主义，作为完成了的自然主义，等于人道主义，而作为完成了的人道主义，等于自然主义，

[1]《马克思恩格斯文集》第1卷，北京，人民出版社2009年版，第161页。

[2]《马克思恩格斯文集》第9卷，北京，人民出版社2009年版，第560页。

[3] 同上，第559-560页。

[4]《马克思恩格斯文集》第10卷，北京，人民出版社2009年版，第627页。

它是人和自然界之间、人和人之间的矛盾的真正解决，是存在和本质、对象化和自我确证、自由和必然、个体和类之间的斗争的真正解决。"[1]在未来共产主义社会中，"社会化的人，联合起来的生产者，将合理地调节他们和自然之间的物质变换，把它置于他们的共同控制之下，而不让它作为一种盲目的力量来统治自己；靠消耗最小的力量，在最无愧于和最适合于他们的人类本性的条件下来进行这种物质变换"[2]。

习近平总书记十分强调学习运用马克思主义人与自然关系理论，多次进行深刻论述。2018 年 5 月，在纪念马克思诞辰二百周年大会上的讲话中，习近平总书记指出："学习马克思，就要学习和实践马克思主义关于人与自然的思想……自然是生命之母，人与自然是生命共同体，人类必须敬畏自然、尊重自然、顺应自然、保护自然。"[3]习近平总书记注重将这一理论运用到社会实践中，开创性地提出"绿水青山就是金山银山"重要论断，并结合实践对恩格斯关于"不尊重自然规律将受到大自然报复"的重要观点进行深入阐述，指出，"你善待环境，环境是友好的；你污染环境，环境总有一天会翻脸，会毫不留情地报复你"[4]；"人类活动必须尊重自然、顺应自然、保护自然，否则就会遭到大自然的报复。这个规律谁也无法抗拒。人因自然而生，人与自然是一种共生关系，对自然的伤害最终也伤及人类自身"[5]。

---

[1]《马克思恩格斯文集》第 1 卷，北京，人民出版社 2009 年版，第 185 页。

[2]《马克思恩格斯文集》第 7 卷，北京，人民出版社 2009 年版，第 928-929 页。

[3] 习近平：《在纪念马克思诞辰二百周年大会上的讲话》，载于《论中国共产党历史》，北京，中央文献出版社 2021 年版，第 207 页。

[4] 习近平：《之江新语》，杭州，浙江人民出版社 2007 年版，第 141 页。

[5] 习近平：《推动形成绿色发展方式和生活方式》，载于《习近平谈治国理政》第二卷，北京，外文出版社 2017 年版，第 394 页。

党的十八大以来，习近平总书记从全人类永续发展、推动构建人类命运共同体的高度出发，对"人与自然和谐共生""共同构建地球生命共同体"等进行深入论述。2015年9月，习近平总书记在第七十届联合国大会一般性辩论上的讲话中指出："我们要构筑尊崇自然、绿色发展的生态体系。人类可以利用自然、改造自然，但归根结底是自然的一部分，必须呵护自然，不能凌驾于自然之上。我们要解决好工业文明带来的矛盾，以人与自然和谐相处为目标，实现世界的可持续发展和人的全面发展。"[1]在党的十九大报告中，习近平总书记提出，"人与自然是生命共同体，人类必须尊重自然、顺应自然、保护自然"[2]。2021年4月，习近平总书记在出席"领导人气候峰会"时发表的讲话中指出："面对全球环境治理前所未有的困难，国际社会要以前所未有的雄心和行动，共商应对气候变化挑战之策，共谋人与自然和谐共生之道，勇于担当，勠力同心，共同构建人与自然生命共同体。"[3]2021年7月，习近平总书记在中国共产党与世界政党领导人峰会上发表主旨讲话，深刻指出，"面对脆弱的生态环境，我们要坚持尊重自然、顺应自然、保护自然，共建绿色家园。面对气候变化给人类生存和发展带来的严峻挑战，我们要勇于担当、同心协力，共谋人与自然和谐共生之道"[4]。

---

[1] 习近平：《携手构建合作共赢新伙伴，同心打造人类命运共同体》，载于《习近平外交演讲集》第一卷，北京，中央文献出版社2022年版，第289页。

[2]《党的十九大报告辅导读本》，北京，人民出版社2017年版，第49页。

[3]习近平：《共同构建人与自然生命共同体》，载于《习近平外交演讲集》第二卷，北京，中央文献出版社2022年版，第344页。

[4] 习近平：《加强政党合作，共谋人民幸福》，载于《习近平外交演讲集》第二卷，北京，中央文献出版社2022年版，第356页。

保护生态环境是全球面临的共同挑战和共同责任。面对生态环境挑战，人类是一荣俱荣、一损俱损的命运共同体，没有哪个国家能独善其身。习近平总书记指出："纵观人类文明发展史，生态兴则文明兴，生态衰则文明衰。地球是全人类赖以生存的唯一家园。我们应该追求人与自然和谐、绿色发展繁荣、热爱自然情怀、科学治理精神、携手合作应对，像保护自己的眼睛一样保护生态环境，像对待生命一样对待生态环境，同筑生态文明之基，同走绿色发展之路。"[1] 他还指出："世界各国要同心协力，抓紧行动，共建人和自然和谐的美丽家园。中国坚持创新、协调、绿色、开放、共享的新发展理念，全面加强生态环境保护工作，积极参与全球生态文明建设合作……中国愿同世界各国、国际组织携手合作，共同推进全球生态环境治理。"[2] 习近平总书记以上重要论述，深化了对马克思主义关于人与自然、生产和生态的辩证关系的认识，阐明了世界人民命运与共、各国相互依存的关系，彰显了中国为正确处理人与自然关系、建设清洁美丽世界的担当与贡献，"实现了马克思主义人与自然关系理论的创新发展"[3]。

四、列宁的和平共处思想

和平共处，是列宁从俄国当时的实际情况和国际形势出发提出的重要思想，是对资本主义、社会主义两种制度如何共处进行的积极探索，对社会主义的发展、人类前途命运具有深远影响。苏维埃俄国政权建

[1] 习近平：《共谋绿色生活，共建美丽家园》，载于《习近平外交演讲集》第二卷，北京，中央文献出版社 2022 年版，第 189 页。

[2]《习近平向世界环境司法大会致贺信》，《人民日报》2021 年 5 月 27 日，第 1 版。

[3] 郇庆治：《开辟马克思主义人与自然关系理论新境界》，《人民日报》2022 年 7 月 18 日，第 11 版。

立之后，列宁意识到苏维埃社会主义在经济上与资本主义联系起来的
必要性，从而提出了社会主义与资本主义两种制度和平共处的思想。
列宁认为，苏维埃社会主义与资本主义在利益上具有共同性，双方在
一定程度上还相互依赖。列宁指出："欧洲没有俄国，便不能恢复元气。
而欧洲衰弱了，美国的情况就会危急起来。如果美国不能用它的财富
换取它所需要的东西，那它的这些财富对它又有什么用处呢？美国积
累的黄金既不能吃，也不能穿，不是吗？"[1]

　　列宁和平共处思想的主要内容包括：一是社会主义国家必须与
资本主义国家进行合作。列宁认为，社会主义必须积极参与贸易交往
才能实现自身发展，苏维埃俄国的发展必须充分利用资本主义社会发
展提供的资本与资源，"社会主义共和国不同世界发生联系是不能生
存下去的，在目前情况下应当把自己的生存同资本主义的关系联系起
来"[2]。在列宁看来，贸易交往是两种社会制度和平共处的经济基础。
在国际局势处于相对均势下，双方出于发展经济的目的，都对彼此有
着不同需要。资本主义国家需要利用苏维埃社会主义俄国丰富的自然
资源，因此不得不暂时搁置在意识形态等方面的分歧，同苏维埃社会
主义国家开展贸易往来和经济合作。二是针对不同国家采取不同策略。
十月革命胜利后，苏维埃俄国虽已建立起无产阶级执政的国家，但其
在军事力量、经济实力等方面还不能与资本主义强国相提并论。因此，
俄国必须采取灵活战略，实现与其他国家和平共处，并妥善利用帝国
主义国家之间的矛盾，为苏维埃俄国的发展壮大赢得空间。三是和平
共处没有也不可能消除社会主义与资本主义的对立性。对于帝国主义

---

[1]《列宁全集》第 38 卷，北京，人民出版社 2017 年版，第 173 页。

[2]《列宁全集》第 41 卷，北京，人民出版社 2017 年版，第 167 页。

国家来说，不论是从意识形态还是从国家利益出发，都不会心甘情愿地与社会主义国家和平共处。列宁的和平共处思想对不同社会制度国家为了自身利益，而不得不在特定时期超越意识形态和制度差异，从而促进各国共同利益、使世界形成相对稳定的共同体进行了理论探索。

习近平总书记立足世界多极化和经济全球化不断发展的时代潮流，站在开创人类更加美好未来的角度，超越政治制度和发展模式，超越部分国家或国家集团的局部利益，呼吁世界各国人民和睦相处、相互支持，共促世界发展，维护世界和平，体现了构建人类命运共同体理念的精髓。2014 年 5 月，习近平总书记在中国国际友好大会暨中国人民对外友好协会成立 60 周年纪念活动上的讲话中指出，中国人民"愿意同世界各国人民和睦相处、和谐发展，共谋和平、共护和平、共享和平"[1]。2022 年 11 月，习近平总书记在印度尼西亚巴厘岛同美国总统拜登举行会晤时指出，美国搞的是资本主义，中国搞的是社会主义，双方走的是不同的路。这种不同不是今天才有的，今后还会继续存在。中国共产党领导和中国社会主义制度得到 14 亿人民拥护和支持，是中国发展和稳定的根本保障。中美相处很重要一条就是承认这种不同，尊重这种不同，而不是强求一律，试图去改变甚至颠覆对方的制度。习近平总书记还强调，中美是两个历史文化、社会制度、发展道路不同的大国，过去和现在有差异和分歧，今后也还会有，但这不应成为中美关系发展的障碍。任何时候世界都有竞争，但竞争应该是相互借鉴、你追我赶，共同进步，而不是你输我赢、你死我活。[2] 习近平总书记这

---

[1] 习近平：《论坚持推动构建人类命运共同体》，北京，中央文献出版社 2018 年版，第 107 页。

[2]《习近平同美国总统拜登在巴厘岛举行会晤》，《人民日报》2022 年 11 月 15 日，第 1 版。

一重要论述，深刻反映出中国为了全人类的利益，将秉持合作共赢原则，与世界各国包括美国这一最大资本主义国家发展关系的意愿，诠释了构建人类命运共同体重要思想的本质内涵。

推动构建人类命运共同体，弘扬了列宁关于不同制度国家可以和平共处的思想，并将其适用范围从资本主义与社会主义苏维埃俄国之间拓展到不同制度、不同地区、不同发展阶段的所有国家，使这一思想真正具有"全人类"属性。构建人类命运共同体，还着眼全人类共同和长远利益，主张世界各国和各国人民求同存异、超越分歧，建立一个有利于各方的共同体，凸显了这一思想包容互鉴、海纳百川、互利共赢、携手并进的坚定自信和博大胸怀。习近平总书记指出，推动构建人类命运共同体，不是以一种制度代替另一种制度，不是以一种文明代替另一种文明，而是不同社会制度、不同意识形态、不同历史文化、不同发展水平的国家在国际事务中利益共生、权利共享、责任共担，形成共建美好世界的最大公约数。[1] 这雄辩地表明，构建人类命运共同体，既与列宁和平共处思想一脉相承，又契合当前世界多极化和经济全球化的时代特征，从而赋予这一思想新的内涵和价值，对团结世界一切进步力量，解决人类当下及未来面临的挑战，具有极其重要的理论和现实意义。

---

[1] 习近平：《在中华人民共和国恢复联合国合法席位五十周年纪念会议上的讲话》，载于《习近平外交演讲集》第二卷，北京，中央文献出版社 2022 年版，第 396 页。

第二节 植根深厚的中华优秀传统文化

在数千年绵延不断的文明发展中，中华优秀传统文化为中华民族提供了源源不断的文化滋养，对中国人思想和精神的塑造起到重要作用。构建人类命运共同体，植根于源远流长的中华传统文化，弘扬了历史悠久的中华文明精髓，展现了中国共产党人的崇高理想、远见卓识和博大胸襟，具有鲜明的中国特色、中国风格和中国气派。

一、世界大同、天下为公

世界大同、天下为公，是中华民族源远流长的思想传统，是中国古代政治家的理想社会观。记录战国至秦汉年间儒家思想的重要典籍《礼记》的重要篇章《礼运》中有一段对理想社会的描述："大道之行也，天下为公。选贤与能，讲信修睦，故人不独亲其亲，不独子其子，使老有所终，壮有所用，幼有所长，鳏寡孤独废疾者，皆有所养。男有分，女有归。货恶其弃于地也，不必藏于己，力恶其不出于身也，不必为己。是故谋闭而不兴，盗窃乱贼而不作，故外户而不闭，是谓大同。"[1] "大道之行，天下为公"的意思是：大道行于天下的时候，天下就为天下人所共有，具有优良品德和卓越才能的人就会被人民推选为国家的管理者。这段话告诉人们，要实现"大同"社会，就必须做到"天下为公"；只有"天下为公"，才是人间"大道"，才可以治国平天下。这表明了中国古人对美好社会的憧憬，强调以公义战胜私欲，极力推崇去私尚公。"天下为公"的理想为中国历代儒家所继承，它既是两千多年来为政者的价值取向，也是历朝历代仁人志士修身立德的重要标准。

---

[1] 袁行霈、王仲伟、陈进玉编：《中华传统文化经典百篇》上册，北京，中华书局 2016 年版，第 204 页。

　　"世界大同、天下为公"的社会理想以稳定社会秩序为前提，照顾到社会各阶层利益，充满了政治参与、社会公平、和睦相处等政治主张，是一种具有崇高政治理想的社会治理理念，对中国历代政治和社会治理产生了极其深远的影响。两千多年来，"大同"思想贯穿中华传统文化的始终，成为中华民族一直以来的社会理想。中国历代知识分子结合所处的时代，不断对"大同"社会作出新的描绘。特别是近代以来，一些仁人志士也十分重视对"大同"思想的探讨。鸦片战争后，中国面临被世界列强瓜分的危险，民族和社会危机空前深重、中国知识分子积极寻求救亡图存的出路。以康有为为代表的资产阶级改良派，适应时代发展的新要求，对"大同"世界进行深入研究，康有为发表的《大同书》引起社会强烈反响。中国民主革命的先行者孙中山先生也提出了"大同世界"社会观，重新阐释了"大同"思想，赋予"大同"思想新的时代内容，并努力使之从理想转向实践。

　　中国共产党继承和发展了中华传统文化中的天下观，将既为中国人民谋幸福、为中华民族谋复兴，也为人类谋进步、为世界谋大同作为自己的初心使命。同时，中国共产党还把"天下为公"与"全心全意为人民服务"和致力于实现共产主义的远大理想结合起来，承担起大党大国的国际责任，全面推进中国特色大国外交，推动构建人类命运共同体，以更加积极的姿态在国际事务中发挥作用，以实际行动赢得了世界爱好和平国家和人民的尊敬。

　　习近平总书记多次对"世界大同""天下一家"进行深刻论述。2017 年 12 月，习近平总书记在中国共产党与世界政党高层对话会上的主旨讲话中指出："中华民族历来讲求'天下一家'，主张民胞物与、协和万邦、天下大同，憧憬'大道之行，天下为公'的美好世界。我们认为，世界各国尽管有这样那样的分歧矛盾，也免不了产生这样那样的磕磕碰碰，但世界各国人民都生活在同一片蓝天下、拥有同一个家园，应该是一家人。"[1] 在 2018 年新年贺词中，习近平总书记向世界宣示："中国人历来主张'世界大同，天下一家'。中国人民不仅希望自己过得好，也希望各国人民过得好"。"我真诚希望，国际社会携起手来，秉持人类命运共同体的理念，把我们这个星球建设得更加和平、更加繁荣。"[2] 2019 年 4 月，习近平总书记在会见来华访问的联合国秘书长古特雷斯时指出，"中国人民不仅要自己过上好日子，还追求天下大同"[3]。构建人类命运共同体，是世界各国人民共同的事业，需要世界各国秉持"天下一家"的精神，精诚携手合作，共同推进这一崇高而伟大的事业。习近平总书记指出："构建人类命运共同体，需要世界各国人民普遍参与。我们应该凝聚不同民族、不同信仰、不同文化、不同地域人民的共识，共襄构建人类命运共同体的伟业。"[4]

当今世界，发达国家与发展中国家贫富差距不断拉大，南北矛盾日益凸显，局部冲突此起彼伏，世界不得安宁。正因为如此，"世界大同、天下为公"的社会理想在当今时代尤其具有现实意义。世界各国应该秉持"世界大同、天下为公"理念中蕴含的"公平、正义"治理观，建立公正合理的国际政治经济新秩序，促进全球问题的妥善解决，推动构建人类命运共同体，为人类建设一个更加美好的未来。

---

[1] 习近平：《携手建设更加美好的世界》，载于《习近平外交演讲集》第二卷，北京，中央文献出版社 2022 年版，第 86—87 页。

[2]《国家主席习近平发表二〇一八年新年贺词》，《人民日报》2018 年 1 月 1 日，第 1 版。

[3]《习近平会见联合国秘书长古特雷斯》，《人民日报》2019 年 4 月 27 日，第 2 版。

[4] 习近平：《携手建设更加美好的世界》，载于《习近平外交演讲集》第二卷，北京，中央文献出版社 2022 年版，第 90 页。

二、和而不同、以和为贵

中国文化中"和"的思想源远流长、内涵十分丰富。"和而不同"是"和"文化在社会领域的集中体现。在中国传统文化中，"和"指的是在坚持自己原则的基础上对他人采取一种理解、尊重和接纳的态度，"同"就是同一、同质，无原则地赞同附和他人。"和而不同"主张人与人之间、国与国之间，重要的是达致和谐，允许存在差异，而不是强求各方在所有问题上完全相同。这一思想突出体现在《左传》中："和如羹焉，水、火、醯、醢、盐、梅，以烹鱼肉。声亦如味，一气，二体，三类，四物，五声，六律，七音，八风，九歌，以相成也。若以水济水，谁能食之？若琴瑟之专一，谁能听之？"[1]中国儒家历来信奉"己所不欲，勿施于人"[2]，反对将自己的意愿强加于别人。《论语·子路》鲜明提出了"和而不同"的思想："子曰：'君子和而不同，小人同而不和'"；《礼记·中庸》中说："万物并育而不相害，道并行而不相悖"；《孟子·滕文公上》中说："夫物之不齐，物之情也"；《道德经》提出"有无相生，难易相成，长短相形，高下相倾，声音相和，前后相随"，认为对立是事物存在的常态，对立的事物彼此间相互依存、互为前提，甚至在特定的条件下还相互转化。中国古人还指出忽视"和"而求"同"的弊端。西周末年的太史伯阳父（史伯）最早提出了"和"这一概念。他在为郑桓公分析天下大势时指出，西周快要灭亡的原因是"去和尚同"。史伯认为，"夫和实生物，同则不继"，明确反对"弃和而取同"，认为只有各种不同因素相互融合，才能产生万物，如果把相同事物简

---

[1]《左传·昭公二十年》。

[2]《论语·颜渊》。

单叠加，不仅不能产生新事物，而且还会使世界变得失去生机。[1]

　　"和而不同"符合事物和社会关系的发展规律，蕴含深刻的哲学和伦理智慧，因而成为中国人遵循的行为准则。这一社会观主张承认并且尊重差异。"和而不同"以"不同"为基本前提，在"不同"中寻求共同，在多样中寻找统一，在矛盾中找到和谐，并最终实现"和"。"和而不同""以和为贵"，承认人与人之间的差异性和多样性，在多样性中寻求统一，提倡求同存异，在互谅互让的基础上寻求和谐统一，以达到"和"的目的，是中华传统文化的基本精神之一，贯穿于中华民族整个历史发展的全过程，是中国古代调整人与人、人与社会、人与自然以及国家与国家关系的重要准则。

　　构建人类命运共同体，蕴含了中华传统文化中"以和为贵""和而不同"的基本哲学精神，承认不同民族之间的文明多样性，主张以"和而不同"的理念发展与各国的友好关系，最终实现共同发展。习近平总书记多次深刻论述"和而不同"思想。2015 年 9 月，习近平总书记在纽约联合国总部出席第七十届联合国大会一般性辩论时强调指出："我们要促进和而不同、兼收并蓄的文明交流。人类文明多样性赋予这个世界姹紫嫣红的色彩，多样带来交流，交流孕育融合，融合产生进步。"[2] 2016 年 10 月，习近平总书记在庆祝中国共产党成立九十五周年大会上的讲话中指出："中国一贯主张，世界各国共同努力，建立平等相待、互商互谅的伙伴关系，公道正义、共建共享的安全格局，开放创新、包容互惠的发展前景，和而不同、兼收并蓄的文明交流，

---

[1] 王杰：《中国的"和谐文化"及其现代启示》，载于《领导干部国学大讲堂》第 1 册，北京，中共中央党校出版社 2011 年版，第 347 页。

[2] 习近平：《携手构建合作共赢新伙伴，同心打造人类命运共同体》，载于《习近平外交演讲集》第一卷，北京，中央文献出版社 2022 年版，第 289 页。

尊崇自然、绿色发展的生态体系；要坚持世界各国一律平等，不能以大压小、以强凌弱、以富欺贫，各国自主选择社会制度和发展道路的权利应当得到维护。"[1]

习近平总书记强调，中华文化崇尚和谐，中国"和"文化源远流长，蕴含着天人合一的宇宙观、协和万邦的国际观、和而不同的社会观、人心和善的道德观。[2] 在5000多年的文明发展中，中华民族一直追求和传承着和平、和睦、和谐的坚定理念。在新时代，实现"和而不同"，就是在承认各国经济、政治、文化等存在差异和各国发展模式、发展道路、发展传统等存在不同的基础上，努力寻求平衡与和谐，在继承弘扬本民族优秀文化内核的同时，吸收借鉴其他民族文化的精华，实现求同存异、兼收并蓄。当今，世界上共有200多个国家和地区，2500多个民族和多种宗教。如果只有一种生活方式、一种语言、一种音乐、一种服饰，那是不可想象的。习近平总书记指出，"世界各国人民应该秉持'天下一家'理念，彼此理解、求同存异，共同为构建人类命运共同体而努力"[3]。2022年5月，习近平总书记在庆祝中国国际贸易促进委员会建会70周年大会暨全球贸易投资促进峰会上发表致辞指出："要坚持对话而不对抗、拆墙而不筑墙、融合而不脱钩、

---

[1] 习近平：《在庆祝中国共产党成立九十五周年大会上的讲话》，载于《十八大以来重要文献选编》（下），北京，中央文献出版社2018年版，第354页。

[2] 习近平：《在中国国际友好大会暨中国人民对外友好协会成立60周年纪念活动上的讲话》，《人民日报》2014年5月16日，第2版。

[3] 习近平：《携手建设更加美好的世界》，载于《习近平外交演讲集》第二卷，北京，中央文献出版社2022年版，第87页。

包容而不排他，以公平正义为理念引领全球治理体系变革。"[1]

在世界多极化快速发展趋势下，各国人民的前途命运越来越紧密地联系在一起，只有在尊重不同国家、不同文明的基础上平等交流、相互借鉴，才能共同发展、互利共赢。这就要求我们树立"和而不同"理念，抛弃单边主义的霸权思维，坚持彼此尊重，合作共赢。中国共产党将一如既往地秉持为人类谋进步、为世界谋大同的担当，带领中国人民坚定不移地走和平发展道路，奉行独立自主的和平外交政策，实行互利共赢对外开放战略，维护世界文明多样性，推动构建人类命运共同体，为人类创造更加光明的前途。

三、协和万邦、万国咸宁

亲仁善邻、协和万邦是中华文明一直以来的处世之道。"协和万邦"思想最早记载于中国现存最古老的史书——《尚书》。《尚书·尧典》中说："克明俊德，以亲九族；九族既睦，平章百姓；百姓昭明，协和万邦。"这是通过颂扬尧帝的治理功绩，为圣明的执政者树立标杆，其核心思想是，执政者首先应发扬崇高品德，以和睦族人；待一族之内达到修睦之后，再去明辨他族之事，众族政事辨明之后，就应该协调和顺万邦诸侯。这是中国先民对社会安宁、万邦和顺的美好憧憬，其对当今世界的意义在于，一个有理想抱负和作为的国家领导人特别是大国领导人，要致力于协调不同国家之间的关系，促进各国相互尊重、相互合作、共同发展，从而推动建设一个更加美好的世界。《周易·乾·象》中说："乾道变化，各正性命，保合太和，乃利贞。首出庶物，万国

---

[1] 习近平：《在庆祝中国国际贸易促进委员会建会 70 周年大会暨全球贸易投资促进峰会上的致辞》，《人民日报》2022 年 5 月 19 日，第 2 版。

咸宁"。"太和"即"大和",指不仅在人与人之间要实现和谐和睦,而且在人与动物、人与整个世界之间也要达致和谐和睦。"万国咸宁"强调,要根据自然变化,管理调节事物之间的矛盾和冲突,进而确保"太和",实现国泰民安。这一思想寄托了中国先民对普世太平、和平安宁的美好向往。从这一理想出发,中国古代政治家明确反对战争。老子认为,"兵者不祥之器,非君子之器",反对因兵恃强。北宋理学大师张载在《西铭》中说:"民,吾同胞;物,吾与也"。就是说,天下所有的人都是我的同胞,天地间一切生灵,都是人类的亲密伙伴。"民胞物与"体现了浓厚的全人类共同旨趣,是"协和万邦"思想在后世的延续,凸显这一思想在中华文化中是一以贯之、接续传承的。

构建人类命运共同体理念提倡的同舟共济、相互尊重、平等协商等理念,与"协和万邦""万国咸宁"等价值理念高度契合,符合各国人民追求建设美好世界的愿望。当今世界,保护主义、单边主义、霸凌行径仍然盛行,全球治理面临严峻挑战,世界和平稳定受到威胁,人类更加需要利益共享、责任共担、同舟共济。在各种全球性挑战面前,没有一个国家能实现脱离世界安全的自身安全,也不可能实现建立在其他国家不安全基础上的安全。只有摒弃冷战思维,创新安全理念,努力走出一条共建、共享、共赢的安全之路,使所有国家都能免受战争带来的灾难,所有人都能享受和平带来的红利。在各种挑战和困难面前,人们越来越深刻地认识到,世界是一个相互依存、彼此融合的利益共同体,不能以"零和"代替"共赢",以牺牲他国利益谋求一己之私,要弘扬平等、互鉴、对话、包容的文明观,以文明交流超越文明隔阂,以文明互鉴超越文明冲突,以文明共存超越文明优越。习近平总书记强调:"我们要相互尊重、平等相待,坚持和平共处五项原则,尊重各国自主选择的社会制度和发展道路,尊重彼此核心利益和重大关切,走对话而不对抗、结伴而不结盟的国与国交往新路，不搞唯我独尊、你输我赢的零和游戏，不搞以邻为壑、恃强凌弱的强权霸道，妥善管控矛盾分歧，努力实现持久和平。"[1]

秉持"协和万邦""万国咸宁"的精神推动构建人类命运共同体，在中国与周边国家关系中尤其具有重要意义。习近平总书记多次强调，亲仁善邻、协和万邦是中华文明一贯的处世之道。2013年4月，习近平总书记在博鳌亚洲论坛2013年年会上发表主旨演讲指出，"我们生活在同一个地球村，应该牢固树立命运共同体意识，顺应时代潮流，把握正确方向，坚持同舟共济，推动亚洲和世界发展不断迈上新台阶。邻居是无法选择的。中国和周边国家更应该发扬亚洲文明追求和谐、致力团结、积极向上的文化精髓，携起手来、共同行动，努力应对全人类面临的共同挑战，使构建人类命运共同体理念在亚洲结出更加丰硕的成果"[2]。2015年11月，习近平总书记在新加坡国立大学发表的演讲中指出，"中国始终将周边置于外交全局的首要位置，视促进周边和平、稳定、发展为己任。中国推动全球治理体系朝着更加公正合理方向发展，推动国际关系民主化，推动建立以合作共赢为核心的新型国际关系，推动建设人类命运共同体，都是从周边先行起步"[3]。"和平发展思想是中华文化的内在基因，讲信修睦、协和万邦是中国周边

[1]《习近平论坚持全面深化改革》，北京，中央文献出版社2018年版，第458页。

[2]《共同创造亚洲和世界的美好未来》，载于《论坚持推动构建人类命运共同体》，北京，中央文献出版社2018年版，第29页。

[3] 习近平：《深化合作伙伴关系，共建亚洲美好家园》，载于《习近平外交演讲集》第一卷，北京，中央文献出版社2022年版，第319页。

外交的基本内涵"[1]。2019 年 5 月，习近平总书记在亚洲文明对话大会发表主旨演讲强调，"中华文明始终在兼收并蓄中历久弥新。亲仁善邻、协和万邦是中华文明一贯的处世之道"[2]。"协和万邦""天下咸宁"思想将引领中国与周边国家关系的发展，中国过去是、现在是、将来也永远是东盟的好邻居、好朋友、好伙伴。

世界正经历百年未有之大变局，人类前途命运更加休戚与共，各国相互联系和彼此依存比过去任何时候都更加紧密，整个世界日益成为你中有我、我中有你的命运共同体。中国秉持中华文明中"协和万邦"的理念，坚定不移扩大开放，扎实推动共建"一带一路"高质量发展，既发展了自己，也造福整个世界，为推动人类共同发展、共创更加美好的未来作出了积极贡献，为构建人类命运共同体凝聚了共识、汇聚了合力。

四、义利并举、以义为先

在中华传统文化中，义利观占有十分重要的地位，是人们所推崇的做人处世的根本标准。在中国古人那里，"义"指的是道德理性，"利"指的是功利理性。中华传统文化特别是儒家文化主张重义轻利，孔子提出"义以为上"的道义原则[3]，为后世儒家的价值观和义利取舍制定了准则、规定了方向。孔子还说"君子义以为质"[4]，认为义是做人的根本；

---

[1] 习近平：《深化合作伙伴关系，共建亚洲美好家园》，载于《习近平外交演讲集》第一卷，北京，中央文献出版社 2022 年版，第 320 页。

[2] 习近平：《深化文明交流互鉴，共建亚洲命运共同体》，载于《习近平外交演讲集》第二卷，北京，中央文献出版社 2022 年版，第 198 页。

[3]《论语·阳货》。

[4]《论语·卫灵公》。

"不义而富且贵，于我如浮云"[1]。孟子提出"仁义礼智，非由外铄我也，我固有之也，弗思耳矣"[2]，将"义"的重要性提到与儒家思想核心"仁"的同等高度，认为"仁""义"既是立人之道，也是治国之道。孟子甚至认为，为了正义，人应该不惜牺牲自己的生命，即舍生取义："生，我所欲也，义，亦我所欲也。二者不可得兼，舍生而取义者也。"[3]儒家另一重要代表人物曾子指出，"国不以利为利，以义为利也"[4]。荀子则主张，"先义而后利者荣，先利而后义者辱"[5]。其含义是：以道义为先而以利益为后就会得到光荣，以利益为先而以道义为后就会受到耻辱，鲜明地表达了先义后利的价值观。荀子还主张："义与利者，人之所两有也。虽尧舜不能去民之欲利，然而能使其欲利不克其好义也。虽桀纣亦不能去民之好义，然而能使其好义不胜其欲利也。"[6]提出"以义制利""义利两有"的义利观，既克服了片面追逐自身利益、见利忘义的错误，又适当肯定追求"利"的正当性，是一种全面、平衡的义利观，对后世义利观的形成带来较大影响。

习近平总书记高度重视用正确义利观指导中国外交工作。他强调，要切实落实好正确义利观，做好对外援助工作，真正做到弘义融利。[7]2013年3月，习近平担任国家主席后的第一次出访即到访非洲国家。

[1]论语·述而》。

[2]《论语·告子上》。

[3] 同上。

[4]《礼记·大学》。

[5]《荀子·荣辱》。

[6]《荀子·大略》。

[7]习近平：《中国必须有自己特色的大国外交》，载于《论坚持推动构建人类命运共同体》，北京，中央文献出版社2018年版，第202页。

他在访问中明确提出，发展中非关系要始终秉持真实亲诚的政策理念和正确义利观，其核心要义就是把中国发展同助力非洲发展紧密结合起来，实现合作共赢、共同发展。[1] 2014 年 7 月，习近平总书记在韩国国立首尔大学演讲时指出，国不以利为利，以义为利也。在国际合作中，我们要注重利，更要注重义。[2] 正确义利观突出体现了中国传统文化中"义利并举、以义为先"的思想。2015 年 9 月，习近平总书记在第七十届联合国大会一般性辩论上的讲话中，着重论述了构建人类命运共同体的原则和路径，指出，"我们要在国际和区域层面建设全球伙伴关系，走出一条'对话而不对抗，结伴而不结盟'的国与国交往新路。大国之间相处，要不冲突、不对抗、相互尊重、合作共赢。大国与小国相处，要平等相待，践行正确义利观，义利相兼，义重于利。"[3] 2019 年 3 月，习近平总书记在中法全球治理论坛闭幕式上发表讲话指出，"要坚持正确义利观，以义为先、义利兼顾，构建命运与共的全球伙伴关系"[4]，生动诠释了正确义利观在中国对外政策中的重要地位，阐明了"义利并举、以义为先"与构建人类命运共同体的本质联系。

"义利并举、以义为先"的正确义利观发扬了中华优秀传统文化的精髓，超越单个国家或小团体的利益，着眼全世界人民的福祉，在

[1] 《习近平关于中国特色大国外交论述摘编》，北京，中央文献出版社 2020 年 1 月版，第 185 页。

[2] 习近平：《共创中韩合作未来，同襄亚洲振兴繁荣——在韩国国立首尔大学的演讲》，《人民日报》2014 年 7 月 5 日，第 2 版。

[3] 习近平：《携手构建合作共赢新伙伴，同心打造人类命运共同体》，载于《习近平外交演讲集》第一卷，北京，中央文献出版社 2022 年版，第 287 页。

[4] 习近平：《为建设更加美好的地球家园贡献智慧和力量》，载于《习近平外交演讲集》第二卷，北京，中央文献出版社 2022 年版，第 176 页。

政治上秉持公道正义，坚持平等相待；在经济上坚持互利共赢，致力于促进全世界的共同发展。中国在国际关系中坚持义利兼顾，讲信义、重情义、扬正义、树道义，在国际社会特别是广大发展中国家中产生积极反响，受到广泛赞誉。新冠疫情发生以来，中国秉持的正确义利观更加得到彰显。中国履行承诺，向其他发展中国家提供帮助和支持，特别是让新冠疫苗成为各国人民用得上、用得起的公共产品，在危难时刻体现了"义利并举、以义为先"的正确义利观，弘扬了共克时艰、共赢发展的时代精神。

五、道法自然、天人合一

天人关系，一直是中国古代文化中十分重要的命题。中国古人认为，人要对天心存敬畏，人与天的关系不是割裂的，而是相辅相成、缺一不可的。庄子认为，天地者，万物之父母也。[1] "天人合一"典出于北宋哲学家张载的《正蒙·乾称篇》："儒者则因明致诚，因诚致明，故天人合一，致学而可以成圣，得天而未始遗人。"主要是为了说明儒家的世界观以及相关的修身要求。而张载"天人合一"理论的源头又来自《周易》。在《周易》中，天之于人，通过阴阳五行予以生成、造化，因此天人之间有着深刻的内在关联。"天人合一"描述了一种理想的图景，表达了人们对天地宇宙的敬畏与热爱，以及对人与自然和谐共生的向往。[2] 宋代理学家程颢说："仁者以天地万物为一体。"认为人的仁心仁性以天地万物为一体，要把爱给予他人和万物。明代著名思想家王阳明提出"一体之仁"说，主张把仁爱之心由"爱人"

---

[1] 《庄子·达生》。

[2] 何青翰、王学斌：《中华文明的智慧结晶》，《中国纪检监察报》2022年11月4日，第5版。

扩展到"爱物",从而把人与天地万物有机结合起来。[1]著名哲学家冯友兰先生认为,在中国文字中,所谓天有五种含义:物质之天,即与地相对之天;主宰之天,即有人格的天、帝;运命之天,即人们在人生中"所无可奈何者";自然之天,即自然之运行;义理之天,即宇宙之最高原理。这五种含义的"天"又大致可以分为"自然之天"和"精神之天"。对"自然之天",中国古人历来强调要尊重其运行规律,主张人类要尊重、顺应和保护自然。"精神之天"更多是一种法则和规范,一种指向为人的道德、行为约束,是连接"天"与"人"的桥梁。[2]中国古人认为,只有人心向善,尊重自然规律,才能达到"天人合一",也就是与自然和谐共存的境界。在老子哲学中,"道"是产生"万物"的根源,是万物得以存续的基础和条件;"自然"则是指万物"存在的方式"和"运行状态",是"万物"的自然属性和演化规律。老子所说的"道法自然",就是"道"效法或遵循万物的自然属性、运行规则和演化规律,顺应自然发展的欲求,天、地、人、道之间的关系是:"人法地,地法天,天法道,道法自然"[3]。这一思想表明,在老子所处的时代,中国古人就已经认识到天、地、人以及整个宇宙的内在关系和统一性。

"道法自然""天人合一"是自古以来中国人关于人与自然和谐相处的理念与追求。当前,人与自然的关系日趋严峻,自然生态系统不断受到破坏,人类对自然界无休止的索取正日益伤及人类社会,严重影响社会发展。建立人与自然和谐与共的新文明,保障人与自然的和谐,

---

[1] 郭齐勇:《天人合一的内涵与时代价值》,《人民日报》2022年6月20日,第9版。

[2] 冯友兰:《中国哲学史》(上册),重庆,重庆出版社2009年版,第35页。

[3]《老子》第25章。

保护生态平衡，携手应对全球气候变化等重大挑战已势在必行。人类命运共同体理念基于人类生存现状，分析了当今世界生态恶化的根源，倡导世界各国要遵循"天人合一""道法自然"的理念，切实保护好人类赖以生存的这个地球。

习近平总书记十分重视"道法自然""天人合一"的思想，并多次进行深刻阐述。2014 年 9 月，习近平总书记在纪念孔子诞辰 2565 周年国际学术研讨会开幕会上的讲话中指出，"世界上一些有识之士认为，包括儒家思想在内的中国优秀传统文化中蕴藏着解决当代人类面临的难题的重要启示，比如，关于道法自然、天人合一的思想"[1]。2017 年 1 月，习近平总书记在联合国日内瓦总部的演讲中指出，国际社会要"坚持绿色低碳，建设一个清洁美丽的世界；……我们应该遵循天人合一、道法自然的理念，寻求永续发展之路。"[2] 2021 年 4 月，习近平总书记在出席"领导人气候峰会"时发表的讲话中指出，"中华文明历来崇尚天人合一、道法自然，追求人与自然和谐共生"[3]。

习近平总书记的重要论述，深刻揭示了构建人类命运共同体与中国传统"天人"思想间的内在逻辑和传承关系，是中国传统智慧在当今时代的应用和发展。秉持"天人合一、道法自然"的传统智慧，推动构建人与自然生命共同体，是解决当前世界面临的气候变化、生态系统退化、环境污染等重大挑战，给子孙后代留下一个清洁美丽世界的关键，是中国传统文化在当今世界的彰显，是中国为人类文明进步

---

[1] 习近平：《在纪念孔子诞辰 2565 周年国际学术研讨会上的讲话》，《人民日报》2014 年 9 月 25 日，第 2 版。

[2] 习近平：《共同构建人类命运共同体》，载于《习近平外交演讲集》第二卷，北京，中央文献出版社 2022 年版，第 22–23 页。

[3] 同上，第 347 页。

作出的重大贡献，必将极大造福世界各国和各国人民。

第三节 继承和弘扬新中国外交传统与理念

新中国成立以来，中国共产党立足中国国情，坚守初心使命，始终致力于维护国家利益，始终致力于促进人类进步，建设了富有中国特色、引领时代潮流的理论体系，形成了体现文化底蕴、彰显民族风骨的优良传统。[1] 构建人类命运共同体，继承和发扬了新中国成立以来的一系列外交理念、战略思想、优良传统和宝贵经验，并在波澜壮阔的中国特色大国外交实践中不断守正创新，创造了中国外交新的辉煌。

一、坚持胸怀天下

中国共产党是为中国人民谋幸福的政党，也是为人类进步事业奋斗的政党。从成立之日起，中国共产党就把党和人民的事业看作人类进步事业的重要组成部分，以马克思主义的坚定信仰信念、深邃的历史视野和远大目光、宽广胸怀，从国际大局和国内大局相互联系的高度审视中国和世界的发展，在世界发展潮流中谋划和推动中国革命、建设、改革事业，从而牢牢掌握了历史主动。[2] 早在 20 世纪 50 年代，毛泽东同志就明确指出，中国应当对于人类有较大的贡献。[3] 毛泽东同志还谈到，

---

[1] 中共中央宣传部、中华人民共和国外交部：《习近平外交思想学习纲要》，北京，人民出版社、学习出版社 2021 年 8 月版，第 5 页。

[2] 穆兆勇：《坚持胸怀天下的中国共产党》，《光明日报》2022 年 7 月 28 日，第 6 版。

[3]《纪念孙中山先生》，载于《毛泽东文集》第七卷，北京，人民出版社 1999 年 6 月版，第 157 页。

尽管中国是一个大国，人口占世界的四分之一，但中国对人类的贡献不符合它所占的人口比重。[1] 他多次对来访外宾表示，我们现在还有些困难，给予的帮助不大。我们正在努力，几年或几十年之后，总会有所进步，到那个时候，就有可能更多更好地满足外国朋友的需要。[2]

即使在新中国经济十分困难的情况下，中国也尽已所能，积极为人类进步事业提供力所能及的帮助。新中国成立后不久，中国政府即应朝鲜请求，作出抗美援朝、保家卫国的历史性决策。以毛泽东同志为主要代表的中国共产党人从全局出发，审时度势，以"打得一拳开，免得百拳来"的英雄气概，以敢于斗争、敢于胜利的革命精神，同朝鲜人民和军队一道坚决反抗侵略，赢得了抗美援朝战争的伟大胜利。年轻的新中国坚决支持亚非拉国家捍卫自己的民族独立和国家主权、反对外来侵略和干涉、维护本地区和世界和平的正义斗争。毛泽东同志曾明确指出，亚洲、非洲和拉丁美洲各国的民族独立解放运动，以及世界上一切国家的和平运动和正义斗争，我们都必须给以积极的支持。[3] 毛泽东同志关于三个世界划分的思想，对反对超级大国的霸权主义和战争威胁、努力建立和发展同第三世界各国和其他类型国家的友好合作发挥了重要作用。中国还克服自身困难，为非洲国家经济社会发展提供帮助，无私援助坦赞铁路建设，向非洲多国派出医疗队等，为发展中国家特别是最落后国家的民族解放和社会进步作出了重要贡献。据统计，仅在 1970 年至 1978 年间， 中国就帮助 37 个国家建成

---

[1]《毛泽东文集》第七卷，北京，人民出版社 1999 年 6 月版，第 124 页。

[2]《毛泽东文集》第八卷，北京，人民出版社 1999 年 6 月版，第 318、332 页。

[3] 毛泽东：《中国共产党第八次全面代表大会开幕词》，载于《毛泽东文集》第七卷，北京，人民出版社 1999 年 6 月版，第 116 页。

470 个项目，超过此前建成项目的总和。[1]

党的十一届三中全会后，邓小平同志多次论述"中国应当对人类有更大贡献"的问题。他在 20 世纪 80 年代指出，如果在本世纪末，我们的国民生产总值实现翻两番，达到一万亿美元，中国就可以对人类作出更多一点贡献。如果再花五十年时间接近发达国家的水平，那么我们这个国家对人类的贡献就更大一些。[2] 邓小平同志强调，到 21 世纪中叶，中国的综合国力接近世界发达国家的水平，"到那时，社会主义中国的分量和作用就不同了，我们就可以对人类有较大的贡献"[3]。除经济、技术援助外，中国还通过开辟符合自身发展的独特道路，为其他国家特别是第三世界国家提供借鉴；通过走出一条中国式现代化的新道路，向外界充分展现社会主义制度的优越性，从而给那些渴望加快发展、改变贫穷落后面貌的广大发展中国家提供一种新的选择。邓小平同志强调，到下世纪中叶我们实现"三步走"发展目标，"这不但是给占世界总人口四分之三的第三世界走出了一条路，更重要的是向人类表明，社会主义是必由之路，社会主义优于资本主义"[4]。

党的十八大后，以习近平同志为主要代表的中国共产党人，将"为人类进步事业而奋斗"作为不懈追求的目标，中国共产党天下情怀更加得到彰显。习近平总书记庄严宣告："中国共产党始终把为人类作

---

[1] 石林：《当代中国的对外经济合作》，北京，中国社会科学出版社 1989 年版，第 60-61、69 页。

[2]《邓小平思想年谱（1975—1997）》，北京，中央文献出版社 1998 年版，第 535 页。

[3] 邓小平：《在中国共产党全国代表会议上的讲话》，载于《邓小平文选》第三卷，北京，人民出版社 1993 年版，第 143 页。

[4] 邓小平：《社会主义必须摆脱贫穷》，载于《邓小平文选》第三卷，北京，人民出版社 1993 年版，第 224-225 页。

出新的更大的贡献作为自己的使命。"[1]党的十九届六中全会将"坚持胸怀天下"作为中国共产党百年奋斗的十条历史经验之一，指出，"一百年来，党既为中国人民谋幸福、为中华民族谋复兴，也为人类谋进步、为世界谋大同，以自强不息的奋斗深刻改变了世界发展的趋势和格局"[2]。党的二十大报告开宗明义指出，"我们党立志于中华民族千秋伟业，致力于人类和平与发展崇高事业，责任无比重大，使命无上光荣"[3]。党的二十大报告还将"必须坚持胸怀天下"作为贯穿新时代中国特色社会主义思想的立场观点方法之一，要求必须坚持好、运用好，指出，"必须坚持胸怀天下。中国共产党是为中国人民谋幸福、为中华民族谋复兴的党，也是为人类谋进步、为世界谋大同的党。我们要拓展世界眼光，深刻洞察人类发展进步潮流，积极回应各国人民普遍关切，为解决人类面临的共同问题作出贡献，以海纳百川的宽阔胸襟借鉴吸收人类一切优秀文明成果，推动建设更加美好的世界"[4]。

中国以实际行动，为世界作出实实在在的贡献，真实践行了"胸怀天下"的理想。遵循共商共建共享原则，使共建"一带一路"成为当今世界深受欢迎的国际公共产品和国际合作平台；在自身发展的同

[1]《十九大以来重要文献选编》上册，北京，中央文献出版社2019年版，第40—41页。

[2]《中共中央关于党的百年奋斗重大成就和历史经验的决议》，北京，人民出版社2022年版，第64页。

[3]习近平：《高举中国特色社会主义伟大旗帜 为全面建设社会主义现代化国家而团结奋斗——在中国共产党第二十次全国代表大会上的报告》，北京，人民出版社2022年版，第1页。

[4]同上，第21页。

时，促进世界各国经济共同发展，中国经济连续多年对世界经济的增长贡献率超过 30%，成为全球经济重要的稳定器、动力源；坚持真正的多边主义，推进国际关系民主化，推动全球治理朝着更加公正合理的方向发展，为世界向何处去指明了方向。经过持续奋斗，特别是党的十八大以来的艰苦努力，我们党领导人民成功走出中国式现代化道路，创造了人类文明新形态，拓展了发展中国家走向现代化的途径，给世界上那些既希望加快发展又希望保持自身独立性的国家和民族提供了全新选择，为世界和平发展、人类文明进步作出了巨大贡献。

胸怀天下，把中国的前途命运同整个世界的前途命运联系起来，努力增进世界人民福祉，为人类进步事业而奋斗，是贯穿人类命运共同体理念的一条突出主线。习近平总书记深刻指出，"我们要为人民福祉着想，秉持人类命运共同体理念，用实际行动为建设美好世界作出应有贡献"[1]。这一论述，将胸怀天下、促进全人类进步与构建人类命运共同体贯通起来，深刻揭示了构建人类命运共同体的出发点和本质内涵，体现了中国共产党人一贯的政治追求和心系人类命运的历史自觉，彰显了中国共产党人的深厚天下情怀和高远使命担当。

二、坚持独立自主

独立自主是我们立党立国的重要原则。在新中国成立之前，以毛泽东同志为主要代表的中国共产党人就深刻认识到独立自主的重要性。1949 年 6 月 15 日，毛泽东同志在新政治协商会议筹备会上掷地有声地指出，"中国必须独立，中国必须解放，中国的事情必须由中国人民自己作主张，自己来处理，不容许任何帝国主义国家再有一丝一毫的

---

[1] 习近平：《合力克服疫情挑战，共绘金砖发展蓝图》，载于《习近平外交演讲集》第二卷，北京，中央文献出版社 2022 年版，第 287 页。

干涉"[1]。新中国成立后，中国政府鲜明提出以保障民族独立和维护世界和平为主旨的外交政策，"另起炉灶""打扫干净屋子再请客"等原则确立了新中国外交独立自主的底色。新中国成立后，毛泽东、周恩来等中央领导同志将中国共产党在长期革命斗争中形成的独立自主、自力更生原则运用到对外关系之中，创造性地提出处理国家间关系的和平共处五项原则，即：互相尊重主权和领土完整，互不侵犯，互不干涉内政，平等互利，和平共处。和平共处五项原则是在毛泽东同志和中共中央确定的缓和国际紧张局势的总方针指导下，总结新中国实行独立自主和平外交政策的成功经验的产物，是对毛泽东同志在新中国成立前后提出的建交原则的发展，是当代中国外交的根本立足点，"是独立自主和平外交政策发展的里程碑"[2]。

在处理国与国之间关系上，毛泽东同志一贯主张，国家无论大小、贫富、强弱，都应当相互尊重，平等相待，友好相处，各个国家的事情应当由各个国家的人民自己去管，任何外国无权干涉，这是"和平共处五项原则"的由来和主要依据。和平共处五项原则超越意识形态和社会制度，摒弃国际关系中的强权政治和冷战思维，符合世界各国尤其是中小国家普遍愿望，具有强大的生命力，因而成为战后国际关系的基本准则。1954 年 12 月，毛泽东同志在与来访的缅甸联邦总理吴努的会谈中指出，"我们认为，五项原则是一个长期的方针，不是为了临时应付的。这五项原则是适合我国的情况的，我国需要长期的和平环境。五项原则也是适合你们国家的情况的，是适合亚洲、非洲绝

[1] 毛泽东：《在新政治协商会议筹备会上的讲话》，载于《毛泽东选集》第四卷，北京，人民出版社 1991 年版，第 1465 页。

[2] 邓洪波：《坚定奉行独立自主的和平外交政策》，载于《党的二十大报告辅导读本》，北京，人民出版社 2022 年版，第 521 页。

大多数国家的情况的"[1]。周恩来同志曾经指出，维护得来不易的民族独立，政治上自主而不允许任何外来干涉，经济上自立而不依赖外援，这是我们决定外交政策、处理外交问题的出发点，也是区别于旧中国屈辱外交根本所在。[2]

党的十一届三中全会后，邓小平同志根据国内外形势的变化，提出要更加鲜明地坚持独立自主。1982 年，在党的第十二次全国代表大会上，邓小平同志指出，"中国的事情要按照中国的情况来办，要依靠中国人自己的力量来办。独立自主，自力更生，无论过去、现在和将来，都是我们的立足点"[3]。在这一方针指引下，中国外交工作进一步开创了新的局面。以江泽民同志为主要代表的中国共产党人和以胡锦涛同志为主要代表的中国共产党人，进一步丰富和发展了独立自主的和平外交政策，提出推动建立国际政治经济新秩序、坚持走和平发展道路、建设和谐世界等重要理念主张，推动中国同世界关系持续发生积极变化，中国独立自主的外交政策赢得世界上越来越多国家的尊重和认同。

党的十八大以来，以习近平同志为核心的党中央深刻把握中国和世界发展大势，继承和发扬新中国外交优良传统，坚定执行独立自主的和平外交政策，极大推进了中国从站起来、富起来到强起来的伟大历史进程。2013 年 12 月 26 日，在纪念毛泽东同志诞辰 120 周年座谈会上的讲话中，习近平总书记指出，独立自主是我们党从中国实际出

---

[1] 毛泽东：《和平共处五项原则是一个长期的方针》，载于《毛泽东外交文选》，北京，中央文献出版社、世界知识出版社 1994 年版，第 186–187 页。

[2] 中华人民共和国外交部外交史编辑室：《研究周恩来——外交思想与实践》，北京，世界知识出版社 1989 年版，第 4 页。

[3] 邓小平：《中国共产党第十二次全国代表大会开幕词》，载于《邓小平文选》第三卷，北京，人民出版社 1993 年版，第 3 页。

发、依靠党和人民力量进行革命、建设、改革的必然结论。不论过去、现在和将来，我们都要把国家和民族发展放在自己力量的基点上，坚持民族自尊心和自信心，坚定不移走自己的路。[1] 习近平总书记还指出，坚持独立自主，就要坚持中国的事情必须由中国人民自己作主张、自己来处理。世界上没有放之四海而皆准的具体发展模式，也没有一成不变的发展道路。历史条件的多样性，决定了各国选择发展道路的多样性。人类历史上，没有一个民族、没有一个国家可以通过依赖外部力量、跟在他人后面亦步亦趋实现强大和振兴。那样做的结果，不是必然遭遇失败，就是必然成为他人的附庸。[2] 2021 年 7 月 1 日，习近平总书记在庆祝中国共产党成立 100 周年大会上的讲话中指出，走自己的路，是党的全部理论和实践立足点，更是党百年奋斗得出的历史结论。[3] 党的十九届六中全会通过的《中共中央关于党的百年奋斗重大成就和历史经验的决议》指出，"党历来坚持独立自主开拓前进道路，坚持把国家和民族发展放在自己力量的基点上，坚持中国的事情必须由中国人民自己作主张、自己来处理"[4]。党的二十大报告再次郑重宣示："中国坚定奉行独立自主的和平外交政策，始终根据事情本身的是非曲直

---

[1] 习近平：《论中国共产党历史》，北京，中央文献出版社 2021 年版，第 63 页。

[2] 同上，第 64 页。

[3] 习近平：《在庆祝中国共产党成立 100 周年大会上的讲话》，《人民日报》2021 年 7 月 2 日，第 2 版。

[4]《中共中央关于党的百年奋斗重大成就和历史经验的决议》辅导读本，北京，人民出版社 2021 年版，第 76 页。

决定自己的立场和政策，维护国际关系基本准则，维护国际公平正义。"[1]新时代独立自主和平外交政策，是服务实现中华民族伟大复兴与推动构建人类命运共同体的有机统一。[2]

习近平总书记大力弘扬和平共处五项原则的时代意义，将其作为构建人类命运共同体的重要准则，指出，"新形势下，和平共处五项原则的精神不是过时了，而是历久弥新；和平共处五项原则的意义不是淡化了，而是历久弥深；和平共处五项原则的作用不是削弱了，而是历久弥坚"[3]。2017年1月，习近平总书记在联合国日内瓦总部发表演讲时指出，"纵观近代以来的历史，建立公正合理的国际秩序是人类孜孜以求的目标。从三百六十多年前《威斯特伐利亚和约》确立的平等和主权原则，到一百五十多年前日内瓦公约确立的国际人道主义精神；从七十多年前联合国宪章明确的四大宗旨和七项原则，到六十多年前万隆会议倡导的和平共处五项原则，国际关系演变积累了一系列公认的原则。这些原则应该成为构建人类命运共同体的基本遵循"[4]。党的二十大报告指出，"中国坚持在和平共处五项原则基础上同各国发展友好合作，推动构建新型国际关系，深化拓展平等、开放、合作

---

[1] 习近平：《高举中国特色社会主义伟大旗帜，为全面建设社会主义现代化国家而团结奋斗——在中国共产党第二十次全国代表大会上的报告》，北京，人民出版社2022年版，第60页。

[2] 邓洪波：《坚定奉行独立自主的和平外交政策》，载于《党的二十大报告辅导读本》，北京，人民出版社2022年版，第522页。

[3] 习近平：《弘扬和平共处五项原则，建设合作共赢美好世界》，载于《习近平外交演讲集》第一卷，北京，中央文献出版社2022年版，第152页。

[4] 习近平：《共同构建人类命运共同体》，载于《习近平外交演讲集》第二卷，北京，中央文献出版社2022年版，第17页。

的全球伙伴关系，致力于扩大同各国利益的汇合点"[1]。这些论述，庄严宣告了中国共产党人对世界和平的坚守，彰显了和平共处五项原则在新时代中国外交中的基础性地位。

三、坚持走和平发展道路

和平发展，是中国共产党矢志不渝的追求，是中国发展的鲜明特征。毛泽东同志于 1949 年 9 月 21 日在中国人民政治协商会议第一届全体会议上庄严宣告："我们的民族将从此列入爱好和平自由的世界各民族的大家庭，以勇敢而勤劳的姿态工作着，创造自己的文明和幸福，同时也促进世界的和平和自由。"[2] 在中华人民共和国第一届全国人民代表大会第一次会议上所致的开幕词中，毛泽东同志指出，"我们的总任务是：团结全国人民，争取一切国际朋友的支援，为了建设一个伟大的社会主义国家而奋斗，为了保卫国际和平和发展人类进步事业而奋斗"[3]。1955 年 5 月，他在同印尼总理沙斯特罗阿米佐约的谈话中指出，"就是西方国家，只要它们愿意，我们也愿同它们合作。我们愿意用和平的办法来解决存在的问题。……结论还是一个：'和平为

---

[1] 习近平：《高举中国特色社会主义伟大旗帜　为全面建设社会主义现代化国家而团结奋斗——在中国共产党第二十次全国代表大会上的报告》，北京，人民出版社 2022 年版，第 61 页。

[2] 毛泽东：《中国人从此站立起来了》，载于《毛泽东文集》第五卷，北京，人民出版社 1996 年版，第 344 页。

[3] 毛泽东：《为建设一个伟大的社会主义国家而奋斗》，载于《毛泽东文集》第六卷，北京，人民出版社 1999 年版，第 350 页。

上'"。[1]

新中国成立后，以美国为首的帝国主义国家对新中国进行政治孤立、经济封锁和军事威胁，毛泽东等中央领导同志对此进行了不屈不挠的斗争，坚决反对以美国为首的帝国主义国家在中国家门口发动的朝鲜战争，以及在国际上的霸权主义和强权政治行径。中苏关系恶化后，毛泽东同志和中共中央又与苏联大国沙文主义和霸权主义进行了坚决斗争，维护了国家主权和独立，在国际上树立了反霸反干涉的光辉形象。在反对美、苏搞霸权主义的同时，中国自己作出"不称霸"的庄严承诺。毛泽东同志多次表示，中国永远不做超级大国、永远不称霸。

党的十一届三中全会后，随着党和国家的工作重点向经济建设转移，邓小平同志更加突出强调反对霸权主义，维护世界和平，明确把争取一个较长时期的国际和平环境和良好的周边环境作为我国新时期外交工作的目标和任务。[2] 1982 年 9 月，他在党的十二大开幕词中提出："加紧社会主义现代化建设，争取实现包括台湾在内的祖国统一，反对霸权主义，维护世界和平，是我国人民在八十年代的三大任务。"[3] 苏东剧变后，针对有人对和平与发展的时代主题产生疑惑并质疑中国对外政策，江泽民同志指出，"和平与发展仍是当今时代的主题"[4]。

---

[1] 毛泽东：《和平为上》，载于《毛泽东外交文选》，北京，中央文献出版社、世界知识出版社 1994 年版，第 212 页。

[2]《邓小平外交思想学习纲要》编写组：《邓小平外交思想学习纲要》，北京，世界知识出版社 2000 年版，第 73 页。

[3] 邓小平：《中国共产党第十二次全国代表大会开幕词》，载于《邓小平文选》第三卷，北京，人民出版社 1993 年版，第 3 页。

[4]《在中国共产党第十六次全国代表大会上的报告》，载于《十一届三中全会以来党和国家重要文献选编》，北京，中共中央党校出版社 2008 年版，第 469 页。

他还重申中国一直以来坚持的反霸方针，指出中国反对各种形式的霸权主义和强权政治；中国永远不称霸，永远不搞扩张。[1]党的十六大以后，以胡锦涛同志为总书记的党中央高举科学发展、和平发展、合作发展的旗帜，强调"和平与发展仍旧是时代的主题，求和平、谋发展、促合作已经成为不可阻挡的时代潮流"[2]，"中国将始终不渝走和平发展道路"[3]。

坚持以维护世界和平、促进共同发展为宗旨，推动构建人类命运共同体，是习近平外交思想的核心内容之一。2013年3月，习近平总书记在莫斯科国际关系学院发表演讲时指出，这个世界，和平、发展、合作、共赢成为时代潮流，旧的殖民体系土崩瓦解，冷战时期的集团对抗不复存在，任何国家或国家集团都再也无法单独主宰世界事务。[4]习近平总书记在多个国际场合重申新中国历代领导人关于不侵略别国、不称霸的立场，指出，中华民族的血液中没有侵略他人、称霸世界的基因，中国人民不接受"国强必霸"的逻辑，[5]"无论中国发展到什么程度，我们都不会威胁谁，都不会颠覆现行国际体系，都不会谋求建立势力范围"[6]。在庆祝中国共产党成立一百周年大会上的讲话中，习近平

---

[1] 同上，第470页。

[2] 同上，第754页。

[3] 同上，第755页。

[4] 习近平：《顺应时代前进潮流，促进世界和平发展》，载于《习近平外交演讲集》第一卷，北京，中央文献出版社2022年版，第2页。

[5] 习近平：《在中国国际友好大会暨中国人民对外友好协会成立60周年纪念活动上的讲话》，《人民日报》2014年5月16日，第2版。

[6] 习近平：《开放共创繁荣，创新引领未来》，载于《习近平外交演讲集》第二卷，北京，中央文献出版社2022年版，第101页。

总书记指出："新的征程上，我们必须高举和平、发展、合作、共赢旗帜，奉行独立自主的和平外交政策，坚持走和平发展道路，推动建设新型国际关系，推动构建人类命运共同体，推动共建'一带一路'高质量发展，以中国的新发展为世界提供新机遇。中国共产党将继续同一切爱好和平的国家和人民一道，弘扬和平、发展、公平、正义、民主、自由的全人类共同价值，坚持合作、不搞对抗，坚持开放、不搞封闭，坚持互利共赢、不搞零和博弈，反对霸权主义和强权政治，推动历史车轮向着光明的目标前进！"[1]党的二十大报告指出，"中国奉行防御性的国防政策，中国的发展是世界和平力量的增长，无论发展到什么程度，中国永远不称霸、永远不搞扩张"[2]，再一次向全世界宣告了中国坚决反对霸权主义、坚定维护世界和平的鲜明立场。党的二十大报告还指出，"中国式现代化是走和平发展道路的现代化。我国不走一些国家通过战争、殖民、掠夺等方式实现现代化的老路，那种损人利己、充满血腥罪恶的老路给广大发展中国家人民带来深重苦难。我们坚定站在历史正确的一边、站在人类文明进步的一边，高举和平、发展、合作、共赢旗帜，在坚定维护世界和平与发展中谋求自身发展，又以自身发展更好维护世界和平与发展"[3]。这一重要论述，深刻阐明了和平发展对中国式现代化的重大意义，彰显我们党坚定走和平发展道路的信心和决心。

---

[1] 习近平：《在庆祝中国共产党成立一百周年大会上的讲话》，《人民日报》2021年7月2日，第2版。

[2] 习近平：《高举中国特色社会主义伟大旗帜，为全面建设社会主义现代化国家而团结奋斗——在中国共产党第二十次全国代表大会上的报告》，北京：人民出版社2022年版，第61页。

[3] 同上，第23页。

坚持和平发展不能牺牲国家利益，坚持和平发展也不是中国一家的事，而是需要各国共同经营的事业。习近平总书记指出，我们要坚持走和平发展道路，但决不能放弃我们的正当权益，决不能牺牲国家核心利益。任何外国不要指望我们会拿自己的核心利益做交易，不要指望我们会吞下损害我国主权、安全、发展利益的苦果。中国走和平发展道路，其他国家也都要走和平发展道路，只有各国都走和平发展道路，各国才能共同发展，国与国才能和平相处。[1]走和平发展道路必须坚持中国外交的核心原则，包括新中国成立以来形成和发展的独立自主、相互尊重、平等相待、不干涉内政等原则，也包括对外工作要坚持统筹国内国际两个大局、坚持战略自信和保持战略定力、坚持底线思维和风险意识等新时代中国外交积累的有益经验。走和平发展道路还必须坚守维护国家核心利益的底线，必须牢牢掌握斗争主动权，在涉及我国核心利益的问题上要敢于亮剑，坚决斗争。[2]

习近平总书记关于走和平发展道路必须维护我国正当权益的重要论述，科学、有力地阐述了二者之间的辩证关系，既宣示了中国继续致力于走和平发展道路的决心，又阐明了中国将坚定维护国家核心利益的原则立场。任何势力都不能幻想中国在外来挑战面前逆来顺受、忍气吞声。这是对新中国外交"和平发展"思想的重大理论创新，也是新时代中国外交必须继续牢牢把握的重要原则。

四、坚持求同存异

"求同存异"是以毛泽东同志为主要代表的中国共产党人，创造

---

[1] 中共中央宣传部、中华人民共和国外交部：《习近平外交思想学习纲要》，北京，人民出版社、学习出版社 2021 年版，第 115 页。

[2] 同上，第 115-117 页。

性地运用唯物辩证法的矛盾学说，为处理国家间关系提出的重要原则。周恩来同志是"求同存异"原则的主要创立者之一，也是创造性地运用这一原则的杰出代表。周恩来同志善于在尖锐的矛盾中求同，善于在适当的条件下存异，并以这种高超的外交艺术被誉为"处理外交难题的能手"[1]。1954 年 8 月，周恩来同志在谈到中英关系时表示："我们和英国是有同有不同的，我们的态度是求同而不求异。"[2]

万隆会议对"求同存异"原则的提出和发展具有里程碑意义。1955 年 4 月，由印度尼西亚、缅甸等五国倡导，29 个国家和地区参加的亚非会议在印尼万隆举行，这是第一次由亚非国家自己发起、以反帝反殖民为主题的国际会议，意义十分重大。由于当时美国和其他西方国家对新中国采取封锁包围的政策，所有参会国家中只有 6 个国家与中国建立了外交关系，多数国家对中国并不了解，甚至存在很深的误解。会上，一些国家的代表对中国的社会主义制度进行攻击，暗示中国有颠覆邻国的意图，会议面临破裂的危险。在此情况下，中国代表团团长周恩来总理临时草拟了一个有针对性的补充发言。他在发言中指出，"中国代表团是来求团结而不是来吵架的。我们共产党人从不讳言我们相信共产主义和认为社会主义制度是好的。但是，在这个会议上用不着来宣传个人的思想意识和各国的政治制度，虽然这种不同在我们中间显然是存在的。……中国代表团是来求同而不是来立异的。在我们中间有无求同的基础呢？有的，那就是亚非绝大多数国家和人民自近代以来都曾经受过、并且现在仍在受着殖民主义所造成的

---

[1] 钱其琛：《认真研究周恩来的外交思想与实践》，载于《研究周恩来——外交思想与实践》，北京，世界知识出版社 1989 年版，第 7 页。

[2] 周恩来：《推进中英关系，争取和平合作》，载于《周恩来外交文选》，北京，中央文献出版社 1990 年版，第 81 页。

灾难和痛苦"[1]。周恩来同志的发言澄清了一些人的模糊认识,击破了帝国主义的谣言,他提出的"求同存异"原则在与会人员中得到共鸣,使一些国家对中国的担心和误解得以消除,从而驱散了一度笼罩在大会上空的阴云,使大会得以在良好的气氛中进行。最终,会议在和平共处五项原则基础上,形成了处理国家间关系的十项原则,凝聚了以"团结、友谊、合作"为核心的万隆精神。万隆会议及其彰显的"求同存异"原则从此被载入史册。

习近平总书记继承和弘扬了"求同存异"原则的精神,并从尊重文明多样性、构建人类命运共同体的高度看待和运用这一重要原则。习近平总书记指出,"'和羹之美,在于合异。'人类文明多样性是世界的基本特征,也是人类进步的源泉"[2]。2017 年 12 月,在出席中国共产党与世界政党高层对话会开幕式的讲话中,习近平总书记强调:"世界各国尽管有这样那样的分歧矛盾,也免不了产生这样那样的磕磕碰碰,但世界各国人民都生活在同一片蓝天下、拥有同一个家园,应该是一家人。世界各国人民应该秉持'天下一家'理念,张开怀抱,彼此理解,求同存异,共同为构建人类命运共同体而努力。"[3]"我们不'输入'外国模式,也不'输出'中国模式,不会要求别国'复制'中国的做法。"[4] 2020 年 9 月,在会见联合国秘书长古特雷斯时,习近平总书记指出:"各国互联互通,命运休戚与共。要超越国家、

---

[1] 周恩来:《在亚非会议全体会议上的补充发言》,载于《周恩来外交文选》,北京,中央文献出版社 1990 年版,第 121 页。

[2]《习近平谈"一带一路"》,北京,中央文献出版社 2018 年版,第 170 页。

[3] 习近平:《携手建设更加美好的世界》,载于《习近平外交演讲集》第二卷,北京,中央文献出版社 2022 年版,第 87 页。

[4] 同上,第 91 页。

民族、文化、意识形态界限，站在全人类高度，推动构建人类命运共同体，共同建设好我们赖以生存的地球家园。……要树立你中有我、我中有你的命运共同体意识，跳出小圈子和零和博弈思维，树立大家庭和合作共赢理念，摒弃意识形态争论，跨越文明冲突陷阱，相互尊重各国自主选择的发展道路和模式，让世界多样性成为人类社会进步的不竭动力、人类文明多姿多彩的天然形态。"[1] 2021 年 7 月，在同法国德国领导人举行视频峰会时，习近平总书记指出，"中欧本着相互尊重、求同存异原则开展合作，双方全面战略伙伴关系汇聚了彼此之间最大公约数。我们要秉持这一精神，正确看待相互差异，理性处理彼此分歧，牢牢把稳中欧关系前进航向"[2]。习近平总书记还生动形象地指出，中国对外开放，不是要一家唱独角戏，而是要欢迎各方共同参与；不是要营造自己的后花园，而是要建设各国共享的百花园。[3]

在党的二十大报告中，习近平总书记指出，"我们真诚呼吁，世界各国弘扬和平、发展、公平、正义、民主、自由的全人类共同价值，促进各国人民相知相亲，尊重世界文明多样性，以文明交流超越文明隔阂、文明互鉴超越文明冲突、文明共存超越文明优越，共同应对各种全球性挑战"。[4] 这一重要论述，站在人类文明交流互鉴、相互促进，推进建设更加美好的人类未来高度，阐明了中国对不同社会制度和发

[1]《习近平会见联合国秘书长古特雷斯》，《人民日报》2020 年 9 月 24 日，第 1 版。

[2]《习近平同法国德国领导人举行视频峰会》，《人民日报》2021 年 7 月 6 日，第 1 版。

[3]习近平：《中国发展新起点，全球增长新蓝图》，载于《习近平外交演讲集》第一卷，北京，中央文献出版社 2022 年版，第 425 页。

[4] 习近平：《高举中国特色社会主义伟大旗帜　为全面建设社会主义现代化国家而团结奋斗——在中国共产党第二十次全国代表大会上的报告》，北京，人民出版社 2022 年版，第 63 页。

展模式的国家和睦相处的正确态度，从而揭示了"求同存异"原则的本质特征，并从文明角度诠释了构建人类命运共同体的深刻内涵，对推动建设开放包容的世界，促进人类文明进步都具有十分重要的意义。

第三章

推动构建人类命运共同体的理论逻辑

推动构建人类命运共同体这一重大理念的提出，超越了社会制度和发展阶段的不同，摒弃了零和博弈和地缘政治的旧思维，科学回答了"世界向何处去、人类怎么办"的时代之问，指明了不同国家、不同民族、不同文明的共同奋斗方向，展现了胸怀天下、面向未来，大道之行、天下为公的宽阔胸襟，是马克思主义中国化时代化的最新成果之一。推动构建人类命运共同体，是一个立意高远、思想深邃、内涵丰富的科学理论体系，是习近平新时代中国特色社会主义思想特别是习近平外交思想的重要组成部分，也是中国特色大国外交的鲜明标识，具有十分重要的理论价值和实践意义，极其重大的时代价值和世界意义。

第一节 发展脉络

构建人类命运共同体理念有一个循序渐进、逐步完善的发展过程。党的十八大以来，习近平总书记在多个重要场合发表重要讲话，全面系统阐述构建人类命运共同体这一重大理念，不断丰富完善构建人类命运共同体的内涵，也把国际社会对构建人类命运共同体理念的认知不断引向深入，这一过程大体分为以下几个阶段。

一、在国际演讲中正式提出

2012 年 11 月，党的十八大报告明确指出，"合作共赢，就是要倡导人类命运共同体意识，在追求本国利益时兼顾他国合理关切，在谋求本国发展中促进各国共同发展"[1]。

2012 年 12 月，习近平总书记在人民大会堂同来自 16 个国家的 20 位在华工作的外国专家座谈时指出，"我们的事业是同世界各国合作共赢的事业。国际社会日益成为一个你中有我、我中有你的命运共同体。面对世界经济的复杂形势和全球性问题，任何国家都不可能独善其身、一枝独秀，这就要求各国同舟共济、和衷共济，在追求本国利益时兼顾他国合理关切，在谋求本国发展中促进各国共同发展，建立更加平等均衡的新型全球发展伙伴关系，增进人类共同利益，共同建设一个更加美好的地球家园"[2]。

2013 年 3 月 23 日，习近平总书记在莫斯科发表了题为《顺应时代前进潮流　促进世界和平发展》的主旨演讲，阐述中国对世界形势的看法和对国际关系的立场主张，指出，"这个世界，各国相互联系、相互依存的程度空前加深，人类生活在同一个地球村里，生活在历史和现实交汇的同一个时空里，越来越成为你中有我、我中有你的命运共

---

[1]《胡锦涛在中国共产党第十八次全国代表大会上的报告》，人民网，2012 年 11 月 18 日，http://cpc.people.com.cn/n/2012/1118/c64094-19612151.html。

[2]《习近平同外国专家代表座谈时强调：中国是合作共赢倡导者践行者》，人民网，2012 年 12 月 6 日，http://jhsjk.people.cn/article/19806788。

同体"[1]。首次向全世界正式提出了人类命运共同体理念。

二、进一步体系化

2015 年 9 月 28 日，习近平总书记在联合国大会一般性辩论上发表致辞指出，"携手构建合作共赢新伙伴，同心打造人类命运共同体。让铸剑为犁、永不再战的理念深植人心，让发展繁荣、公平正义的理念践行人间"，并从伙伴关系、安全格局、经济发展、文明交流、生态建设五个方面系统提出打造人类命运共同体"五位一体"的总路径总布局，即：要建立平等相待、互商互谅的伙伴关系；要营造公道正义、共建共享的安全格局；要谋求开放创新、包容互惠的发展前景；要促进和而不同、兼收并蓄的文明交流；要构筑尊崇自然、绿色发展的生态体系。从而在进一步丰富发展人类命运共同体理念的基础上，初步实现了理念的体系化。

习近平总书记还将党的十八大以来的中国外交新理念熔于一炉，使推动构建人类命运共同体理念更加体系化。即把新型国际关系，正确义利观，共商共建共享的全球治理观，共同、综合、合作、可持续的共同、综合、合作、可持续的安全观，绿色、低碳、循环、可持续发展新理念等融入"五位一体"，使其有机融合形成体系。这标志着构建人类命运共同体理念的体系化基本完成。

2017 年 1 月 18 日，习近平总书记在联合国日内瓦总部发表演讲，明确提出，从 360 多年前《威斯特伐利亚和约》确立的平等和主权原则，到 150 多年前《日内瓦公约》确立的国际人道主义精神；从 70 多年前《联

---

[1] 习近平：《顺应时代前进潮流　促进世界和平发展——在莫斯科国际关系学院的演讲》，2013 年 3 月 24 日，http://jhsjk.people.cn/article/20893328。

合国宪章》明确的四大宗旨和七项原则，到60多年前万隆会议倡导的和平共处五项原则，国际关系演变积累了一系列公认的原则。这些原则应该成为构建人类命运共同体的基本遵循。

习近平总书记对"五位一体"的行动方略进行了全面充实完善。从政治、安全、经济、文化、生态等方面提出构建人类命运共同体的目标：政治上，坚持对话协商，建设一个持久和平的世界；安全上，坚持共建共享，建设一个普遍安全的世界；经济上，坚持合作共赢，建设一个共同繁荣的世界；人文上，坚持交流互鉴，建设一个开放包容的世界；生态上，坚持绿色低碳，建设一个清洁美丽的世界。

这是一次具有里程碑意义的演讲。习近平总书记以深远的历史眼光、深邃的哲学理念、深厚的天下情怀，深入分析人类过去100多年的历史启示，深刻洞察人类前途命运和时代发展趋势，提出鲜明的中国方案：构建人类命运共同体，实现共赢共享。[1]"五个世界"是人类命运共同体建设的总目标和总方向，让"中国方案"更具有历史深度和哲学高度，将其建基于公认的国际秩序原则之上并与联合国的崇高事业全面对接，凸显了中国智慧、中国贡献、中国担当，实现了构建人类命运共同体理念新的飞跃，深刻回答了在世界百年未有之大变局的背景下，世界向何处去的重大问题，起到了拨云见日的引领作用，具有划时代的伟大意义。

党的十八大以来，习近平总书记在国内外多个场合反复阐述人类命运共同体理念，向世界清晰传递对于人类文明走向和世界前途命运的中国判断、中国主张。从莫斯科到海南博鳌，从纽约联合国总部到

---

[1]《求是》杂志编辑部：《破解"世界之问"的中国方案》，《求是》2021年第1期，http://www.qstheory.cn/dukan/qs/2021-01/01/c_1126935829.htm。

日内瓦万国宫，从"一带一路"国际合作高峰论坛到中国共产党与世界政党高层对话会，从双边会晤到多边舞台，从主场外交到国际会议，一场场演讲、一次次恳谈，推动构建人类命运共同体的"中国声音"引发全球共鸣。

三、写入国内国际重要文件

2017 年，党的十九大报告首次明确提出新时代中国特色社会主义思想，并用八个"明确"对习近平新时代中国特色社会主义思想进行了阐述。其中"明确中国特色大国外交要推动构建新型国际关系，推动构建人类命运共同体"，将推动构建人类命运共同体上升为新时代中国特色社会主义思想重要内容的政治高度。习近平总书记呼吁各国人民同心协力，构建人类命运共同体，建设持久和平、普遍安全、共同繁荣、开放包容、清洁美丽的世界。"要相互尊重、平等协商，坚决摒弃冷战思维和强权政治，走对话而不对抗、结伴而不结盟的国与国交往新路。要坚持以对话解决争端、以协商化解分歧，统筹应对传统和非传统安全威胁，反对一切形式的恐怖主义。要同舟共济，促进贸易和投资自由化便利化，推动经济全球化朝着更加开放、包容、普惠、平衡、共赢的方向发展。要尊重世界文明多样性，以文明交流超越文明隔阂、文明互鉴超越文明冲突、文明共存超越文明优越。要坚持环境友好，合作应对气候变化，保护好人类赖以生存的地球家园。"[1]

在党的十九大上，人类命运共同体理念被写入党章，成为了全党的意志，体现了中国共产党全新的国际观，展现了中国共产党的历史

---

[1]《习近平在中国共产党第十九次全国代表大会上的报告》，人民网，2017 年 10 月 28 日，http://jhsjk.people.cn/article/29613660。

担当和开阔胸襟，是完善全球治理体系的重大创新，是对人类文明的卓越贡献。2018年，十三届全国人民代表大会把推动构建人类命运共同体写入《中华人民共和国宪法修正案》，这是继修改党章后，人类命运共同体理念写入作为国家根本法、治国安邦总章程的宪法，正式上升为国家意志和人民主张，推动构建人类命运共同体也成为了新时代中国特色大国外交的一个显著标识。

2021年7月1日，在庆祝中国共产党成立100周年大会上，习近平总书记明确提出在新的征程上"以史为鉴、开创未来"的"九个必须"，这既是新时代中国共产党人站在政治和全局的战略高度继续践行初心使命的政治宣言，也是全党全国人民开启新征程、实现中华民族伟大复兴的行动指南。在这样重大的历史时刻，习近平总书记提出"必须不断推动构建人类命运共同体"，再一次表达了中国共产党始终关注人类前途命运的崇高追求以及矢志不渝为人类进步事业作出贡献的历史担当。

2021年党的十九届六中全会通过的《中共中央关于党的百年奋斗重大成就和历史经验的决议》，系统总结了党的百年奋斗重大成就和历史经验，梳理了党的十八大以来的原创性思想、变革性实践、突破性进展和标志性成果。《决议》是一篇马克思主义的纲领性文献，是新时代中国共产党人牢记初心使命、坚持和发展中国特色社会主义的政治宣言；是以史为鉴、开创未来，实现中华民族伟大复兴的行动指南。[1]《决议》中的"十个明确"对习近平新时代中国特色社会主义思

---

[1] 曲青山：《十九届六中全会通过的《决议》是中国共产党历史上的第三个历史决议》，中国网，2021年11月12日，http://news.china.com.cn/2021-11/12/content_77868223.html。

想的核心内容作了进一步概括，其中第九个方面为"明确中国特色大国外交要服务民族复兴、促进人类进步，推动建设新型国际关系，推动构建人类命运共同体"[1]，指明了中国特色大国外交的宗旨和使命。《决议》进一步指出，"经过持续努力，中国特色大国外交全面推进，构建人类命运共同体成为引领时代潮流和人类前进方向的鲜明旗帜，我国外交在世界大变局中开创新局、在世界乱局中化危为机，我国国际影响力、感召力、塑造力显著提升"[2]。这标志着，继写入党章和宪法、上升为党和国家的意志之后，构建人类命运共同体理念写入中国共产党在新的历史起点、新的历史征程上的新的行动宣言，表明中国共产党愿为世界和平发展、人类文明进步不断作出新贡献的真诚愿望与坚定决心。

2022年党的二十大报告中，将推动构建人类命运共同体列为中国式现代化的九个本质要求之一。报告强调："构建人类命运共同体是世界各国人民前途所在。万物并育而不相害，道并行而不相悖。只有各国行天下之大道，和睦相处、合作共赢，繁荣才能持久，安全才有保障。中国提出了全球发展倡议、全球安全倡议，愿同国际社会一道努力落实。中国坚持对话协商，推动建设一个持久和平的世界；坚持共建共享，推动建设一个普遍安全的世界；坚持合作共赢，推动建设一个共同繁荣的世界；坚持交流互鉴，推动建设一个开放包容的世界；

---

[1]《中共中央关于党的百年奋斗重大成就和历史经验的决议》，人民网，2021年11月17日，http://jhsjk.people.cn/article/32284363。

[2] 同上。

坚持绿色低碳，推动建设一个清洁美丽的世界。"[1]

在国际上，构建人类命运共同体引起了越来越多的共鸣和回响。人类命运共同体理念连续 6 年被写入联大决议，并多次写入上合组织、金砖等多边机制决议或宣言，得到国际社会广泛认同。

2017 年 2 月 10 日，联合国社会发展委员会第五十五届会议协商一致通过"非洲发展新伙伴关系的社会层面"决议，构建人类命运共同体理念首次被写入联合国决议。2017 年 3 月 17 日，人类命运共同体理念被载入安理会决议；3 月 23 日，被载入联合国人权理事会决议；11 月 2 日，被写入联合国大会两份安全决议，这也是这一理念首次纳入联合国安全决议。2022 年 11 月 2 日，第 77 届联合国大会一委高票通过中国和俄罗斯共提的"不首先在外空部署武器"和"防止外空军备竞赛的进一步切实措施"决议。两项决议均强调应防止外空军备竞赛，共同努力构建人类命运共同体，这是人类命运共同体理念连续第六年写入联合国大会一委决议。联合国副秘书长、裁军事务高级代表中满泉说，中国近些年在裁军、维和等方面的贡献有目共睹，"构建人类命运共同体"理念与联合国的共同安全的和平理念高度契合，给充满不确定的世界指明了方向，提供了中国方案，符合各国共同利益。[2]

---

[1]《高举中国特色社会主义伟大旗帜　为全面建设社会主义现代化国家而团结奋斗——在中国共产党第二十次全国代表大会上的报，《人民日报》2022 年 10 月 26 日，第 1 版。

[2]《联合国热评"构建人类命运共同体"理念再次写入联合国决议》，中华人民共和国国务院新闻办公室网站，2017 年 11 月 6 日，http://www.scio.gov.cn/tt/zdgz/document/1605235/1605235.htm。

四、在实践中不断丰富

习近平总书记提出构建人类命运共同体重大理念以来，从传统友好国家到更多合作伙伴，从周边到全球，从双边关系到多边议题，其内涵逐步丰富完善。在国家层面，中国正与越来越多的友好伙伴构建起双边命运共同体。在地区范围，习近平总书记创造性地提出打造周边、亚洲、亚太、中国—东盟、上海合作组织、中非、中阿、中拉、中国—中亚、中国—太平洋岛国命运共同体，并与各方达成共识。在全球领域，中方倡议构建网络空间、核安全、卫生健康、人与自然生命、海洋、全球发展等命运共同体得到积极响应。

突如其来的新冠疫情更加彰显构建人类命运共同体理念的时代意义。习近平总书记在多场重要国际会议上指出，团结合作是战胜疫情最有力的武器，呼吁各国携起手来，共同佑护各国人民生命和健康，共同佑护人类共同的地球家园，共同构建人类卫生健康共同体。面对全球环境治理前所未有的困难，习近平总书记呼吁国际社会要以前所未有的雄心和行动，勇于担当，勠力同心，共同构建人与自然生命共同体。这些内涵的深化发展契合时代发展进步潮流，反映了各国人民普遍愿望，赢得日益广泛的理解和支持。

第二节 丰富内涵

人类命运共同体，顾名思义，就是每个民族、每个国家的前途命运都紧紧联系在一起，应该风雨同舟，荣辱与共，努力把我们生于斯、长于斯的这个星球建成一个和睦的大家庭，把世界各国人民对美好生活的向往变成现实。构建人类命运共同体的美好目标，需要一代又一代人接力跑才能实现，关键是要诉诸行动。习近平总书记指出，"国际社会要从伙伴关系、安全格局、经济发展、文明交流、生态建设等方面作出努力"[1]，并以"打造一把精巧的瑞士军刀"的精妙比喻，向国际社会传递行则将至、做则必成的坚定信心。习近平总书记指出，"世界好，中国才会好；中国好，世界才会好。"[2]"中国将一如既往为世界和平安宁作贡献，一如既往为世界共同发展作贡献，一如既往为世界文明交流互鉴作贡献，同世界各国一道，推动构建人类命运共同体，携手建设更加美好的世界，开创共赢共享、发展繁荣、健康安全、互尊互鉴的未来"[3]。

一、建设一个持久和平的世界

自古以来，和平就是人类最持久的夙愿。有了和平稳定，人类才能更好实现自己的梦想。"和平犹如空气和阳光，受益而不觉，失之则难存。"[4]"历史一再证明，没有和平就没有发展，没有稳定就没

[1]《习近平主席在联合国日内瓦总部的演讲（全文）》，人民网，2017年1月19日，http://jhsjk.people.cn/article/29034230。

[2] 习近平：《建设开放包容、互联互通、共同发展的世界——在第三届"一带一路"国际合作高峰论坛开幕式上的主旨演讲》，外交部网站，2023年10月18日，http://www.maf.gov.cn/ziliao_674904/zyjh_674906/20231018_11162839.shtml。

[3] 中共中央宣传部、中华人民共和国外交部：《习近平外交思想学习纲要》，北京，人民出版社、学习出版社2021年版，第57页。

[4]《习近平在博鳌亚洲论坛2013年年会上的主旨演讲》，人民网，2013年4月8日，http://jhsjk.people.cn/article/21048139。

有繁荣。"[1] "国家无论大小、强弱、贫富，都应该做和平的维护者和促进者，不能这边搭台、那边拆台，而应该相互补台、好戏连台。"[2] 党的十八大以来，习近平总书记在国际场合一再呼吁消除战乱、维护和平，倡导国际社会团结起来为缔造和平、捍卫和平而努力。

在 2017 年 1 月在联合国日内瓦总部发表的演讲中，习近平总书记回溯人类战争与和平的历史，从正反两个方面深刻阐述和平的无比珍贵、战争的惨痛教训，指出"国家和，则世界安；国家斗，则世界乱"。和平来之不易，和平需要争取，和平需要维护。历史和现实启迪人们：沟通协商是化解分歧的有效之策，政治谈判是解决冲突的根本之道。只要怀有真诚愿望，秉持足够善意，展现政治智慧，再大的冲突都能化解，再厚的坚冰都能打破。"我们的先辈建立了联合国，为世界赢得 70 余年相对和平。"习近平总书记发出倡议："要完善机制和手段，更好化解纷争和矛盾、消弭战乱和冲突"[3]。

维护和平是每个国家都应该肩负起来的责任。任何国家都不能从别国的困难中谋取利益，从他国的动荡中收获稳定。习近平总书记对坚持对话协商、建设一个持久和平的世界提出务实建议：一是国家之间要构建对话不对抗、结伴不结盟的伙伴关系。大国之间，要"尊重彼此核心利益和重大关切，管控矛盾分歧，努力构建不冲突不对抗、相互尊重、合作共赢的新型关系"；大国对小国，要"平等相待，不

---

[1]《习近平出席 B20 峰会开幕式并发表主旨演讲（全文）》，人民网，2016 年 9 月 3 日，http://jhsjk.people.cn/article/28689036。

[2]《习近平在博鳌亚洲论坛 2013 年年会上的主旨演讲》，人民网，2013 年 4 月 8 日，http://jhsjk.people.cn/article/21048139。

[3]《习近平主席在联合国日内瓦总部的演讲（全文）》，人民网，2017 年 1 月 19 日，http://jhsjk.people.cn/article/29034230。

搞唯我独尊、强买强卖的霸道"。二是"任何国家都不能随意发动战争，不能破坏国际法治，不能打开潘多拉的盒子"。三是对核武器这一悬在人类头上的"达摩克利斯之剑"，"应该全面禁止并最终彻底销毁，实现无核世界"。四是在深海、极地、外空、互联网等领域，要秉持和平、主权、普惠、共治原则，将其"打造成各方合作的新疆域，而不是相互博弈的竞技场"。[1]

二、建设一个普遍安全的世界

经济全球化时代，"没有人是一座孤岛"。各国安全相互关联、彼此影响，安全问题联动性、跨国性、多样性突出，世上没有绝对安全的世外桃源，没有一个国家能实现脱离世界安全的自身安全，也没有建立在其他国家不安全基础上的安全，他国的威胁也有可能成为本国的挑战。邻居出了问题，不能光想着扎好自家篱笆，而应该去帮一把。党的十八大以来，习近平总书记多次指出，安全应该是普遍的、平等的、包容的，鲜明倡导树立"共同、综合、合作、可持续的安全观"，为加强全球安全治理指出了切实可行的路径。共同，就是要尊重和保障每一个国家安全；综合，就是要统筹维护传统领域和非传统领域安全；合作，就是要通过对话合作促进各国和本地区安全；可持续，就是要发展和安全并重以实现持久安全。

习近平总书记着重从三个方面对坚持共建共享、建设一个普遍安全的世界提出倡议：

关于恐怖主义，习近平总书记指出，"恐怖主义是人类公敌。反恐是各国共同义务，既要治标，更要治本"。"要加强协调，建立全

---

[1]《习近平主席在联合国日内瓦总部的演讲（全文）》，人民网，2017 年 1 月 19 日，http://jhsjk.people.cn/article/29034230。

球反恐统一战线,为各国人民撑起安全伞"。

关于难民危机,习近平总书记指出,"危机需要应对,根源值得深思"。"联合国难民署、国际移民组织等要发挥统筹协调作用,动员全球力量有效应对"。"恐怖主义、难民危机等问题都同地缘冲突密切相关,化解冲突是根本之策"。"当事各方要通过协商谈判,其他各方应该积极劝和促谈,尊重联合国发挥斡旋主渠道作用"。

关于重大传染病流行问题,习近平总书记指出,"禽流感、埃博拉、寨卡等疫情不断给国际卫生安全敲响警钟。世界卫生组织要发挥引领作用,加强疫情监测、信息沟通、经验交流、技术分享。国际社会应该加大对非洲等发展中国家卫生事业的支持和援助"[1]。在新冠疫情全球肆虐的形势下,习近平总书记重要主张的战略性和前瞻性更加得到彰显。

三、建设一个共同繁荣的世界

2020 年 11 月 15 日,东盟十国和中国、韩国、日本、澳大利亚、新西兰正式签署区域全面经济伙伴关系协定(RCEP)。这标志着历经 8 年谈判后,世界上人口最多、成员结构最多元、经贸规模最大、最具发展潜力的自由贸易区正式启航。在当前全球贸易保护主义和单边主义抬头的背景下,这一协定的全面签署对维护多边贸易体制、促进经济全球化深入发展、建设后疫情时代共同繁荣的世界,提供了新的强大推动力。

天空足够大,地球足够大,世界也足够大,容得下各国共同发展繁荣。一些国家越来越富裕,另一些国家长期贫穷落后,这样的局面是不可持续的。水涨船高,小河有水大河满,大家发展才能发展大家。

---

[1]《习近平主席在联合国日内瓦总部的演讲(全文)》,人民网,2017 年 1 月 19 日,http://jhsjk.people.cn/article/29034230。

各国在谋求自身发展时，应该积极促进其他国家共同发展，让发展成果更多更好惠及各国人民。党的十八大以来，习近平总书记在各种国际场合反复强调世界各国共同发展、共同繁荣的重要性。习近平总书记明确指出，"发展是第一要务，适用于各国。各国要同舟共济，而不是以邻为壑"。一是各国特别是主要经济体要加强宏观政策协调，兼顾当前和长远，着力解决深层次问题；二是要抓住新一轮科技革命和产业变革的历史性机遇，转变经济发展方式，坚持创新驱动，进一步发展社会生产力、释放社会创造力；三是要维护世界贸易组织规则，支持开放、透明、包容、非歧视性的多边贸易体制，构建开放型世界经济。[1]

"经济全球化是历史大势，促成了贸易大繁荣、投资大便利、人员大流动、技术大发展。"针对经济全球化带来的发展失衡、治理困境、数字鸿沟、公平赤字等负面效应，习近平总书记客观辩证地指出，"这些是前进中的问题，我们要正视并设法解决，但不能因噎废食"。近年来，个别国家奉行你输我赢的旧思维，动不动就发动贸易战，甚至挥起制裁大棒，保护主义、单边主义不时抬头。习近平总书记直言不讳地指出，"如果搞贸易保护主义、画地为牢，损人不利己"。[2]

如何适应和引导好经济全球化，使之更好惠及每个国家、每个民族？习近平总书记强调指出，一方面"要从历史中汲取智慧"，勇于进行社会变革。另一方面"也要从现实中寻找答案"，"加强协调、完善治理，推动建设一个开放、包容、普惠、平衡、共赢的经济全球化，

---

[1]《习近平主席在联合国日内瓦总部的演讲（全文）》，人民网，2017 年 1 月 19 日，http://jhsjk.people.cn/article/29034230。

[2]《习近平主席在联合国日内瓦总部的演讲（全文）》，人民网，2017 年 1 月 19 日，http://jhsjk.people.cn/article/29034230。

既要做大蛋糕，更要分好蛋糕，着力解决公平公正问题"。

四、建设一个开放包容的世界

2019 年 5 月 15 日，亚洲文明对话大会在北京隆重开幕。来自亚洲 47 个国家和五大洲的嘉宾齐聚一堂，共商文明发展之道，共话合作共赢大计，共绘人类美好未来。这次大会为促进亚洲乃至世界各国文明开展平等对话、交流互鉴、相互启迪提供了广阔的新平台。

世界上有 200 多个国家和地区、2500 多个民族、多种宗教，共同构成了绚烂多彩的人类文明图谱。如何看待不同的文明，不同文明之间是冲突还是对话、是对抗还是合作，一直是关乎人类前途命运的重大课题。在这个问题上，个别人总是别有用心地鼓噪所谓"文明优越论""文明冲突论"，甚至将其作为制造地区冲突的借口。

党的十八大以来，习近平总书记深入思考当今世界不同文明交往共处面临的突出问题，站在推动世界文明和谐共存、人类和平共处的高度，鲜明地阐述了中国的文明观，向世界描绘出一幅文明交流互鉴、人类命运与共的美好图景。习近平总书记从文明是多彩的、文明是平等的、文明是包容的等几个方面深刻阐发关于文明交流互鉴的中国立场、中国主张：[1]

"人类文明多样性是世界的基本特征，也是人类进步的源泉。""物之不齐，物之情也。"[2] 不同历史和国情，不同民族和习俗，孕育了不同文明，使世界更加丰富多彩。多样带来交流，交流孕育融合，融合产生进步，人类文明因多样才有交流互鉴的价值。

---

[1]《习近平主席在联合国日内瓦总部的演讲（全文）》，人民网，2017 年 1 月 19 日，http://jhsjk.people.cn/article/29034230。

[2] 意思是物品千差万别，这是客观情形，自然规律。出自《孟子·滕文公上》。

"文明没有高下、优劣之分，只有特色、地域之别。"每种文明都有其独特魅力和深厚底蕴，都是人类的精神瑰宝。各种人类文明在价值上是平等的，都各有千秋，也各有不足。世界上不存在十全十美的文明，也不存在一无是处的文明，人类文明因平等才有交流互鉴的前提。

"文明差异不应该成为世界冲突的根源，而应该成为人类文明进步的动力。"文明的差异不应该成为交流的障碍，更不能成为对抗的理由，只要秉持包容精神，就不存在什么"文明冲突"，就可以实现文明和谐。那种认为自己的人种和文明高人一等，执意改造甚至取代其他文明，企图建立单一文明的天下，在认识上是愚蠢的，在做法上是灾难性的。

文明因多样而交流，因交流而互鉴，因互鉴而发展。习近平总书记强调："不同文明要取长补短、共同进步，让文明交流互鉴成为推动人类社会进步的动力、维护世界和平的纽带。"文明交流互鉴不应该以独尊某一种文明或者贬损某一种文明为前提，应该是对等的、平等的，应该是多元的、多向的，而不应该是强制的、强迫的，不应该是单一的、单向的。要以文明交流超越文明隔阂、文明互鉴超越文明冲突、文明共存超越文明优越，促进不同文明在交流互鉴中共同前进，建设一个开放包容的世界。

五、建设一个清洁美丽的世界

2020年12月12日，习近平总书记在气候雄心峰会上以视频方式发表重要讲话，针对解决全球气候变化挑战增多、气候治理难度加大等问题，提出"团结一心，开创合作共赢的气候治理新局面"，"提振雄心，形成各尽所能的气候治理新体系"，"增强信心，坚持绿色复苏的气候治理新思路"[1]，为全球气候治理进一步把脉定向、加油助力。

建设生态文明关乎人类未来。面对生态环境挑战，人类是一荣俱荣、一损俱损的命运共同体，没有哪个国家能独善其身。唯有携手合作，才能有效应对全球性环境问题；只有并肩同行，全球生态文明之路才能行稳致远。这是习近平总书记一直以来的理念和主张。"人与自然共生共存，伤害自然最终将伤及人类。空气、水、土壤、蓝天等自然资源用之不觉、失之难续。""我们不能吃祖宗饭、断子孙路，用破坏性方式搞发展。"

如何跳出破坏性发展的恶性循环，坚持绿色低碳、建设一个清洁美丽的世界？习近平总书记以充满中国智慧和哲理的倡议指明出路："绿水青山就是金山银山。我们应该遵循天人合一、道法自然的理念，寻求永续发展之路。"具体来说，就是"倡导绿色、低碳、循环、可持续的生产生活方式，平衡推进2030年可持续发展议程，不断开拓生产发展、生活富裕、生态良好的文明发展道路"。关键是落实好2015年各国领导人以最大的政治决心和智慧推动达成的《巴黎协定》。习近平总书记指出，这一协定的达成是"全球气候治理史上的里程碑"，强调"不能让这一成果付诸东流。各方要共同推动协定实施"。习近平总书记作出庄严承诺："中国将继续采取行动应对气候变化，百分之百承担自己的义务。"[2]

作为负责任的发展中国家，中国历来重信守诺，不仅为达成应对

---

[1]《习近平在气候雄心峰会上发表重要讲话》，人民网，2020年12月13日，http://jhsjk.people.cn/article/31964462。

[2]《习近平出席"共商共筑人类命运共同体"高级别会议并发表主旨演讲》，人民网，2017年1月20日，http://jhsjk.people.cn/article/29037132。

气候变化《巴黎协定》作出重要贡献，也是落实《巴黎协定》的积极
践行者。2020 年 9 月，习近平总书记宣布中国将采取更加有力的政策
和措施，力争 2030 年前二氧化碳排放达到峰值，努力争取 2060 年前实
现碳中和。在 12 月的气候雄心峰会上，习近平总书记进一步宣布，到
2030 年，中国单位国内生产总值二氧化碳排放将比 2005 年下降 65%
以上，非化石能源占一次能源消费比重将达到 25% 左右，森林蓄积量
将比 2005 年增加 60 亿立方米，风电、太阳能发电总装机容量将达到
12 亿千瓦以上。这些庄严承诺，鲜明体现出中国的雄心壮志、大国担当，
必将带动各国为全球环境治理作出新的更大贡献。

六、"五位一体"与"五个世界"

　　党的十八大以来，习近平总书记对关系新时代党和国家事业发展
的一系列重大理论和实践问题进行了深邃思考和科学判断，就新时代
坚持和发展什么样的中国特色社会主义、怎样坚持和发展中国特色社
会主义，建设什么样的社会主义现代化强国、怎样建设社会主义现代
化强国等重大时代课题，提出一系列原创性的治国理政新理念新思想
新战略，带领中国人民推动物质文明、政治文明、精神文明、社会文明、
生态文明协调发展，成功走出中国式现代化道路，创造了人类文明新
形态。

　　中国式现代化具有显著区别于其他文明现代化的基本特征。中国
式现代化是人口规模巨大的现代化，是全体人民共同富裕的现代化，是
物质文明和精神文明相协调的现代化，是人与自然和谐共生的现代化，
也是走和平发展道路的现代化。我国的现代化有五个前置词，就是"富
强、民主、文明、和谐、美丽"，对应的是建设社会主义物质文明、
政治文明、精神文明、社会文明、生态文明，这与中国在国际上呼吁

各国共同构建人类命运共同体，建设持久和平、普遍安全、共同繁荣、开放包容、清洁美丽的世界一脉相承。"五个世界"是人类命运共同体建设的大架构、大方向、大主张，也是中国特色社会主义事业"五位一体"总体布局的"国际版"，是国内经济、政治、文化、社会、生态文明建设在全球层面的延伸，体现了社会主义建设规律，也是对人类社会发展规律的伟大探索，为人类社会实现共同发展、持续繁荣、长治久安绘制了蓝图，指明了前进方向。

一是创造了以新发展理念引领经济高质量发展的物质文明新形态。没有坚实的物质技术基础，就不可能全面建成社会主义现代化强国。党的十八大以来，以习近平同志为核心的党中央作出坚持以高质量发展为主题、以供给侧结构性改革为主线、建设现代化经济体系等重大决策。贯彻新发展理念是关系我国发展全局的一场深刻变革，致力于实现创新成为第一动力、协调成为内生特点、绿色成为普遍形态、开放成为必由之路、共享成为根本目的的高质量发展，推动经济发展质量变革、效率变革、动力变革。在新发展理念指引下，中国实现了国家经济跨越式发展、消除绝对贫困、十四亿多人口实现全面小康的奇迹。国家经济实力、科技实力、综合国力跃上新台阶，经济迈上更高质量、更有效率、更加公平、更可持续、更为安全的发展之路，创造了物质文明新形态。

二是创造了发展社会主义民主政治的政治文明新形态。以习近平同志为核心的党中央从国内外政治发展成败得失中总结经验教训，着眼于党长期执政和国家长治久安，对坚持和完善中国特色社会主义制度、推进国家治理体系和治理能力现代化作出总体擘画，重点部署坚持和完善支撑中国特色社会主义制度的根本制度、基本制度、重要制度。"全面发展全过程人民民主，社会主义民主政治制度化、规范化、程序化全面推进,社会主义协商民主广泛开展,人民当家作主更为扎实,基层民主活力增强",我国社会主义民主政治制度化、规范化、程序化全面推进,中国特色社会主义政治制度优越性得到更好发挥,生动活泼、安定团结的政治局面得到巩固和发展,创造了政治文明新形态。

三是创造了以社会主义核心价值观为引领的精神文明新形态。意识形态工作是为国家立心、为民族立魂的工作,文化自信是更基础、更广泛、更深厚的自信,是一个国家、一个民族发展中最基本、最深沉、最持久的力量。党的十八大以来,以习近平同志为核心的党中央坚持以社会主义核心价值观引领文化建设,注重用社会主义先进文化、革命文化、中华优秀传统文化培根铸魂,弘扬以伟大建党精神为源头的精神谱系,更好构筑中国精神、中国价值、中国力量。新时代党的创新理论深入人心,社会主义核心价值观广泛传播,中华优秀传统文化得到创造性转化、创新性发展,文化事业日益繁荣,网络生态持续向好,意识形态领域形势发生全局性、根本性转变。全党全国各族人民文化自信明显增强,全社会凝聚力和向心力极大提升,为新时代开创党和国家事业新局面提供了坚强思想保证和强大精神力量,创造了精神文明新形态。

四是创造了以人民为中心的社会文明新形态。以习近平同志为核心的党中央以保障和改善民生为重点加强社会建设。组织实施人类历史上规模最大、力度最强的脱贫攻坚战,提前十年实现联合国 2030 年可持续发展议程减贫目标,历史性地解决了绝对贫困问题,创造了人类减贫史上的奇迹。坚持统筹疫情防控和经济社会发展,最大限度保护了人民生命安全和身体健康,取得疫情防控重大决定性胜利,创造了人类文明史上人口大国成功走出疫情大流行的奇迹。不断加强普惠性、基础性、兜底性民生建设,完善社会治理体系。在幼有所育、学有所教、劳有所得、病有所医、老有所养、住有所居、弱有所扶上持续用力，人民生活全方位改善，共同富裕取得新成效，续写了社会长期稳定奇迹，创造了社会文明新形态。

五是创造了经济与环境保护协调发展的生态文明新形态。生态文明建设是关乎中华民族永续发展的根本大计。党的十八大以来，以习近平同志为核心的党中央以前所未有的力度抓生态文明建设，坚持绿水青山就是金山银山理念，坚持山水林田湖草沙一体化保护和系统治理，自觉推进绿色发展、循环发展、低碳发展，坚持走生产发展、生活富裕、生态良好的文明发展道路。全方位、全地域、全过程加强生态环境保护，划定生态保护红线、环境质量底线、资源利用上线，确保绿色成为新时代中国发展的底色。全国推动绿色发展的自觉性和主动性显著增强，美丽中国建设迈出重大步伐，我国生态环境保护发生历史性、转折性、全局性变化，创造了生态文明新形态。

习近平总书记关于物质文明、政治文明、精神文明、社会文明、生态文明原创性的治国理政新理念新思想新战略，是习近平新时代中国特色社会主义思想对社会主义建设规律认识深化和理论创新的重要成果，指引党和国家事业取得历史性成就、发生历史性变革，为实现中华民族伟大复兴提供了更为完善的制度保证、更为坚实的物质基础、更为主动的精神力量。"五位一体"是一个有机整体，各方面相互联系、相互促进、不可分割，统一于我们建成富强民主文明和谐美丽的社会主义现代化强国的目标，展示了中国式现代化道路和人类文明新形态的理论内涵和实践基础，也为推动构建人类命运共同体绘就了宏阔图景。

第三节 理论体系

从 2013 年习近平总书记出访俄罗斯，首次向全世界阐释人类命运共同体理念开始，十年来，习近平总书记在多个重要场合发表主旨演讲，持续全面系统阐述人类命运共同体这一重大主张，推动构建人类命运共同体理念内涵不断丰富，逐步形成一个以推动建设"五个世界"为总目标，以打造全球伙伴关系为新起点，以构建新型国际关系为根本路径，以全人类共同价值为价值追求，以共建"一带一路"为实践平台、以全球发展倡议、全球安全倡议和全球文明倡议为重要依托的完整理论体系。

一、新起点：打造全球伙伴关系

党的十八大以来，习近平总书记敏锐把握国际形势新变化，在新的历史起点上，引领运筹对外工作全局，赋予和平共处五项原则新的时代内涵，推动国际社会朝着携手共进、合作共赢的方向不断迈进。习近平总书记指出，要在坚持不结盟原则的前提下广交朋友，形成遍布全球的伙伴关系网络。发展全球伙伴关系，具有深厚历史文化渊源。中国倡导的伙伴关系主张各国和平合作、平等相待、开放包容、共赢共享，传承和弘扬了中华优秀传统文化，契合全人类共同的精神追求。发展全球伙伴关系，开创国际关系新模式。主张对话而不对抗、结伴而不结盟，致力于走出一条国与国交往新路。这为各国平等参与国际事务、推动国际关系民主化和法治化注入了新动力。发展全球伙伴关系，体现了平等性、和平性和包容性的鲜明时代特征。坚持以深化外交布局为依托打造全球伙伴关系，是中国外交理论和实践的重要创新，是当代国际关系理念的重要突破，是推动构建新型国际关系的新路径和通向人类命运共同体的新起点。

二、根本路径：构建新型国际关系

在复杂变幻的国际关系中，各国应如何相处，应遵循什么样的准则，构建什么样的国际关系，这一直是近现代国际关系史上的重要课题。新中国成立以来在丰富的外交实践中不断探索上述命题的解决方案。习近平总书记在倡导推动构建人类命运共同体重要理念的同时，开创性地提出推动构建相互尊重、公平正义、合作共赢的新型国际关系。各国和各国人民应该共同享受尊严，要坚持国家不分大小、强弱、贫富一律平等，要尊重各国人民自主选择发展道路的权利，反对干涉别国内政，维护国际公平正义。各国和各国人民应该共同享受发展成果，每个国家在谋求自身发展的同时，要积极促进其他各国共同发展。各国和各国人民应该共同享受安全保障，各国要同心协力，妥善应对各种问题和挑战。世界是各国人民的世界，世界面临的困难和挑战需要各国人民同舟共济、携手应对，和平发展、合作共赢才是人间正道。构建人类命运共同体是目标和方向，构建新型国际关系是根本路径，实质是要走出一条国与国交往的新路，并为构建人类命运共同体开辟道路、创造条件。

三、价值追求：全人类共同价值

2015 年以来，习近平总书记在联合国等多个场合提出坚守和弘扬和平、发展、公平、正义、民主、自由的全人类共同价值。全人类共同价值凝聚了人类不同文明的价值共识，反映了世界各国人民普遍认同的价值理念的最大公约数，超越了意识形态、社会制度和发展水平差异，顺应历史潮流，契合时代需要，是习近平新时代中国特色社会主义思想的又一重大理论成果。全人类共同价值的提出，是人类思想史上一次深刻的价值理念创新，切实回应各国人民的普遍期待和诉求，为国际社会实现最广泛的团结提供了可信的共同价值纽带，画出了人类不同文明的价值"同心圆"。习近平总书记对全人类共同价值的重要论述，揭示了人类命运共同体理念深邃的价值内涵，彰显了人类命运共同体理念的思想深度，明确了这一重要理念蕴含的价值内核，为人类命运共同体插上了价值翅膀，助力构建人类命运共同体进一步走深走实。

四、基本原则：主权平等、沟通协商、法治正义、开放包容、人道主义

习近平总书记指出，近代以来国际关系的演变积累了一系列公认的原则，这些原则应该成为构建人类命运共同体的基本遵循。主权平等，是数百年来国与国规范彼此关系最重要的准则。主权平等，真谛在于国家不分大小、强弱、贫富，主权和尊严必须得到尊重，内政不容干涉，都有权自主选择社会制度和发展道路。沟通协商，是化解分歧的有效之策。协商是民主的重要形式，也应该成为现代国际治理的重要方法。要坚持通过对话协商以和平方式解决分歧和争端，以对话增互信，以对话解纷争，以对话促安全。法治正义，是改革和完善国际秩序的根本要求。各国有责任维护国际法治权威，依法行使权利，善意履行义务。各国和国际司法机构应该确保国际法平等统一适用，不能搞双重标准，不能"合则用、不合则弃"，真正做到"无偏无党，王道荡荡"。开放包容，是推进国际关系民主化的必要路径。世界命运应该由各国共同掌握，国际规则应该由各国共同书写，全球事务应该由各国共同治理，发展成果应该由各国共同分享，不能搞"一国独霸"或"几方共治"。人道主义，是以人为本理念的重要体现。各国应该弘扬人道、博爱、

奉献的精神，为身陷困境的无辜百姓送去关爱，送去希望；应该秉承中立、公正、独立的基本原则，避免人道主义问题政治化，坚持人道主义援助非军事化。

五、实践平台：共建"一带一路"

共建"一带一路"是习近平总书记深刻思考人类前途命运以及中国和世界发展大势，推动中国和世界合作共赢、共同发展提出的重大倡议。坚持以共商共建共享为原则推动"一带一路"建设，既对新时代我国开放空间布局进行了统筹谋划，又对中国与世界实现开放共赢的路径进行了顶层设计，是新时代中国特色大国外交的重大创举，是我国今后相当长时期对外开放和对外合作的管总规划，是我们党关于对外开放理论和实践的重大创新。"一带一路"倡议源于中国，机遇和成果属于世界。"一带一路"建设跨越不同地域、不同发展阶段、不同文明，顺应各国人民渴望共享发展机遇、创造美好生活的强烈愿望和热切期待，符合建设持久和平、普遍安全、共同繁荣、开放包容、清洁美丽的世界的内在要求，彰显了同舟共济、权责共担的命运共同体意识，致力于打造不同文明和谐共融的利益共同体、责任共同体、命运共同体，是各方携手迈向人类命运共同体的康庄大道，成为推动构建人类命运共同体的生动实践，受到国际社会普遍欢迎，在世界发展史上具有重要里程碑意义。

六、重要依托：全球发展倡议、全球安全倡议和全球文明倡议

和平是人民的永恒期望，犹如空气和阳光；发展是第一要务，是文明存续的有力支撑；文明是凝聚国家和民族的强大精神力量，延续着不同国家和民族的精神血脉。为解决当今世界面临的困难挑战，习

近平总书记相继提出全球发展倡议、全球安全倡议和全球文明倡议，进一步丰富了"世界怎么了，我们怎么办"这一世纪之问的中国答案，为实现世界长治久安提供了新方向，为完善全球治理提供了新思路，为各国共同发展提供了新支撑，为构建人类命运共同体注入了强大动力。

（一）全球发展倡议

发展是人类社会的永恒追求。当前，世纪疫情和百年变局叠加共振，世界经济复苏失衡，疫情吞噬过去 10 年全球减贫成果，2021 年，饥饿人口总数已达 8 亿人左右，落实联合国 2030 年可持续发展议程面临新的挑战，国际发展事业站在何去何从的十字路口。习近平总书记出席第 76 届联合国大会一般性辩论时郑重提出全球发展倡议，呼吁国际社会加快落实联合国 2030 年可持续发展议程，推动实现更加强劲、绿色、健康的全球发展，构建全球发展共同体。

全球发展倡议把发展作为第一要务，蕴含了中国全面建成小康社会的宝贵经验，呼应了各国人民追求更美好生活的迫切愿望。倡议把发展放在国际合作的最重要位置，为各国发展和国际发展合作擘画了蓝图，为推进全球发展事业和国际发展合作指明了方向。全球发展倡议是继"一带一路"之后，习近平总书记提出的又一重大倡议，是对全球发展合作的"再动员"，是对以人民为中心理念的"再确认"，为缩小南北鸿沟、破解发展不平衡提出了"路线图"，也为推进联合国 2030 年可持续发展议程提供了"加速器"。

全球发展倡议最核心的理念是坚持以人民为中心。倡议将增进人民福祉、实现人的全面发展作为出发点和落脚点，把各国人民对美好生活的向往作为努力目标，紧紧抓住发展这个解决当前全球性问题的金钥匙，全力破解发展难题、创造更多发展机遇，努力实现不让任何一国、任何一人掉队的目标。

全球发展倡议最主要的目标是加快落实联合国 2030 年可持续发展议程。落实联合国 2030 年可持续发展议程是全球发展的最大共识，也是克服当前能源、粮食危机等诸多挑战的必由之路，应当继续置于国际合作议程的优先位置。各方要坚守承诺，努力如期实现 17 项可持续发展目标。反对将发展问题政治化、边缘化，继续聚焦发展中国家关注的重点领域，为改善各国民生做出更大努力。

全球发展倡议最基本的落实方式是坚持真正的多边主义，深化全球发展伙伴关系。可持续发展才是真发展，大家一起发展才是好发展。我们要践行共商共建共享的全球治理观，发挥联合国在可持续发展进程中的统筹协调作用，将发展置于全球宏观政策突出位置，加强南北合作，深化南南合作。国际社会要向发展中国家提供更多发展资源，增强发展中国家的自主发展能力，消除"发展鸿沟"，携手构建全球发展共同体。

全球发展倡议鲜明的特点是倡导开放包容的伙伴精神。实现可持续发展需要凝聚众智，汇集众力。倡议面向全球开放，欢迎各国共同参与。倡议将同共建"一带一路"、《东盟共同愿景 2025》、非盟《2063 议程》、非洲发展新伙伴计划等协同增效，通过联合国、二十国集团、金砖国家等多边合作机制、各种区域和次区域平台凝聚共识，形成强大合力。

全球发展倡议最关键的贡献在于聚焦务实行动。推进国际发展事业不能坐而论道，需要起而行之。倡议坚持行动导向，从保障和改善民生出发，从全球发展最紧迫的问题入手，聚焦减贫、抗疫和疫苗、发展筹资、粮食安全、工业化、数字经济、气候变化和绿色发展、数字时代互联互通等重点合作领域，为各方对接发展需求、开展项目合作搭建有益平台。

全球发展倡议最根本的追求是满足全世界人民对美好生活的向往，实现全人类共同价值。全球发展倡议是中方向国际社会提供的又一重大公共产品，是人类命运共同体理念的重要实践，一经提出就得到国际社会积极响应。截至 2023 年底，已有 100 多个国家和国际组织支持倡议，70 多个国家加入"全球发展倡议之友小组"。这充分说明，全球发展倡议顺应历史潮流，契合各国需求，是大势所趋、人心所向。

中国是全球发展的倡导者，更是发展合作的行动派。中国高度重视联合国 2030 年可持续发展议程落实，已历史性消除绝对贫困，全面建成小康社会，正朝着全面建成社会主义现代化强国的第二个百年奋斗目标迈进。中国已建成世界上规模最大的社会保障和义务教育体系，数亿人迈入中等收入群体，人民的幸福感、获得感、满足感显著提升。作为世界上最大的发展中国家"全球南方的天然成员"，中国始终和广大发展中国家站在一起，始终致力于将中国的增长转化为世界的机遇，始终以实际行动践行人类命运共同体理念。

（二）全球安全倡议

面对全球和平赤字、安全赤字、信任赤字、治理赤字有增无减，人类社会面临的安全挑战问题单越来越长，习近平总书记在博鳌亚洲论坛 2022 年年会开幕式上发表题为《携手迎接挑战，合作开创未来》的主旨演讲，深刻剖析当今世界面临的安全挑战，从人类前途命运出发郑重提出全球安全倡议，为破解全球安全治理难题，促进世界安危与共贡献了中国方案。

全球安全倡议是构建人类命运共同体理念在安全领域的生动实践。全球安全倡议是习近平外交思想的又一重大理论创新成果，明确了维护和实现全球安全的核心理念、根本遵循、重要原则、长远目标和可行思路，既展现顶层设计的宏观思维，又包含解决实际问题的微观视角，既立足于解决人类安全的现实问题，也旨在谋求世界和平的长久之道，必将为推动全球安全治理体系改革、破解人类安全困境、推动构建人类命运共同体提供重要理念指引。

明确了全球安全治理的长远目标。安全和稳定关乎各国核心利益。习近平总书记强调"安全是发展的前提，人类是不可分割的安全共同体"。人类只有形成安全共同体，才能建设命运共同体。安全共同体理念突出人类整体性，通过对人类共同命运的弘扬，呼唤人们心中对和平的深层渴望，将各国人民凝聚在"建设持久和平、普遍安全、共同繁荣、开放包容、清洁美丽的世界"旗帜下，为破解全球和平赤字凝心聚力。它超越意识形态和文明冲突，摒弃分歧和对抗，促进世界各国在和平中谋发展、在发展中促和平，为"把我们生于斯、长于斯的这个星球建成一个和睦的大家庭"指明了方向。

明确了全球安全治理的核心理念。共同、综合、合作、可持续的安全观，深刻总结人类社会在安全治理上的经验教训，赋予全球安全治理新的内涵，为建设全球安全共同体提供了行动指引。共同安全，就是要尊重和保障每一个国家的安全，只顾一个国家的安全而罔顾其他国家的安全，牺牲别国安全谋求自身所谓绝对安全，不仅不可取，而且最终会贻害自己。综合安全，就是要统筹维护传统领域和非传统领域安全，通盘考虑安全问题的历史经纬和现实状况，多管齐下、综合施策，才能有效应对各类安全挑战。合作安全，就是要通过对话合作促进各国、地区和全球安全。"吹灭别人的灯，会烧掉自己的胡子"，唯有超越你输我赢的零和思维，以合作谋和平、以合作促安全。可持续安全，就是要发展和安全并重以实现持久安全。贫瘠的土地上长不成和平的大树，连天的烽火中结不出发展的硕果。应该聚焦发展主题，以可持续发展促进可持续安全。

明确了全球安全治理的根本遵循。联合国作为当今世界最具普遍性、代表性、权威性的国际组织，以维护国际和平与安全为使命，目的是"欲免后世再遭今代人类两度身历惨不堪言之战祸"。成立70多年来，联合国为维护世界和平与安宁作出了重要贡献。要锚定以联合国为中心的"定盘星"。世界上只有一个体系，就是以联合国为核心的国际体系；只有一个秩序，就是以国际法为基础的国际秩序；只有一套规则，就是以联合国宪章为基础的国际关系基本准则。要坚定维护以联合国为核心的国际体系，坚定维护以国际法为基础的国际秩序，坚定维护联合国在国际体系中的中心地位，践行真正的多边主义，这是推进全球安全治理的根本遵循和制度保障，也是中国对国际社会的坚定承诺。

明确了全球安全治理的重要原则。主权原则是现代国际关系准则的基石。各国内政不容干涉，主权和尊严必须得到尊重，自主选择社会制度和发展道路的权利必须得到维护。各国应当摒弃意识形态偏见，尊重彼此选择的发展道路，坚守和平、发展、公平、正义、民主、自由的全人类共同价值。安全不可分割原则是应对全球安全挑战的长久之道。人类是不可分割的安全共同体。"世界各国共乘命运大船，企图把谁扔下大海都不可接受"。任何国家都不应盼着别人输，而要致力于同他国一道赢。要重视彼此合理安全关切，构建均衡、有效、可持续的安全架构，从而实现普遍安全、共同安全。

明确了全球安全治理的可行思路。全球安全倡议呼吁各方坚持通过对话协商以和平方式解决国家间的分歧和争端，坚持统筹维护传统领域和非传统领域安全，提倡通过对话合作促进安全，通过综合施策实现安全，为世界的和平安宁指出了可行思路。历史反复证明，战争和制裁都不是解决争端的根本之道，对话协商才是化解分歧的有效途径。国家不论大小，一律平等，不能谁拳头大谁说了算。国家间有分歧是正常的，应该通过对话协商妥善化解。安全问题错综复杂，非传统安全威胁和传统安全威胁相互交织。一个看似单纯的安全问题，往往不能简单对待，否则就可能陷入头痛医头、脚痛医脚的困境。要协调推进国际安全治理，既要着力解决当前突出的安全问题，又要统筹谋划应对潜在的安全威胁。

（三）全球文明倡议

当前，世界各国在求和平、谋发展、探索现代化道路过程中面临共同挑战，团结、协作、对话的呼声空前高涨，但猜疑、分裂、对抗的痼疾仍然阻碍着国际合作的步伐，加强文明交流、促进民心相通至关重要。在 2023 年 3 月 15 日举行的中国共产党与世界政党高层对话会上，习近平总书记发表题为《携手同行现代化之路》的主旨讲话，提出全球文明倡议，向全世界发出深入推动文明交流对话，在包容互鉴中促进人类文明进步的真挚呼吁，为推动更高水平的国际合作再次贡献中国智慧和中国方案。

全球文明倡议以"四个共同倡导"为主要内容，即"共同倡导尊重世界文明多样性、共同倡导弘扬全人类共同价值、共同倡导重视文明传承和创新、共同倡导加强国际人文交流合作"，既充分尊重文明的多样性，又寻求文明的最大公约数，努力实现文明多元与文明共通的辩证统一；既重视文明的传承，强调不同民族历史文化传统底蕴，又鉴往知来，注意挖掘各国文明的时代价值；既有探讨构建全球文明对话合作网络的行动方案，又有构建人类命运共同体的实践路径，内涵丰富，体系完整，具有鲜明的科学性、时代性、实践性。

以尊重文明多样性为前提，推动不同文明互尊互敬。人类文明多样性是人类社会的基本特征。英国历史学家汤因比认为，人类文明的产生和演化是多元的，在过去6000多年间，世界上出现过多达26种文明，文明多样性才是历史发展的基本形态。一个国家和民族的文明是一个国家和民族的集体记忆。每一种文明都扎根于自己的生存土壤，凝聚着一个国家、一个民族的非凡智慧和精神追求，都有自己存在的价值。历史和现实都表明，傲慢和偏见是文明交流互鉴的最大障碍。文明交流互鉴不应该以独尊某一种文明或者贬损某一种文明为前提。在文明问题上，生搬硬套、削足适履不仅是不可能的，而且是十分有害的。一切文明成果都值得尊重，一切文明成果都要珍惜。全球文明倡议主张尊重世界文明多样性，秉持平等和尊重，摒弃傲慢和偏见，倡导所有国家和民族传承发展自身文明、自主选择符合本国国情的发展道路，推动不同文明交流对话、和谐共生。

以全人类共同价值为遵循，推动不同文明相通相融。不同文明对价值内涵有不同认识，但各国人民对美好生活的向往是相通的，对和平、发展、公平、正义、民主、自由的追求是共同的。面对世界百年未有之大变局，越来越多有识之士认识到求同存异的重要性，开始在更多领域寻求"最大公约数"。全球文明倡议从全人类共同福祉出发，倡导弘扬全人类共同价值。和平与发展是共同事业，公平正义是共同理想，民主自由是共同追求。各国历史、文化、国情不同，但人民心灵相通，都有追求和探索实现全人类共同价值的平等权利。不存在高人一等的"自由民主"，不存在唯我独尊的"普世价值"，把本国价值观强加于人只能增加动荡之源，按意识形态划线极易造成冲突之祸。要以宽广胸怀理解不同文明对价值内涵的认识，不将自己的价值观和模式强加于人，不搞意识形态对抗。

以文明传承创新为动力，推动不同文明共生共进。文明凝聚着过去，连接着未来。让先辈留下的文化遗产薪火相传，是一个民族屹立于当今世界民族之林的根本。作为文明的传承者，应树立并保持文化自信，在继承中发扬、在创新中发展本国的传统文化，让古老文明在新的时代条件下焕发出蓬勃生机与活力。中华文明作为人类历史上唯一存续至今从未中断的古老文明，传承和创新亦是重要的内生动力。在推进现代化进程中，一代代中国人不断从中华优秀传统文化中汲取力量。其中，"既基于自身国情、又借鉴各国经验，既传承历史文化、又融合现代文明，既造福中国人民、又促进世界共同发展"的辩证思维，对各国现代化建设具有借鉴意义。全球文明倡议倡导充分挖掘各国历史文化的时代价值，推动各国优秀传统文化在现代化进程中实现创造性转化、创新性发展，共同推进人类社会现代化进程。

以加强人文交流合作为桥梁，推动不同文明互学互鉴。文明因交流而多彩，文明因互鉴而丰富。正如核聚变释放的能量远远大于核裂变一样，不同文明合作交融是推动人类社会演进的重要动力。一种文明只有同其他文明交流互鉴、取长补短，才能保持旺盛生命活力。中国主张以海纳百川的宽广胸怀打破文化交往的壁垒，以兼收并蓄的态度汲取其他文明的养分，促进不同文明在交流互鉴中共同前进。人是文明交流互鉴最好的载体。深化人文交流是消除隔阂和误解、促进民心相知相通的重要途径。近年来，中国同世界各国在教育、文化、体育、卫生等领域搭建了众多交流平台，开辟了广泛合作渠道。全球文明倡议提出探讨构建全球文明对话合作网络，丰富交流内容，拓展合作渠道，促进各国人民相知相亲，共同推动人类文明发展进步。

全球文明倡议是中国继全球发展倡议、全球安全倡议之后提出的又一国际公共产品，是古老中华文明在 21 世纪为人类作出的新的重大贡献，彰显了中国作为负责任大国的全球视野和使命担当。面向未来，中国将以更加开放的眼光、更加开阔的胸怀对待世界各国人民的文明创造，交流互鉴现代化建设经验，共同丰富走向现代化的路径，让世界文明百花园姹紫嫣红、生机盎然。

全球文明倡议和全球发展倡议、全球安全倡议一起构成推动构建人类命运共同体的强大支撑，体现出中国对构建一个持久和平繁荣世界的整体思考。三大倡议顺应历史潮流，契合时代需要，是习近平外交思想又一重大理论创新成果，为破解人类面临的难题和困境，推动构建人类命运共同体提供了重要的理念和思想引领。

第四节 伟大意义

一、具有重大理论价值

推动构建人类命运共同体是习近平外交思想的核心理念，是党的十八大以来中国外交理论和实践创新成果之集大成，立意高远、思想深邃、内涵丰富，特征鲜明，具有重大理论价值。

真理性。恩格斯指出，"马克思的整个世界观不是教义，而是方法"。习近平总书记运用马克思主义的立场、观点、方法，洞察世界发展大势，指出我们依然处在马克思主义所指明的历史时代。世界多极化、经济全球化、社会信息化、文化多样化深入发展，各国相互关联、相互依存程度之深前所未有，充分印证了马克思恩格斯在《共产党宣言》中所作的科学预见。人类命运共同体理念是普遍联系的辩证思维在社会历史领域的具体运用，揭示了世界各国相互依存和人类命运紧密相连的客观现实和发展规律，丰富和发展了马克思主义国际关系理论，实现了马克思主义中国化在外交领域的历史性飞跃。

时代性。习近平总书记指出，认识世界发展大势，跟上时代潮流，是一个极为重要并且常做常新的课题。党的十八大以来，习近平总书记站在历史和时代的高度，以伟大政治家、战略家的宏大视野和战略思维，高瞻远瞩地提出构建人类命运共同体的重要理念。习近平总书记指出，要建立平等相待、互商互谅的伙伴关系，营造公道正义、共建共享的安全格局，谋求开放创新、包容互惠的发展前景，促进和而不同、兼收并蓄的文明交流，构筑尊崇自然、绿色发展的生态体系。新冠疫情发生后，习近平总书记多次强调，疫情再次说明，人类命运休戚与共，各国利益紧密相连，世界是不可分割的命运共同体。联合国秘书长古特雷斯呼吁，世界走出疫情只有一种方式，那就是一同走出疫情。在病毒威胁面前，我们必须团结一致，共克时艰。越来越多的国家认识到，世界命运应该由各国共同掌握，国际规则应该由各国共同书写，全球事务应该由各国共同治理，发展成果应该由各国共同分享，世界的未来一定是人类命运共同体的未来。

实践性。推动构建人类命运共同体是中国共产党成功运用辩证唯物主义认识世界、改造世界的伟大实践，是马克思主义实践性在新时代的具体体现和行动指南。针对单边主义、集团政治的旧思维，主张真正的多边主义。针对少数国家损害别国安全、谋求绝对安全，倡导共同安全、普遍安全，营造公平正义、共建共享的安全格局。针对保护主义、反全球化逆流，引导经济全球化朝着开放、包容、普惠、平衡、共赢的方向发展，共建开放型世界经济。针对新冠疫情和气候变化两大挑战，倡导构建人类卫生健康共同体、人与自然生命共同体，弥补全球治理赤字。针对世界和平与发展面临的挑战，宣布中国力争于 2030 年前实现碳达峰、2060 年前实现碳中和目标，展示了负责任的大国担当。提出全球发展倡议、全球安全倡议和全球文明倡议，以实实在在的行动促进世界和平、促进各国共同发展和推动文明互鉴。这些都成为人类命运共同体理念的生动实践。

二、体现多方面历史意义

推动构建人类命运共同体，体现了中国共产党宽广博大的天下情怀。中国共产党从诞生之日起，就以为世界谋大同为使命担当。党的十八大以来，习近平总书记站在人类前途命运的高度，深入解答"世界怎么了、我们怎么办"这一时代之问。这就是：各国人民同心协力，构建人类命运共同体，建设持久和平、普遍安全、共同繁荣、开放包容、清洁美丽的世界。习近平总书记指出，中国共产党关注人类前途命运，同世界上一切进步力量携手前进，中国始终是世界和平的建设者、全球发展的贡献者、国际秩序的维护者。在中国共产党与世界政党领导人峰会上，习近平总书记强调"中国共产党将履行大国大党责任，为增进人类福祉作出新贡献"。推动构建人类命运共同体是对国际主义精神的守正创新，是新时代共产党人促进人类团结合作的重大贡献。

推动构建人类命运共同体，彰显了中国共产党对中华文明的传承弘扬。构建人类命运共同体理念基于天下大同的中华文化传统，体现了对人类未来的深刻思考和人文关怀，为解决当今世界面临的系列复杂挑战提出了富于中国智慧的方案。习近平总书记明确指出，中华民族历来讲求"天下一家"，主张民胞物与、协和万邦、天下大同，憧憬"大道之行，天下为公"的美好世界。希望各国携手努力，多一份平和，多一份合作，变对抗为合作，化干戈为玉帛，共同构建各国人民共有共享的人类命运共同体。推动构建人类命运共同体，植根于中华文化的深厚底蕴，契合于人类文明的共通内核，贯通历史、现实与未来，描绘了各国人民共享美好未来的积极愿景，源源不断释放出跨越国家、文明界限的文化吸引力和思想感召力。[1]

推动构建人类命运共同体，体现了中国共产党洞察大势的宏阔视野。早在170多年前，马克思恩格斯就已科学预测了人类历史越来越成为世界历史的必然趋势。构建人类命运共同体理念同《共产党宣言》提出的没有剥削、没有压迫、"一切人的自由发展"的共产主义理想有异曲同工之处。习近平外交思想坚持辩证唯物主义和历史唯物主义，深刻洞察世界发展趋势，全面审视中国与世界互动，在生产力与生产关系、经济基础与上层建筑的矛盾运动中掌握全球化与全球治理的运行规律，深刻指出人类是一个整体，地球是一个家园，任何人任何国家都无法独善其身，只有和衷共济、和合共生这一条出路。主张以和平发展超越冲突对抗、以共同安全取代绝对安全、以互利共赢摒弃零和博弈、以交流互鉴防止文明冲突、以绿色发展呵护地球家园，回应了各国人民求和平、谋发展、促合作的普遍诉求，为人类找到了解决全球性问题的基本路径，开辟了21世纪国际关系演进的崭新境界。人类命运共同体理念富有远见和深刻内涵，传达了巨大的希望。美国库恩基金会主席罗伯特·库恩认为，强调人类命运共同体理念正当其时，构建人类命运共同体是"全世界共同的伟大愿景"，"要把这一愿景变成现实，需要世界各地充满善意的人们共同努力"。

---

[1] 王毅：《立志民族伟大复兴 胸怀人类前途命运》，《求是》2021年第14期，http://www.qstheory.cn/dukan/qs/2021-07/16/c_1127657066.htm。

三、得到国际社会广泛认同的实践意义

大道至简，实干为要。构建人类命运共同体，关键在行动。在构建人类命运共同体理念指引下，中国始终是世界和平的建设者、全球发展的贡献者、国际秩序的维护者。推动构建人类命运共同体，中国是倡导者，更是负责任、有担当的实践者。

面对动荡不安的世界，中国始终是世界和平的"压舱石"。新中国自成立以来，始终秉承中华民族文明血脉的和平基因，摒弃传统大国侵略扩张的老路，作出坚持走和平发展道路的战略抉择。我们从未挑起任何一场战争，从未侵占别国一寸土地。坚持通过对话谈判解决争端，已同 14 个邻国中的 12 个以和平方式彻底解决陆地边界问题。同各国携手应对恐怖主义、气候变化、网络安全等非传统安全挑战。坚决反对霸权主义和强权政治，在国际事务中主持公道正义，坚持按照事情本身的是非曲直决定立场，提出并践行中国特色热点问题解决之道，推动乌克兰危机、伊朗核、朝鲜半岛核、阿富汗等热点问题的政治解决。积极开展南南合作，坚定维护发展中国家的正当权益和发展空间。中国以自身实践不断丰富和平发展道路的内涵，壮大维护世界和平与安全的力量。中国始终高举真正多边主义火炬，主张大国要有大国的样子，要展现更多责任担当。习近平总书记在博鳌亚洲论坛 2021 年年会开幕式上指出，国际上的事应该由大家共同商量着办，世界前途命运应该由各国共同掌握，不能把一个或几个国家制定的规则强加于人，也不能由个别国家的单边主义给整个世界"带节奏"。2022 年新年伊始，中国推动五个核武器国家领导人共同发表《关于防止核战争与避免军备竞赛的联合声明》。中国积极倡导"核战争打不赢也打不得"理念，并为五国采取共同行动发挥了有力引领作用。

面对复苏乏力的世界，中国始终是全球经济的"动力源"。2021年7月1日，习近平总书记庄严宣告中国实现第一个百年奋斗目标，在中华大地上全面建成小康社会。改革开放以来，中国7.7亿农村贫困人口摆脱贫困，占同期全球减贫人口70%以上，提前10年实现联合国2030年可持续发展议程减贫目标。中国式现代化道路，创造了人类文明新形态，拓展了发展中国家走向现代化的途径，给世界上那些既希望加快发展又希望保持自身独立性的国家和民族提供了全新选择；一个改革开放不断深化的中国，在高质量发展的新征程上步伐铿锵，为世界带来更多机遇。近年来，中国经济对世界经济增长贡献率稳定在30%以上。中国已成为140多个国家和地区的主要贸易伙伴，连续6年缩减外资准入负面清单，放宽金融、汽车等多领域市场准入，举办广交会、消博会、服贸会、进博会等高水平对外开放展会，通过不断扩大高水平对外开放，同世界各国分享中国发展红利。从《区域全面经济伙伴关系协定》生效，到申请加入《全面与进步跨太平洋伙伴关系协定》和《数字经济伙伴关系协定》，中国坚定支持经济全球化，坚定维护多边贸易体制。从挥洒"大写意"到细绘"工笔画"，共建"一带一路"已成为各方共商共建共享的和平之路、繁荣之路、开放之路、绿色之路、创新之路、文明之路，绘就中国与世界共同发展、共同进步的和美画卷。

面对混乱失序的世界，中国始终是全球治理的"领头雁"。中国作为第一个在联合国宪章上签字的国家，始终坚定维护以联合国为核心的国际体系、以国际法为基础的国际秩序，迄今已加入几乎所有普遍性政府间国际组织和600多项国际公约及修正案。中国始终坚持和国际社会共同应对环境挑战，推动建立公平有效的全球应对气候变化机制，实现更高水平的全球可持续发展。中国坚定支持和落实气候变化《巴黎协定》，推动制定"2020年后全球生物多样性框架"，成立昆明生物多样性基金，支持发展中国家生物多样性保护事业，完善全球环境治理。

在推动构建人类命运共同体理念指引下，中国与世界各国合奏出一曲曲美美与共的精彩华章，在现实的映照下，共同构建人类命运共同体理念愈发闪现出真理的光芒，得到了国际社会的广泛认同，为实现第二个百年奋斗目标、实现中华民族伟大复兴的中国梦争取了更多理解支持。

"一个国家、一个民族对世界和人类作出的贡献不仅在于创造了多少物质，还在于提出了什么理念。"希腊前总统帕夫洛普洛斯赞赏习近平总书记提出的世界文明观、共建"一带一路"倡议和构建人类命运共同体理念，"这体现了古老的中华文明智慧和中国作为一个负责任大国的历史担当"[1]。

构建人类命运共同体，是中国为应对全球共同挑战和建设美好世界而提出的中国方案。美国"外交学者"网站刊登学者雅各布·马德尔的评论文章认为，人类命运共同体描述的是一个相互合作的世界，它以双赢为前提，是一种取代西方落后模式（零和思维）的新型国际关系理念。美国《福布斯》双周刊网站引述专家观点称，如果说人类命运共同体有政治含义，这个含义就是尽力找到避免对抗、避免我们在冷战年代体会到的国际社会分裂的新途径。英国广播公司引述中国国际问题专家的话称，中国提出人类命运共同体的概念，超越了西方思想以国别、种族、历史、宗教划分的传统界限，是未来人类发展的

---

[1] 新华社：《激荡五洲四海的时代强音——习近平新时代中国特色社会主义思想的世界性贡献述评》，学习强国，2022年2月6日，https://www.xuexi.cn/lgpage/detail/index.html?id=3013932082647663298。

新愿景。[1]

国际道路运输联盟秘书长翁贝托·德·布雷托表示，习近平总书记提出的这一理念，为改善全球治理和加强国际合作提供了指南，为人类应对日益严峻的全球挑战提供了可行的路线图。国际贸易中心前执行主任冈萨雷斯认为，在当今国际治理体系面临分化挑战之时，人类命运共同体理念是对国际合作共赢传递的强烈信心。法国前总理拉法兰表示，习近平总书记提出构建人类命运共同体的伟大设想，坚持多边主义、平等对话，"为世界朝着更包容、更高效和更优质的方向发展提出了一个合理可行的解决方案"。

联合国秘书长古特雷斯称赞，中国已成为多边主义的重要支柱，"我们践行多边主义的目的，就是要建立人类命运共同体"。古特雷斯说："我清晰记得习近平主席提出的一系列富有远见卓识的理念和主张。在世界经济艰难复苏、逆全球化暗流涌动、保护主义甚嚣尘上的今天，构建人类命运共同体理念尤其振奋人心，受到人们普遍欢迎。"第71届联合国大会主席汤姆森感慨，中国所倡导的构建人类命运共同体理念，是"人类在这个星球上的唯一未来"。[2]第77届联合国大会主席克勒希强调，在面临重大全球性危机时，人类应构建更加紧密的"命运共同体"，团结一致、共同应对挑战。[3]

---

[1] 张红：《人类命运共同体为世界指明前进方向》，人民论坛网，2021年7月5日，http://politics.rmlt.com.cn/2021/0706/617995.shtml。

[2]《书写构建人类命运共同体新篇章》，《人民日报》2022年1月17日，第2版。

[3]《联大主席：人类应团结一致 共同应对挑战》，央广网，2022年9月22日，https://news.cnr.cn/native/gd/20220922/t20220922_526017076.shtml。

第四章

全人类共同价值：
推动构建人类命运共同体
的价值基础

习近平总书记提出"和平、发展、公平、正义、民主、自由"的全人类共同价值，突破了国家、民族、阶级等因素对价值追求的限制，科学系统反映了各国人民在解决自身问题和对外交往中形成的基本共识，是全球文明倡议的重要内容，是推动文明交流和发展的根本遵循。全人类共同价值的提出，顺应时代发展潮流，符合全人类共同利益和价值追求，契合应对全球性问题的客观需要，彰显中国负责任大国的道义担当。全人类共同价值为人类命运共同体插上价值翅膀，使人类命运共同体内涵进一步丰富，理论体系更加完善。

第一节 发展脉络及主要特点

一、发展脉络：从概念的提出到全球文明倡议

习近平总书记多次在国内外重要场合阐述"全人类共同价值"。这一概念的首次提出是在 2015 年 9 月第七十届联合国大会一般性辩论上。习近平总书记在会议上指出："和平、发展、公平、正义、民主、

自由，是全人类的共同价值，也是联合国的崇高目标。……我们要继承和弘扬联合国宪章的宗旨和原则，构建以合作共赢为核心的新型国际关系，打造人类命运共同体。"[1]

2020 年 9 月，习近平总书记在第七十五届联合国大会一般性辩论上呼吁："坚守和平、发展、公平、正义、民主、自由的全人类共同价值，推动构建新型国际关系，推动构建人类命运共同体，共同创造世界更加美好的未来！"[2]

2020 年 10 月，在纪念中国人民志愿军抗美援朝出国作战 70 周年大会的讲话中，习近平总书记强调："作为负责任大国，中国坚守和平、发展、公平、正义、民主、自由的全人类共同价值，坚持共商共建共享的全球治理观，坚定不移走和平发展、开放发展、合作发展、共同发展道路。"[3]

2021 年 1 月，在世界经济论坛"达沃斯议程"对话会上的特别致辞中，习近平总书记表示，"要秉持人类命运共同体理念，坚守和平、发展、公平、正义、民主、自由的全人类共同价值，摆脱意识形态偏见，最大程度增强合作机制、理念、政策的开放性和包容性，共同维护世

---

[1]《习近平在第七十届联合国大会一般性辩论时的讲话（全文）》，新华网，2015 年 9 月 29 日，http://www.xinhuanet.com/politics/2015-09/29/c_1116703645.htm。

[2]《习近平在第七十五届联合国大会一般性辩论上的讲话（全文）》，新华网，2020 年 9 月 22 日，http://www.xinhuanet.com/politics/leaders/2020-09/22/c_1126527652.htm。

[3]《习近平：在纪念中国人民志愿军抗美援朝出国作战 70 周年大会上的讲话》，新华网，2020 年 10 月 23 日，http://www.xinhuanet.com/politics/leaders/2020-10/23/c_1126649916.htm。

界和平稳定"[1]。

2021 年 4 月，在博鳌亚洲论坛 2021 年年会开幕式上，习近平总书记发表视频主旨演讲指出："经历了疫情洗礼，各国人民更加清晰地认识到，要摒弃冷战思维和零和博弈，反对任何形式的'新冷战'和意识形态对抗。国与国相处，要把平等相待、互尊互信挺在前面，动辄对他国颐指气使、干涉内政不得人心。要弘扬和平、发展、公平、正义、民主、自由的全人类共同价值，倡导不同文明交流互鉴，促进人类文明发展。"[2]

2021 年 7 月 1 日，在庆祝中国共产党成立 100 周年大会上，习近平总书记发表讲话指出："中国共产党将同一切爱好和平的国家和人民一道，弘扬和平、发展、公平、正义、民主、自由的全人类共同价值，坚持合作、不搞对抗，坚持开放、不搞封闭，坚持互利共赢、不搞零和博弈，反对霸权主义和强权政治，推动历史车轮向着光明的目标前进！"[3]

2021 年 7 月 5 日，在同法国德国领导人举行视频峰会时，习近平总书记强调："中方坚守和平、发展、公平、正义、民主、自由的全人类共同价值。中欧本着相互尊重、求同存异原则开展合作，双方全

---

[1]《习近平在世界经济论坛"达沃斯议程"对话会上的特别致辞》，新华网，2021 年 1 月 25 日，http://www.xinhuanet.com/politics/leaders/2021-01/25/c_1127023884.htm。

[2]《习近平在博鳌亚洲论坛 2021 年年会开幕式上的视频主旨演讲（全文）》，新华网，2021 年 4 月 20 日，http://www.xinhuanet.com/politics/leaders/2021-04/20/c_1127350811.htm。

[3]《习近平：在庆祝中国共产党成立 100 周年大会上的讲话》，新华网，2021 年 7 月 1 日，http://www.xinhuanet.com/politics/leaders/2021-07/01/c_1127615334.htm。

面战略伙伴关系汇聚了彼此之间最大公约数。我们要秉持这一精神，正确看待相互差异，理性处理彼此分歧，牢牢把稳中欧关系前进航向。"[1]

2021 年 7 月 6 日，习近平总书记在中国共产党与世界政党领导人峰会上的主旨讲话中提议："我们要担负起凝聚共识的责任，坚守和弘扬全人类共同价值。各国历史、文化、制度、发展水平不尽相同，但各国人民都追求和平、发展、公平、正义、民主、自由的全人类共同价值。我们要本着对人类前途命运高度负责的态度，做全人类共同价值的倡导者，以宽广胸怀理解不同文明对价值内涵的认识，尊重不同国家人民对价值实现路径的探索，把全人类共同价值具体地、现实地体现到实现本国人民利益的实践中去。"[2]

2021 年 7 月 7 日，在同希腊总理米佐塔基斯通电话时，习近平总书记强调："中国共产党将同一切爱好和平的国家和人民一道，弘扬和平、发展、公平、正义、民主、自由的全人类共同价值，为世界和平和人类进步作出更大贡献。"[3]

2021 年 9 月 21 日，习近平总书记在第七十六届联合国大会一般性辩论上的讲话中指出："我们要大力弘扬和平、发展、公平、正义、民主、

---

[1]《习近平同法国德国领导人举行视频峰会》，新华网，2021 年 7 月 5 日，http://www.xinhuanet.com/politics/leaders/2021-07/05/c_1127625345.htm。

[2]《习近平在中国共产党与世界政党领导人峰会上的主旨讲话（全文）》，新华网，2021 年 7 月 6 日，http://www.xinhuanet.com/politics/leaders/2021-07/06/c_1127628738.htm。

[3]《习近平同希腊总理米佐塔基斯通电话》，新华网，2021 年 7 月 7 日，http://www.xinhuanet.com/politics/leaders/2021-07/07/c_1127632446.htm。

自由的全人类共同价值，摒弃小圈子和零和博弈。"[1]

2022 年 1 月 17 日，习近平总书记在 2022 年世界经济论坛视频会议上发表演讲指出："我们要顺应历史大势，致力于稳定国际秩序，弘扬全人类共同价值，推动构建人类命运共同体。要坚持对话而不对抗、包容而不排他，反对一切形式的单边主义、保护主义，反对一切形式的霸权主义和强权政治。"[2]

2022 年 4 月 21 日，习近平总书记在博鳌亚洲论坛 2022 年年会开幕式上的主旨演讲中指出："我们要践行共商共建共享的全球治理观，弘扬全人类共同价值，倡导不同文明交流互鉴。要坚持真正的多边主义，坚定维护以联合国为核心的国际体系和以国际法为基础的国际秩序。"[3]

2022 年 9 月 16 日，习近平总书记在上海合作组织成员国元首理事会第二十二次会议上的讲话中指出："我们要坚定维护以联合国为核心的国际体系和以国际法为基础的国际秩序，弘扬全人类共同价值，摒弃零和博弈和集团政治。"[4]

2022 年 10 月 16 日，习近平总书记在党的二十大报告中指出："我

[1]《习近平在第七十六届联合国大会一般性辩论上的讲话（全文）》，新华网，2021 年 9 月 22 日，http://www.news.cn/politics/leaders/2021-09/22/c_1127886754.htm。

[2]《习近平在 2022 年世界经济论坛视频会议的演讲（全文）》，人民网—中国共产党新闻网，2022 年 1 月 17 日，http://jhsjk.people.cn/article/32333459。

[3]《习近平在博鳌亚洲论坛 2022 年年会开幕式上的主旨演讲（全文）》，人民网—中国共产党新闻网，2022 年 4 月 21 日，http://jhsjk.people.cn/article/32405039。

[4]《习近平在上海合作组织成员国元首理事会第二十二次会议上的讲话（全文）》，人民网—中国共产党新闻网，2022 年 9 月 16 日，http://jhsjk.people.cn/article/32528054。

们真诚呼吁，世界各国弘扬和平、发展、公平、正义、民主、自由的全人类共同价值，促进各国人民相知相亲，尊重世界文明多样性，以文明交流超越文明隔阂、文明互鉴超越文明冲突、文明共存超越文明优越，共同应对各种全球性挑战。"[1]

2022年10月23日，习近平总书记在二十届中共中央政治局常委同中外记者见面时强调："我们将同各国人民一道，弘扬和平、发展、公平、正义、民主、自由的全人类共同价值，维护世界和平、促进世界发展，持续推动构建人类命运共同体。"[2]

2022年11月17日，习近平总书记在亚太经合组织工商领导人峰会上的书面演讲中指出："我们主张平等、互鉴、对话、包容的文明观，世界各国弘扬和平、发展、公平、正义、民主、自由的全人类共同价值，以文明交流超越文明隔阂，以文明互鉴超越文明冲突，以文明共存超越文明优越，为世界文明朝着平衡、积极、向善的方向发展提供助力。"[3]

2022年12月8日，习近平总书记在沙特《利雅得报》发表题为《传承千年友好，共创美好未来》的署名文章，呼吁"继续共同弘扬和平、发展、公平、正义、民主、自由的全人类共同价值，以文明交流超越文明隔阂、以文明互鉴超越文明冲突，促进人民相知相亲，共建美美

[1]《高举中国特色社会主义伟大旗帜 为全面建设社会主义现代化国家而团结奋斗——在中国共产党第二十次全国代表大会上的报告》，《人民日报》2022年10月26日，第1版。

[2]《习近平在二十届中共中央政治局常委同中外记者见面时强调 始终坚持一切为了人民一切依靠人民 以中国式现代化全面推进中华民族伟大复兴》，人民网—中国共产党新闻网，2022年10月23日，http://jhsjk.people.cn/article/32549996。

[3]习近平：《坚守初心 共促发展 开启亚太合作新篇章——在亚太经合组织工商领导人峰会上的书面演讲》，《人民日报》2022年11月18日，第2版。

与共的文明百花园"[1]。

2022 年 12 月 9 日，习近平总书记在首届中国—阿拉伯国家峰会开幕式上的主旨讲话中强调，"要弘扬和平、发展、公平、正义、民主、自由的全人类共同价值，树立新时代文明交流互鉴的典范"[2]。

2023 年 1 月 24 日，习近平总书记在向拉美和加勒比国家共同体第七届峰会作视频致辞时强调，"中方愿同拉美和加勒比国家继续守望相助、携手共进，弘扬和平、发展、公平、正义、民主、自由的全人类共同价值，促进世界和平与发展，推动构建人类命运共同体，共同开创更加美好的未来"[3]。

2023 年 3 月 15 日，习近平总书记在中国共产党与世界政党高层对话会上郑重提出全球文明倡议，强调"我们要共同倡导弘扬全人类共同价值，和平、发展、公平、正义、民主、自由是各国人民的共同追求，要以宽广胸怀理解不同文明对价值内涵的认识，不将自己的价值观和模式强加于人，不搞意识形态对抗"[4]。

---

[1]《习近平在沙特阿拉伯媒体发表署名文章 传承千年友好，共创美好未来》，《人民日报》2022 年 12 月 8 日，第 1 版。

[2] 习近平：《弘扬中阿友好精神 携手构建面向新时代的中阿命运共同体——在首届中国—阿拉伯国家峰会开幕式上的主旨讲话》，《人民日报》2022 年 12 月 10 日，第 1 版。

[3]《习近平向拉美和加勒比国家共同体第七届峰会作视频致辞》，《人民日报》2023 年 1 月 26 日，第 1 版。

[4]《习近平出席中国共产党与世界政党高层对话会并发表主旨讲话》，《人民日报》2023 年 3 月 16 日，第 1 版。

二、主要特点：对既有价值理念的超越

习近平总书记立足于马克思主义唯物史观的基本理论，同时结合中国国情和世界局势，提出了一系列关于全人类共同价值的论述，其特点主要如下：

（一）包容性

全人类共同价值是对中华优秀传统文化的传承发展，是马克思主义基本原理同当代世界先进思想相结合产生的理论结晶，借鉴吸收了包括西方民主、自由等价值观念在内的人类文化文明发展成果。习近平总书记以海纳百川、有容乃大的胸怀，大力倡导不同文明之间的对话、交流和互鉴，汇聚了各国人民共同的价值追求。每一种文明都是世界大家庭中的一员，凝聚着一个国家、一个民族的非凡智慧和精神追求。文明本没有高低贵贱优劣之分，要开放包容、互学互鉴。不论是哪一种文明，如果长期自我封闭，必将走向衰落。只有同其他文明交流互鉴、取长补短，才能保持旺盛生命活力。全人类共同价值体现了东西方文明融会贯通的包容互补性，体现了各国人民对和平、发展、公平、正义、民主、自由的共同追求，体现了对不同国家探索价值实现路径的尊重，体现了对不同国家人民追求幸福生活平等权利的关怀。全人类共同价值与联合国发展目标保持一致，是人类社会发展进步的价值准绳。

（二）整体性

和平、发展、公平、正义、民主、自由以人类社会珍视的核心价值要素共同构成有机整体。和平是个人和社会前进的基础，发展是人类社会进步的动力，公平是实现社会和谐的保障，正义是对社会的道义担当，民主是人的政治价值的实现，自由是人的社会价值的追求。社会发展的终极目标就是为了实现人的全面自由发展，人的全面自由发

展必将更加助力社会的全面发展进步。人类社会发展的历史告诉我们，人与人之间、社会与社会之间、国家与国家之间的关系绝不是简单的，而是复杂的，甚至是充满矛盾和斗争的。只有真正并且全部实现和平、发展、公平、正义、民主、自由的本质要求，人作为个体以及人类社会作为整体才能达到最理想的境界。人类生活在同一个地球村里，生活在历史和现实交汇的同一个时空里，越来越成为你中有我、我中有你的命运共同体。这就更加需要从整体和全局意识出发，齐心协力，将全人类共同价值具体、真实地体现到实现本国人民利益的实践中去，共同建设持久和平、普遍安全、共同繁荣、开放包容、清洁美丽的世界，推动构建人类命运共同体。

（三）时代性

任何价值观念必须适应时代的要求，并引领时代发展和社会进步，才能具有强大的生命力。和平、发展、公平、正义、民主、自由这些价值理念，其朴素的概念及思想早就出现，但受到特定历史条件的制约，都存在明显的局限性。随着人类经济社会的发展，人们的精神要求不断提升，有关价值内涵日益丰富。然而，西方的价值观建立在西方的宗教文化基础上，带有浓重的西方色彩，旨在服务并维护西方白人的利益。150多年前的马克思、恩格斯站在当时历史发展的潮头，深刻揭示了人类社会发展的规律。但囿于他们所生活时代的生产力发展水平等因素，他们也不可能准确预料21世纪人类社会发展的各种实践。习近平总书记提出全人类共同价值，准确把握时代发展潮流，准确把握我国发展新的历史方位，准确把握当今世界正经历百年未有之大变局，突出和平与发展、公平与正义同民主与自由一样是全人类共同价值的核心内容，体现了鲜明的时代性。它既反映了个体的人对生存、发展、自由的共同追求，也体现了世界各国处理彼此关系的普遍共识。

（四）创新性

全人类共同价值是对人类社会长期以来逐渐形成的价值观念的挖掘和继承，更是着眼当今时代特点和时代要求对人类社会应当遵循的价值观念的发展和创新。全人类共同价值立足于马克思主义哲学辩证唯物主义和历史唯物主义的世界观和方法论，凝聚了中华传统文化的思想精髓，同时结合中国近代革命、社会主义革命和建设、改革开放和社会主义现代化建设、新时代中国特色社会主义的光辉实践和伟大成就，将三者进行了高度融合和创新。特别是面对当今世界百年未有之大变局与世纪疫情相互叠加的复杂形势，习近平总书记创造性提出全人类共同价值，强调通过各国共商共建共享来实现全人类共同发展进步的总体目标，体现了中国共产党人的全球视野、世界胸怀和大国担当。全人类共同价值是人类思想史上一次深刻的价值理念创新，切实回应各国人民的普遍期待和共同诉求，为国际社会实现最广泛的团结提供了可信的价值纽带，为促进人类文明永续进步擘画了价值准则，是中国向世界贡献的全球公共产品。

（五）先进性

全人类共同价值顺应时代潮流，吸收诸多文明优秀成果，引领人类社会进步方向，实现了对既有各种价值理念的超越。全人类共同价值站在世界发展和人类进步的道义制高点上，与霸权主义、强权政治、零和博弈等陈旧思维形成鲜明对比。全人类共同价值不仅对推进新时代中国特色大国外交具有重要意义，也开辟了当今世界国际关系理论的新境界。当今世界，经济全球化遭遇逆风，世界经济持续低迷，发展鸿沟日益突出，地区冲突频繁发生，各种社会政治思潮交锋激荡，恐怖主义、网络安全、重大传染性疾病、气候变化等非传统安全威胁持续蔓延。任何人、任何国家都无法独善其身，单边主义、恐怖主义、零和博弈更是违背时代发展潮流，各国人民必须恪守全人类共同价值，抛弃偏见，携手合作，共同发展，才能建设新型国际关系并最终构建人类命运共同体。面对一系列全球性共同挑战，全人类共同价值本着对人类前途命运高度负责的态度，担负起凝聚共识的责任，抛弃文明优越、文明冲突等陈词滥调，以宽广胸怀理解不同文明价值的内涵，为增进全人类共同福祉发出了时代最强音。

第二节 深刻内涵

全人类共同价值具有浓厚的中国文化特色，中华优秀传统文化是全人类共同价值的哲学基础和理论来源。"中华文明绵延数千年，有其独特的价值体系。中华优秀传统文化已经成为中华民族的基因，植根在中国人内心，潜移默化影响着中国人的思想方式和行为方式。"[1]中华优秀传统文化是中华民族的突出优势，是我们最深厚的文化软实力，积淀着中华民族最深沉的精神追求，是中华民族生生不息、发展壮大的丰厚滋养。"中华优秀传统文化是中华民族的精神命脉，是涵养社会主义核心价值观的重要源泉，也是我们在世界文化激荡中站稳脚跟的坚实根基。"[2]"中华优秀传统文化是中华民族的文化根脉，其蕴含的思想观念、人文精神、道德规范，不仅是我们中国人思想和精

---

[1] 习近平：《青年要自觉践行社会主义核心价值观——在北京大学师生座谈会上的讲话》，《人民日报》2014年5月5日，第2版。

[2]《习近平：坚持以人民为中心的创作导向 创作更多无愧于时代的优秀作品》，《人民日报》2014年10月16日，第1版。

神的内核，对解决人类问题也有重要价值。"[1]

全人类共同价值关注人类的整体利益和命运，反映了世界各国人民对全人类共同发展所面临问题的认知和探索，彰显出辩证统一和普遍联系的理论特色，具有面向实践和朴素鲜活的理论品格，是中国共产党人用马克思主义观察时代、把握时代、引领时代的伟大思想创造。作为全人类共同价值的六大要素，和平、发展、公平、正义、民主、自由相互联系、层层递进，形成完整的逻辑链条，具有丰富而深刻的理论内涵。

一、关于和平

和平是社会发展和进步的关键，也是实现个人价值和理想的基础。《联合国宪章》首章就开明宗义指出，联合国的宗旨是"维护国际和平及安全"。没有稳定和平的内部及外部安全环境，任何个人和国家都无从实现自我成长和发展。和平如同空气，是个人、社会及国家实现一切权利的最基本的也是最重要的条件。

（一）中华民族历来崇尚以和为贵

追求和平是中国数千年文化积淀的必然要求。儒家提倡仁政，主张用仁爱精神实现"天下大同"。孔子提倡"远人不服，则修文德以来之"[2]；孟子提倡"善战者服上刑"，反对"争地以战，杀人盈野；

---

[1]《习近平出席全国宣传思想工作会议并发表重要讲话》，中国政府网，2018年 8 月 22 日，http://www.gov.cn/xinwen/2018-08/22/content_5315723.htm。

[2]《论语·季氏》。

争城以战，杀人盈城"，[1] 斥责"春秋无义战"[2]。墨家创始人墨子深谙战争之道，但他提出的兼爱非攻思想则更执着地追求和平。墨子一生为了反对诸侯间的攻伐战争，多次大无畏奔走游说，制止了多场战争。道家的无为、无争也体现了一种和平思想。老子提倡"以道佐人主，不以兵强于天下……大军之后，必有凶年"[3]，庄子提出"齐物论"，主张万物平等和谐相处，可谓是"道法自然"的和平论。兵家虽以战争为研究对象，但在本质上依然追求和平。在孙武看来，战争不是目的，即使百战百胜也微不足道，[4] 因为战争的最高境界是"不战而屈人之兵"[5]。孙膑也同样认为"乐兵者亡""穷兵者亡"。[6]

中华文明本质上是一种"和"的文明，中华文化崇尚的"和"具有和平、包容、开放等多重内容。"和而不同"要求既肯定和接受事物的差异性，又包容和接纳事物的多样性，并能够将不同的事物融入到一个和合体中。中华文明素来重视道德伦理，其核心规范就是"仁"，这体现了自我对他者的基本态度，既是对他者关怀爱护的道德情感，更是"己所不欲，勿施于人"的交互性伦理。仁者时刻体恤他人的感受，只有将爱人之心推己及人，才能做到"勿施于人"。中国古代的对外政策，一般不主张扩土拓边，而是以安边睦邻为贵，总体上是和睦取向。这与近代帝国主义以武力占领土地或者侵夺财富是根本不同的。可见，

---

[1]《孟子·离娄上》。

[2]《孟子·尽心下》。

[3]《老子》第30章。

[4] 邢丽菊：《"一带一路"彰显文化自信》，《人民日报》2017年2月6日，第7版。

[5]《孙子兵法·谋攻》。

[6]《孙膑兵法·威王问》。

中华传统文化中没有穷兵黩武的基因，对和平的爱好和追求已经深深融入中国人的血脉中。

（二）继承发展马列主义的和平观

马克思珍爱和平，把和平视为人类社会重要的价值追求。在西方列强推行殖民主义、帝国主义的背景下，实现和平与进行革命斗争密切相关。因此，马克思主义理论中讲的和平，主要指的是阶级斗争的消失或缓和。首先，马克思揭露了资产阶级和平观的虚伪性。针对英法发动第二次鸦片战争，马克思说："英国虽然一直声称同中国处于和平状态，却迫使中国偿付连英国现任大臣们都认为是由英国自己的海盗行为所造成的耗费。"[1]其次，马克思认为和平是实现无产阶级解放的重要策略。他认为在条件允许时也可以采取和平手段达到斗争目的，"我们首先就得采取措施，使我们能够在实现社会关系变革的时候避免使用暴力和流血。要达到这个目的只有一种办法，就是和平实现共产主义，或者至少是和平准备共产主义"[2]。再者，马克思认为实现和平是无产阶级斗争的重要目标。只要有阶级利益对立，就会引发阶级冲突和斗争，阻碍世界和平进程的实现。无产阶级的历史使命是"推翻资本主义生产方式和最后消灭阶级"[3]。只有消灭私有制和阶级剥削，才能实现人类社会的真正和平。

列宁主张通过暴力斗争夺取政权，进而实现人类和平。在他看来，无产阶级实现自身解放的革命斗争是人类历史上正义的战争。"即使

---

[1]《马克思恩格斯全集》第 1 卷，北京，人民出版社 2012 年版，第 816 页。

[2]《马克思恩格斯全集》第 2 卷，北京，人民出版社 1957 年版，第 625 页。

[3]《马克思恩格斯全集》第 2 卷，北京，人民出版社 2012 年版，第 90 页。

在各小国家里，不进行国内战争，社会主义也不会实现"[1]。列宁在批判资产阶级的和平主义者和主张和平主义的"社会党人"时，进一步提出"战争与和平都是政治的继续"思想，即"战争是和平时期政策的继续，和平是战争时期政策的继续"[2]。

毛泽东继承了马列主义的和平观点，认为共产党人研究革命战争的规律，是为了消灭战争，实现永久和平。在1938年5月发表的《论持久战》中，毛泽东着力阐明了抗日战争与争取永久和平的关系，"不但求一国的和平，而且求世界的和平；不但求一时的和平，而且求永久的和平"[3]。毛泽东多次提到世界和平的理念，新中国成立不久就提出"和平为上"[4]的外交原则，向全世界表明中国的和平愿望。1956年8月，在审阅党的八大政治报告稿时，他专门加写了这样的内容："我国的外交政策是以和平共处五项原则为基础的。……今后还应当做更多的工作，争取世界上一切和平力量使它们更加发展，以有利于世界的持久和平，也就有利于我国的建设。"[5]

改革开放以来，邓小平首先作出了"和平和发展是当代世界的两大问题"的科学论断，认为世界和平力量的增加可以在相当长的一段历史时期内抑制世界大战的爆发。其次，邓小平强调和平的国际环境对于中国的重要意义，明确提出"中国对外政策的目标是争取世界和

[1]《列宁全集》第28卷，北京，人民出版社1990年版，第163页。

[2] 同上，第208页。

[3]《毛泽东选集》第二卷，北京，人民出版社1991年版，第476页。

[4]《毛泽东外交文选》，北京，中央文献出版社、世界知识出版社1994年版，第212页。

[5]《建国以来毛泽东文稿》第六册，北京，中央文献出版社1992年版，第148页。

平"[1]。他反复指出，中国的现代化建设要取得成功，一是取决于国内条件，即坚持现行的改革开放政策；二是取决于国际条件，即持久的和平环境。[2]再次，邓小平认为中国是"维护世界和平与稳定的重要力量，不是破坏力量"。中国奉行不结盟、独立自主的外交政策，"最有利于世界和平"[3]。最后，邓小平认为反对霸权主义是维护世界和平的重要途径。他一再强调，"为了维护和平必须反对霸权主义。不管霸权主义来自哪一方面，我们都反对"。[4] 在反霸力量中，邓小平将第三世界国家视为"真正的维护世界和平、反对霸权主义的主力"[5]，他还提出了中国"永远不称霸"的指导原则，"如果十亿人的中国不坚持和平政策，不反对霸权主义，或者是随着经济的发展自己搞霸权主义，那对世界也是一个灾难，也是历史的倒退"[6]。

习近平总书记继承发扬了马列主义和毛泽东、邓小平的和平理论。首先，习近平总书记非常强调中国人民对和平的珍视，指出"中国人流淌的血液中只有热爱和平，没有称王称霸、穷兵黩武的基因"[7]。中华民族历来是一个爱好和平的民族，爱好和平的思想深深嵌入了中华

---

[1]《邓小平文选》第三卷，北京，人民出版社1993年版，第57页。

[2] 同上，第156页。

[3] 同上，第156页。

[4]《邓小平年谱（1975—1997）》下册，北京，中央文献出版社2004年版，第149页。

[5]《邓小平文选》第四卷，北京，人民出版社1994年版，第416页。

[6]《邓小平文选》第三卷，北京，人民出版社1993年版，第158页。

[7] 习近平：《弘扬和平共处五项原则，建设合作共赢美好世界》，《人民日报》2014年6月29日，第2版。

民族的精神世界，今天依然是中国处理国际关系的基本理念。[1]近代以后，中国人民遭受列强的侵略、凌辱、掠夺达百年以上，但中国人民不是从中学到弱肉强食的强盗逻辑，而是更加坚定了维护和评的决心。[2]作为带领中国人民前进的政党，中国共产党所做的一切，就是为中国人民谋幸福、为中华民族谋复兴、为人类谋和平与发展。[3]中国共产党带领中国人民从苦难中走过来，深知和平的珍贵、和平的价值。消除战争，实现和平，建设独立富强、民生幸福的国家，是近代以来中国人民孜孜以求的奋斗目标。新中国成立后，中国共产党确立了独立自主的和平外交政策，大力倡导和平共处五项原则，全面发展同各国的友好交往和互利合作。党的十八大以来，以习近平同志为核心的党中央坚持继承与发展相结合，积极推进外交理论和实践创新。中国将坚定不移沿着和平发展道路走下去，任何力量都不能动摇中国和平发展的信念。与此同时，世界和平需要各个国家共同维护，世界发展需要国际社会协调努力。任何人、任何势力、任何国家如果损害中国的核心利益，中国人民都坚决不答应。

其次，习近平总书记反复表明中国将一如既往为世界和平安宁作贡献的决心和意志。坚持走和平发展道路，推动构建新型国际关系，

---

[1] 习近平：《从延续民族文化血脉中开拓前进，推进各种文明交流交融互学互鉴》，新华网，2014 年 9 月 24 日，http://www.xinhuanet.com/politics/2014-09-24/c_1112608581.htm。

[2] 习近平：《在纪念中国人民抗日战争暨世界反法西斯战争胜利 75 周年座谈会上的讲话》，新华网，2020 年 9 月 3 日，http://www.xinhuanet.com/politics/leaders/2020-09-03/c_1126449917.htm。

[3] 习近平：《在庆祝中国共产党成立 100 周年大会上的讲话》，新华网，2021 年 7 月 1 日，http://www.xinhuanet.com/politics/leaders/2021-07-01/c_1127615334.htm。

推动构建人类命运共同体，是以习近平同志为核心的党中央坚持将继承与发展相结合的重大外交创举，进一步把中国的和平发展道路与推动世界各国共同走和平发展道路结合起来，把坚持和平发展与维护我国正当权益和核心利益统一起来。坚持和平发展道路，不仅先后写入党的十八大、十九大报告中，而且载入了中国共产党党章。2018年3月，第十三届全国人民代表大会第一次会议通过《中华人民共和国宪法修正案》，将"坚持和平发展道路"正式写入宪法，成为我国外交政策理念在国家法治上的最高宣示，体现了中国致力于走出一条与传统大国不同的发展道路的坚定决心。中国始终坚持和平发展道路，同时把促进世界和平发展视为自己的神圣职责，坚定地引领世界的和平发展。

第三，习近平总书记高度重视各国共同和平发展的重要意义。2013年1月28日，在十八届中央政治局第三次集体学习时，习近平总书记进行了深刻论述："实现我们的奋斗目标，必须有和平国际环境。没有和平，中国和世界都不可能顺利发展；没有发展，中国和世界也不可能有持久和平。"[1] "和平发展道路能不能走得通，很大程度上要看我们能不能把世界的机遇转变为中国的机遇，把中国的机遇转变为世界的机遇，在中国与世界各国良性互动、互利共赢中开拓前进。"[2] "只有各国都走和平发展道路，各国才能共同发展，国与国才能和平相处。"[3] 2014年12月13日，在南京大屠杀死难者国家公祭仪式上，习近平总书记指出："从古至今，人类就将和平作为自身的追求，和平对全人

---

[1] 习近平：《更好统筹国内国际两个大局 夯实走和平发展道路的基础》，人民网，2013年1月30日，http://jhsjk.people.cn/article/20368861。

[2] 同上。

[3] 同上。

类来说就如同阳光一样温暖，雨露一样润泽，万物的生长都离不开阳光雨露，人类为了实现自身的梦想就需要和平发展的环境。"[1]

（三）和平是人民的永恒期望

在近代以来的国际关系中，西方列强在全世界实施侵略扩张，许多亚非拉国家先后沦为殖民地或半殖民地国家。20 世纪两场世界大战使人类遭受空前浩劫，第二次世界大战结束后的美苏冷战又使人类社会长期被核战争的阴影笼罩。苏联解体及冷战结束后，美国作为全球唯一超级大国更加肆无忌惮，在世界上肆意发动军事干涉乃至战争。各种围绕国家主权、海洋和边疆争端引发的对峙此起彼伏，世界和平仍面临严峻挑战。战争和动乱给人类造成巨大伤痛，越发让人们珍视和平、稳定与发展。如何驱散仇恨的阴霾，如何消除心中的隔阂，如何摆脱战争的威胁，世界需要新理念、新方案的引领。全人类共同价值将和平放在第一要义，深刻阐明了和平之于其他问题的重要性。各国都应该做和平的维护者和促进者，应该"相互补台，好戏连台"，不能为一己之私把一个地区乃至世界搞乱。

习近平总书记反复强调，中国将坚定不移走和平发展道路，永不称霸，永不扩张，这是对国际社会所作的"君子一言，驷马难追"的郑重承诺。坚持和平发展道路，已经正式载入党章和宪法，充分彰显了中国共产党走和平发展道路的坚定决心和坚强意志。中国不仅自身坚定不移走和平发展道路，还向世界庄严承诺为人类谋和平与发展，以实际行动维护世界和平安宁、推动共同发展。[2] 据统计，中国军队参

---

[1]《习近平在南京大屠杀死难者国家公祭仪式上的讲话》，《人民日报》2014 年 12 月 14 日，第 2 版。

[2] 徐步：《中国共产党的和平发展之路》，《人民日报》2021 年 6 月 7 日，第 13 版。

加联合国维和行动 30 多年来，累计派出官兵 5 万多人次，参加了 25 项联合国维和行动，27 名官兵献出了宝贵的生命。中国军队先后与 90 多个国家、10 多个国际和地区组织开展了合作与交流，在推进和平解决争端、维护地区安全稳定、促进当事国经济社会发展等诸多方面都作出了重要贡献。[1] 中国始终是世界和平的建设者，为维护地区和世界和平作出了卓越贡献。

二、关于发展

发展是人类社会的永恒主题，是文明存续的有力支撑，是破解各种难题、实现人民幸福的关键。发展是一个系统工程，必须综合考虑政治和经济、现实和历史、物质和文化、发展和民生、资源和生态、国内和国际等多方面因素。只有坚持以人民为中心的发展思想，坚持发展为了人民、发展依靠人民、发展成果由人民共享，才会有正确的发展观、现代化观。

（一）中国哲学蕴含丰富的发展思想

中国哲学的宇宙观习惯将世界看作是发展和运动的存在。孔子曾说过"逝者如斯夫，不舍昼夜"[2]，庄子也指出，"无动而不变，无时而不移"[3]。中国先哲们认为世界是一个如同大河奔流般的运动总体，一切无时无刻不在变化发展之中。这种发展的特性在《周易》中体现

---

[1]《中国军队参加联合国维和行动 30 年》白皮书，国防部网站，2020 年 9 月 18 日，http://www.mod.gov.cn/topnews/2020-09/18/content_4871413.htm。

[2]《论语·子罕》。

[3]《庄子·秋水》。

得最为明显："富有之谓大业，日新之谓盛德，生生之谓易。"[1] 易有两义：一是变易或变化；二是常道，即天道。变易是事物普遍存在的基本方式，但变化不是没有内容的，也不是简单的重复，变化要包含创新发展，"日日新，又日新"[2]。只有不断地发展变化，才能赋予生命更加深刻的内涵，才能使德业不断充实完善。[3] 宋明理学家也指出，"天地之化，自然生生不穷"[4]。"周虽旧邦，其命维新"[5]。之所以要有变化发展，因为"易穷则变，变则通，通则久"[6]。这种生生之道是中国文化的固有精神，正是它支撑着中华文明绵延不绝、与时俱进的发展。美国哲学家安乐哲（Roger Ames）指出，与希腊更偏重于静止相比，中国哲学主张世界本就是自然的生成和发展。[7] 这种生生不息又发展的宇宙观也是"天行健，君子以自强不息"的中华精神的真实写照。

（二）发展理念是马克思主义中国化时代化的突出体现

马克思恩格斯指出，人全面而自由的发展是社会发展的目的。在私有制条件下，社会发展通过牺牲个人发展来实现。到了共产主义社会，只有借助每个人的发展，才能真正实现整个社会的快速发展。[8] 首先，

---

[1]《易经·系辞传》。

[2]《大学》。

[3] 陈来：《中华文明的核心价值》，上海，三联书店 2015 年版，第 22—23 页。

[4]《二程遗书》。

[5]《诗经·大雅·文王》。

[6]《周易·系辞下》。

[7]［美］安乐哲著，温海明等译：《和而不同：中西哲学的会通》，北京，北京大学出版社 2009 年版，第 45 页。

[8] 孙杰：《当代中国社会主义核心价值观研究》，中共中央党校博士学位论文，2014 年，第 36 页。

马克思阐明了个人发展的重要意义。他在《资本论》中指出，未来的社会是"以每一个个人的全面而自由的发展为基本原则的"[1]。其次，马克思认为社会发展的终极目标就是为了实现人的全面自由发展，社会发展的实质是人的本质力量在实践中获得发展。再次，马克思提出"人的发展三形态理论"，指出了人的发展和社会发展相统一的历史进程，即"前资本主义—资本主义—共产主义"的历史分期分别对应"人的依赖关系—以物的依赖性为基础的人的独立性—人的自由个性的发展"三大形态。[2]最后，马克思、恩格斯着眼于人类在社会历史发展中存在的客观社会结构，认为"现实的个人""他们的活动"以及"他们的物质条件"是人类历史赖以存在和发展的现实基础。[3]

毛泽东主要从社会发展的角度指明了中国的发展目标和工业化道路。首先，毛泽东规划了中国发展的战略目标。在新中国成立前夕，毛泽东就为未来新中国发展指明了方向，即"经过人民共和国到达社会主义和共产主义，到达阶级的消灭和世界的大同"[4]。新中国成立后，毛泽东又多次号召全国人民，要为"建设一个伟大的社会主义的中国而奋斗"[5]。其次，毛泽东指出了中国工业化发展的道路，即"要实现社会主义工业化，要实现农业的社会主义化、机械化，要建成一个伟大的社会主义国家"。为实现这一目标，毛泽东提出了"两步走"的战略方针，即"我们的工业发展可以按两步走来考虑：第一步，建

---

[1]《马克思恩格斯文集》第5卷，北京，人民出版社2009年版，第683页。

[2]《马克思恩格斯文集》第8卷，北京，人民出版社2009年版，第52页。

[3]《马克思恩格斯文集》第1卷，北京，人民出版社2009年版，第519页。

[4]《毛泽东选集》第4卷，北京，人民出版社1991年版，第1471页。

[5]《毛泽东文集》第7卷，北京，人民出版社1999年版，第114页。

立一个独立的完整的工业体系；第二步，使我国工业接近世界的先进水平"[1]。

邓小平在继承毛泽东思想的基础上，提出了中国特色社会主义发展观。首先，邓小平通常把和平与发展并列提及。他始终把发展问题提到全人类的高度来认识，认为"发展自己同维护和平是一回事情"[2]。邓小平强调中国发展对世界和平的重要意义，"中国发展得越强大，世界和平越靠得住"[3]。他指出，中国是维护世界和平的力量，但"究竟能为世界持久和平发挥多大力量，还要取决于我们发展的程度。如果中国发展了，意味着争取世界和平的力量壮大了，我们对和平的贡献也就更多了"[4]。其次，"社会主义本质论"是邓小平发展观的基石。他在"南方谈话"中指出，社会主义的本质是"解放生产力，发展生产力，消灭剥削，消除两极分化，最终达到共同富裕"[5]。再者，邓小平着重阐明了社会主义的基本原则，"一是以社会主义公有制经济为主体，一是共同富裕"[6]。他明确指出，"讲社会主义，首先就要使生产力发展，这是主要的。只有这样，才能表明社会主义的优越性。社会主义经济政策对不对，归根到底要看生产力是否发展，人民收入是否增加。这是压倒一切的标准"[7]。

---

[1]《建国以来毛泽东文稿》第7册，北京，中央文献出版社1990年版，第504页。

[2]《邓小平年谱（1975–1997）》下册，北京，中央文献出版社2004年版，第1185页。

[3]《邓小平文选》第3卷，北京，人民出版社1993年版，第104页。

[4]《邓小平年谱（1975–1997）》下册，北京，中央文献出版社2004年版，第1117页。

[5]《邓小平文选》第三卷，北京，人民出版社1993年版，第373页。

[6] 同上，第372页。

[7] 同上，第314页。

习近平总书记的发展观首先是坚定地以人民为中心。2015 年 8 月 21 日，中央召开党外人士座谈会，就制定"十三五"规划的建议征求各方意见。会上习近平总书记指出，"我们追求的发展是造福人民的发展，我们追求的富裕是全体人民共同富裕"[1]。同年 10 月，党的十八届五中全会审议通过的"十三五"规划建议指出，"必须坚持以人民为中心的发展思想，把增进人民福祉、促进人的全面发展作为发展的出发点和落脚点"[2]。同年 11 月 23 日，习近平总书记在中央政治局第二十八次集体学习会议上明确指出，"坚持以人民为中心的发展思想，发展为了人民，这是马克思主义政治经济学的根本立场"[3]。

其次，习近平总书记擘画新发展阶段。习近平总书记在党的十九大报告中指出，"经过长期努力，中国特色社会主义进入了新时代，这是我国发展新的历史方位"[4]。习近平总书记对"十四五"时期作出重要判断，认为中国将进入新的发展阶段，需要在新发展理念引领下构建新发展格局。对于国内发展，关键词是"高质量"。习近平总书记指出，"新时代新阶段的发展必须贯彻新发展理念，必须是高质量发展。当前，我国社会主要矛盾已经转化为人民日益增长的美好生活需要和不平衡不充分的发展之间的矛盾，发展中的矛盾和问题集中体

---

[1]《征求对中共中央关于制定国民经济和社会发展第十三个五年规划的建议的意见》，中国政府网，2015 年 10 月 30 日，http://www.gov.cn/xinwen/2015-10/30/content_2956946.htm。

[2]《十八大以来重要文献选编》（中），北京，中央文献出版社 2016 年版，第 789 页。

[3]《十八大以来重要文献选编》（下），北京，中央文献出版社 2018 年版，第 4 页。

[4]习近平：《决胜全面建成小康社会 夺取新时代中国特色社会主义伟大胜利——在中国共产党第十九次全国代表大会上的报告》，北京，人民出版社 2017 年版，第 10 页。

现在发展质量上。这就要求我们必须把发展质量问题摆在更为突出的位置，着力提升发展质量和效益"[1]。对于国家发展，习近平总书记提出"要推动形成以国内大循环为主体、国内国际双循环相互促进的新发展格局"，习近平总书记将这一顶层设计称为"重塑我国国际合作和竞争新优势的战略抉择"，并强调"以高水平对外开放打造国际合作和竞争新优势"[2]。习近平总书记在中央政治局第二十七次集体学习时强调："要统筹中华民族伟大复兴战略全局和世界百年未有之大变局，立足国内，放眼世界，深刻认识错综复杂的国际局势对我国的影响，既保持战略定力又善于积极应变，既集中精力办好自己的事，又积极参与全球治理、为国内发展创造良好环境。"[3]

第三，习近平总书记提出新发展理念。习近平总书记在党的十八届五中全会上提出并全面阐述了创新、协调、绿色、开放、共享这五大发展理念。他指出："坚持创新发展、协调发展、绿色发展、开放发展、共享发展，是关系我国发展全局的一场深刻变革。这五大发展理念相互贯通、相互促进，是具有内在联系的集合体，要统一贯彻，不能顾此失彼，也不能相互替代。哪一个发展理念贯彻不到位，发展

---

[1] 习近平：《关于＜中共中央关于制定国民经济和社会发展第十四个五年规划和二〇三五年远景目标的建议＞的说明》，新华网，2020 年 11 月 3 日，http://www.xinhuanet.com/2020−11/03/c_1126693341.htm。

[2]《习近平：在经济社会领域专家座谈会上的讲话》，新华网，2020 年 8 月 24 日，http://m.xinhuanet.com/2020−08/24/c_1126407772.htm。

[3]《习近平在中共中央政治局第二十七次集体学习时强调 完整准确全面贯彻新发展理念 确保"十四五"时期我国发展开好局起好步》，新华网，2021 年 1 月 29 日，http://www.xinhuanet.com/2021−01/29/c_1127042572.htm。

进程都会受到影响。"[1] 他强调发展理念的重要意义："理念是行动的先导，一定的发展实践都是由一定的发展理念来引领的。发展理念是否对头，从根本上决定着发展成效乃至成败。实践告诉我们，发展是一个不断变化的进程，发展环境不会一成不变，发展条件不会一成不变，发展理念自然也不会一成不变。"[2]

（三）以人民为中心促进共同发展

发展是个人生存价值的体现，是国家满足人民需要的条件，是人类社会向前进步的基础，也是人类社会追求的目标。无论个人、社会还是国家，没有发展，就没有进步。个人的发展和社会及国家的发展紧密关联，互为促进。只有个人实现全面自由的发展，社会生产力才会得到大幅提高，进而为整个社会及国家的全面发展奠定基础。个人的发展推动社会及国家的发展，而社会及国家的发展又为个人发展提供更好的环境，进一步促进个人发展。我国宪法规定，"发展社会主义市场经济，发展社会主义民主，健全社会主义法治，贯彻新发展理念，……推动物质文明、政治文明、精神文明、社会文明、生态文明协调发展"，将发展置于国家和民族繁荣振兴的重要之事。中国人民先后实现了新民主主义革命、社会主义革命和建设、改革开放和社会主义现代化建设的伟大胜利，创造了新时代中国特色社会主义的伟大成就，实现了人民生活从温饱不足到总体小康、再到全面小康的历史

---

[1] 习近平：《在党的十八届五中全会第二次全体会议上的讲话（节选）》，《求是》2016 年第 1 期，http://www.qstheory.cn/dukan/2020-06/04/c_1126073270.htm。

[2] 习近平：《在党的十八届五中全会第二次全体会议上的讲话（节选）》，《求是》2016 年第 1 期，http://www.qstheory.cn/dukan/2020-06/04/c_1126073270.htm。

性跨越，为个人全面、自由、综合发展提供了体制保证和物质基础。在国际社会，中国同样担负起促进发展的责任，让发展成果惠及各国人民。在追求幸福的道路上，中国主张一个国家、一个民族都不能少，都享有平等的发展机会和权利。中国始终是全球发展的贡献者，为人类社会进步作出了卓越贡献。

三、关于公平

公平是维护社会秩序的基础，是实现社会和谐的关键，是推动社会发展的动力。社会生产力的发展离不开对劳动成果及物质财富的分配，这是构成社会经济关系不可或缺的重要因素。公平要求保障各个利益攸关方的合理权益，最大程度实现劳动和发展成果的有序分配，这是维护社会稳定、促进社会和谐的必然要求。

（一）中国传统文化历来崇尚公平

自古以来，中华民族就是崇尚公平的民族，"天下为公"是中华民族传统美德的重要规范。《论语》中说"不患寡而患不均，不患贫而患不安。盖均无贫，和无寡，安无倾"。朱熹将"均"解释为"各得其分"，意思是每个人得到理应得到的那一份，最麻烦的不是物品的匮乏，而是分配不够均匀，这就是公平问题。首先，儒家的公平观要求敬老养老，《礼记》提到上古世纪就有"五十养于乡，六十养于国，七十养于学"的养老制度，这种思想进一步扩大到救助社会弱势群体，"鳏寡孤独废疾者，皆有所养"。孟子强调要"老者衣锦食肉，黎民不饥不寒"。其次，儒家的公平观还体现在教育思想上，孔子提出"有教无类"，意思是教育要实现公平。中国传统文化主张，在教育上要不分阶级、等级和出身，要一视同仁，让所有人都有公平接受教育的权利。再次，公平观更多体现在治国理政方面。孔子说"政者，正也"，"修己以安人"，"修己以安百姓"，并提出"惠而不费，劳而不怨，育而不贪，泰而不骄，威而不猛"五种美政，主张要以敬的态度谨慎使用公权力，防止公权力滥用。《礼记》所说的"大道之行也，天下为公"这一理念将中华文化注重格物致知、诚意正心的特点展现得淋漓尽致，通过践行"天下为公"来实现国泰民安、天下大同的理想状态。

（二）对马克思主义公平观的继承发展

马克思恩格斯主要从商品交换的层面来理解公平，认为公平是资本主义市场经济商品交换普遍化的结果。首先，他们指出了公平的历史性，认为公平来源于社会实践，源自生产力的发展。恩格斯在《反杜林论》中阐述道："公平的观念无论以资产阶级还是无产阶级的形式出现，本身都是一种历史的产物。"[1] 其次，他们认为公平的概念具有相对性，"自由和平等（公平）是交换价值过程中的各种要素的一种理想化的表现，……（它们）不过是另一种形式的再生产而已"[2]。再次，他们认为生产力的发展水平是社会公平的物质基础。公平始终只是体现现有经济关系的，"只有到共产主义社会，物质丰裕，生产力高度发达，消除私有制，人们思想觉悟提高，才能实现真正意义上的公平"[3]。

毛泽东主要是在实践层面发展了马克思恩格斯的公平观。毛泽东的公平观更具有实践动员的性质。首先，在第一次国内革命战争时期，毛泽东坚持对土地重新分配，即"打倒土豪劣绅，一切权力归农会"[4]。这一公平思想对发展农村革命力量起到了关键性作用。他批评绝对平

[1]《马克思恩格斯全集》第9卷，北京，人民出版社2009年版，第113页。

[2]《马克思恩格斯全集》第46卷，北京，人民出版社1995年版，第477-478页。

[3]《马克思恩格斯全集》第3卷，北京，人民出版社2009年版，第323页。

[4]《毛泽东选集》第一卷，北京，人民出版社1991年版，第14页。

均主义，认为"绝对平均主义的来源，和政治上的极端民主化一样，是手工业和小农经济的产物"[1]。其次，毛泽东从制度建设方面着手，为实现社会公平奠定了基础。他指出，"用宪法这样一个根本大法的形式，把人民民主和社会主义原则固定下来"[2]。毛泽东为建立公平的生产资料所有制、分配制度、工资制度等进行了广泛设计。同时，毛泽东从多元社会主体的平衡协调方面着手，提出了利益兼顾的社会公平重要思想，并进行了有益的实践探索。

邓小平更关注的是共同富裕的公平观。党的十一届三中全会后，邓小平将原来的公平优先、忽视效率的模式改变为效率优先、兼顾公平的模式。他指出，"搞平均主义吃大锅饭实际上是共同落后、共同贫穷"[3]，主张允许一部分人先富起来。而且，邓小平强调社会主义的最大优越性是共同富裕，这是社会主义本质的表现。[4]他进一步指出，"社会主义的本质，是解放生产力，发展生产力，消灭剥削，消除两极分化，最终达到共同富裕"[5]。为此，他主张在发展商品经济的同时维护社会公平，必须坚决反对特权主义、反对腐败、反对封建思想残余等。

习近平总书记十分强调公平及其蕴含的意义。他认为"公平正义是中国特色社会主义的内在要求"[6]，指出要"把促进社会公平正义作

---

[1]《毛泽东选集》第一卷，北京，人民出版社1991年版，第91页。

[2]《毛泽东文集》第六卷，北京，人民出版社1999年版，第328页。

[3]《邓小平文选》第三卷，北京，人民出版社1993年版，第23页。

[4] 同上，第364页。

[5] 同上，第373页。

[6]《习近平谈治国理政》第一卷，北京，外文出版社2018年版，第13页。

为核心价值追求"，[1] 同时在国际上大力主张公平、平等、合理等观念。
首先，习近平总书记将实现社会公平视为改革的关键步骤和最终目的。
他指出，"全面深化改革，关键是要进一步形成公平竞争的发展环境，
进一步增强经济社会发展活力，进一步提高政府效率和效能，进一步
实现社会公平正义，进一步促进社会和谐稳定，进一步提高党的领导
水平和执政能力"。[2] "全面深化改革必须以促进社会公平正义、增进
人民福祉为出发点和落脚点"。[3] 习近平总书记将全民小康视为公平的
着力点，指出，"公平成为全面小康的着力点。全面建成小康的过程
是全面实现公平的过程，是补齐社会发展短板的过程，是促进人人都
能公平公正享受国家发展成果的过程"。[4] 另外，公平也是收入分配改
革的原则。党的十八大报告提出"初次分配和再分配都要兼顾效率和
公平，再分配更加注重公平"的改革思路。党的十九大报告再次明确："要
坚持按劳分配原则，完善按要素分配的体制机制，促进收入分配更合理、
更有序。"[5]

其次，习近平总书记提出了建立以"三个公平"为主要内容的社
会公平保障体系。习近平总书记强调："要在全体人民共同奋斗、经
济社会发展的基础上，加紧建设对保障社会公平正义具有重大作用的
制度，逐步建立以权利公平、机会公平、规则公平为主要内容的社会

---

[1]《习近平谈治国理政》第一卷，北京，外文出版社 2018 年版，第 147 页。

[2] 同上，第 74 页。

[3] 同上，第 96 页。

[4] 同上，第 81 页。

[5] 习近平：《决胜全面建成小康社会 夺取新时代中国特色社会主义伟大胜利——
在中国共产党第十九次全国代表大会上的报告》，北京，人民出版社 2017 年版，
第 46 页。

公平保障体系，努力营造公平的社会环境，保证人民平等参与、平等发展权利。"[1] 只有在全社会实现权利公平、机会公平、规则公平，建立完善的社会公平保障体系，人民群众才能享有平等的发展权利，才能实现全面自由的发展，进而为社会发展作出更大贡献。

第三，习近平总书记主张在国际社会建立公正合理的新秩序，在多个场合强调"维护国际公平正义"的基本原则。2014 年 7 月，他在巴西国会的演讲中提出："世界各国都要遵循平等互信、包容互鉴、合作共赢的原则，一起来维护和弘扬国际公平正义，推动建设持久和平、共同繁荣的和谐世界。"[2] 2018 年 12 月 18 日，习近平总书记在庆祝改革开放 40 周年大会上提到："推动建设相互尊重、公平正义、合作共赢的新型国际关系。我们要尊重各国人民自主选择发展道路的权利，维护国际公平正义，倡导国际关系民主化，反对把自己的意志强加于人，反对干涉别国内政，反对以强凌弱。"[3] 2021 年 1 月 25 日，习近平总书记在世界经济论坛"达沃斯议程"对话会上提到："要提倡公平公正基础上的竞争，开展你追我赶、共同提高的田径赛，而不是搞相互攻击、你死我活的角斗赛。"[4]

---

[1]《习近平谈治国理政》第一卷，北京，外文出版社 2018 年版，第 96 页。

[2] 习近平：《弘扬传统友好 共谱合作新篇——在巴西国会的演讲》，《人民日报》2014 年 7 月 18 日，第 3 版。

[3] 习近平：《在庆祝改革开放 40 周年大会上的讲话》，人民网，2018 年 12 月 19 日，http://politics.people.com.cn/n1/2018/1219/c1024-30474898.html。

[4]《习近平在世界经济论坛"达沃斯议程"对话会上的特别致辞》，新华网，2021 年 1 月 25 日，http://www.xinhuanet.com/politics/leaders/2021-01/25/c_1127023884.htm。

（三）中国的公平观顺应时代大势

中国的公平观兼顾国内和国际两个大局：就国内而言，坚持生产力和生产关系的合理分配，主张实现人民共同富裕，反对特权主义和腐败现象；将公平分配视为小康社会建设的着力点，坚持按劳分配原则，建立以"权利公平、机会更加公正合理、规则公平"为主要内容的社会公平保障体系，营造公平的社会环境，为实现社会公平发展提供有力保障。就国际而言，中国尊重各国人民自主选择发展道路的权利，维护国际公平正义，主张建立更加公正合理的国际秩序，反对把自己的意志强加于人，反对恃强凌弱、反对干涉别国内政；坚定维护以联合国为核心的国际体系，坚定维护以国际法为基础的国际秩序，坚定维护联合国在国际体系中的中心地位；坚持以公平为要义，坚持大小国家一律平等，反对"小圈子意识"和"赢者通吃"；坚持共商共建共享原则，推动各国权利平等、机会平等、规则平等，使全球治理体系符合满足应对全球性挑战的现实需要，顺应和平发展合作共赢的历史趋势。中国始终是国际秩序的维护者，为实现全球治理体系朝着公平公正方向发展作出了卓越贡献。

四、关于正义

正义是对社会的道义担当，是对人类的天下情怀。"立天下之正位，行天下之大道"。一个人不讲正义，就丧失了是非之辨。一个社会缺乏正义，就没有和谐秩序。一个国家不持正义，必定成为国际社会的麻烦制造者。作为契约精神的正义要求坚决站在历史正确的一边，做顺应时代潮流的事情，做有利于人类进步的事。

（一）中华民族拥有悠久的正义传统

中国自先民以来就形成了伟大庄严的正义精神。这一精神传统的源头，是在先民圣贤仰天俯地，从天地宇宙之运行、万物与我共生中汲取的大智慧。《诗经》咏叹："天生烝民，有物有则。民之秉彝，好是懿德。"所谓"物则""秉彝""彝伦"，都源出于天，体现于人，体现了一种法则和伦理。

"正义"一词在中国最早见于《荀子》："不学问，无正义，以富利为隆，是俗人者也。"正义观念萌芽于古代人的平等观，形成于私有财产出现后的社会。在中国传统文化中，"正义"被视为一种公正的、有利于百姓的道德伦理状态，是社会道德的基本要求。《论语》中孔子所说的"父为子隐，子为父隐"的理念，虽然是人性恩义的坦直表露，但也要就范于公共法理秩序的公义，尽力符合人们的正义渴望。《孟子》中记载的案例："桃应问曰：'舜为天子，皋陶为士，瞽瞍杀人，则如之何？'"，也体现了中国古人的正义观。舜作为人子与天子，父亲杀人犯法，该如何处置？面对公职与私恩的冲突，舜承认父子亲情不可或缺的重要性，也承认皋陶代表的司法权威的合法性。因此，他才会"执之"法办，才会进一步放弃天子的职位，背着父亲躲藏到偏僻的海滨。在人伦之义与司法公正之义发生严重冲突时，舜不得已以这样的办法尽量兼顾"亲亲"与"尊尊"的价值需求，体现了儒家的正义观在"人之正路"的义与作为"宜者"之义在面对复杂人性情境时的选择。中国古代法系的容隐制度，显现出先民对舜之抉择的大体认同和维续。中华文明面对这种情况产生的正义观，在"中""和""公""正""直"等理念中有典型表现，体现了中华传统文化对正义这一道德理念的孜孜追求。

（二）对马克思主义正义观的继承发展

马克思恩格斯对正义的理解主要从人类社会和自然界两方面出发。就人类社会而言，马克思认为，"正义不是一种独立存在的东西，而是在互相交往中，在任何地方为了不伤害和不受害而订立的契约"[1]。在他看来，使正义成为必要需要三个条件，即"由生产方式的缺陷所带来的匮乏、在一个民族范围内所出现的生存竞争以及生产资料的私人所有制所强化的人的自私自利的本性"[2]。马克思为此提出了自己的唯物主义正义观，认为"生产关系要符合生产力水平，上层建筑要符合经济基础、生产关系乃至生产力发展水平的要求，才是一个正义的社会"[3]。就自然界而言，恩格斯提出了自然正义的观点。恩格斯指出："我们不要过分陶醉于我们人类对自然界的胜利。对于每一次这样的胜利，自然界都对我们进行报复。"[4]恩格斯的自然辩证法通过对自然科学的哲学反思来揭示自然界的运动规律，并进而阐释辩证法的理论思维的普遍意义，而不是对自然现象以及自然科学的经验层面进行描述和解释。[5]

毛泽东主张"分配正义观"。他反对贫富差距过大和平均主义。为防止中国出现贫富差距过大现象，毛泽东认为要"消灭富农经济制度和个体经济制度"[6]。与此同时，他批判极端平均主义，认为"所谓平均主义倾向，即是否认各个生产队和各个个人的收入应当有所差别。而否认这种差别，就是否认按劳分配、多劳多得的社会主义原则。……

---

[1]《马克思恩格斯全集》第 40 卷，北京，人民出版社 1982 年版，第 34 页。

[2] 蒋志红、张廷国：《论马克思正义观的基本主张》，《哲学动态》2011 年第 8 期，第 12—18 页。

[3]《马克思恩格斯全集》第 3 卷，北京，人民出版社 2012 年版，第 11 页。

[4]《马克思恩格斯选集》第 4 卷，北京，人民出版社 1995 年版，第 383 页。

[5] 孙正聿：《恩格斯的"理论思维"的辩证法》，《哲学研究》2012 年第 11 期，第 3—10 页。

[6]《毛泽东文集》第六卷，北京，人民出版社 1999 年版，第 475 页。

这是不对的"[1]。毛泽东还指出，走共同富裕道路是社会主义发展的必然趋势，强调"农业合作化是农民摆脱分散式经营的最好方式，只有把农民组织起来，才能真正地走向社会主义"[2]。

邓小平的正义观包含物质和精神两个方面。他强调全体社会成员要能够共享社会经济发展成果。邓小平指出："我们是社会主义国家，国民收入分配要使所有的人都得益。"[3]自改革开放起，邓小平着手从效率与公平的统一来厘清社会正义。20世纪70年代末，邓小平指出："我们是社会主义国家，社会主义制度优越性的根本表现，就是能够允许社会生产力以旧社会所没有的速度迅速发展，使人民不断增长的物质文化生活需要能够逐步得到满足。"[4]邓小平认为社会主义公有制决定必须实行按劳分配原则，"按劳分配就是按劳动的数量和质量进行分配"[5]。与此同时，邓小平从更宽广的范畴思考如何实现社会正义，他对中国特色社会主义的正义观大致可以解读为："贫穷不能达致社会正义，发展太慢不是社会正义，缺乏物质文明不是社会正义，平均主义不是社会正义，两极分化不是社会正义；没有民主不是社会正义，没有法制不是社会正义，缺乏精神文明不是社会正义。"[6]

习近平总书记高度重视正义思想。首先，将正义视为法治的核心目标。习近平总书记常将"公平"和"正义"一同提及，相关论述主要有：

[1] [美]罗斯·特里尔：《毛泽东传》，石家庄，河北人民出版社1989年版，第526页。

[2]《毛泽东文集》第五卷，北京，人民出版社1977年版，第179页。

[3]《邓小平文选》第三卷，北京，人民出版社1993年版，第161页。

[4]《邓小平文选》第二卷，北京，人民出版社1994年版，第128页。

[5] 同上，第101页。

[6] 吴育林：《论邓小平的社会正义观》，《岭南学刊》2012年第4期，第5—10页。

"促进社会公平正义是政法工作的核心价值追求。公平正义是政法工作的生命线，司法机关是维护社会公平正义的最后一道防线。"[1]"必须牢牢把握社会公平正义这一法治价值追求，努力让人民群众在每一项法律制度、每一个执法决定、每一宗司法案件中都感受到公平正义。"[2]"公正司法事关人民切身利益。坚定不移深化司法体制改革，不断促进社会公平正义。"[3]

其次，认为正义与国际和平紧密相连。习近平总书记在国际场合也多次强调正义。2020 年 11 月 12 日，习近平总书记在第三届巴黎和平论坛上提出倡议："秉持正义，维护和平。我们应该坚持和平共处，尊重各国发展权利，尊重各国自主选择的发展道路和模式，坚持多边主义，反对单边主义、霸权主义、强权政治，反对各种形式的恐怖主义和极端暴力行径，维护世界公平正义和和平安全。"[4] 2021 年 4 月 20 日，习近平总书记在博鳌亚洲论坛 2021 年年会开幕式上的视频主旨演讲中提到："我们要坚守正义，开创互尊互鉴的未来。要摒弃冷战思维和零和博弈，反对任何形式的'新冷战'和意识形态对抗。国与国相处，要把平等相待、互尊互信挺在前面。要弘扬和平、发展、公平、

---

[1]《习近平谈治国理政》，北京，外文出版社 2014 年版，第 148 页。

[2] 习近平：《加强党对全面依法治国的领导》，《求是》2019 年第 4 期，http://www.qstheory.cn/dukan/qs/2019-02/15/c_1124114454.htm。

[3]《习近平谈治国理政》第二卷，北京，外文出版社 2017 年版，第 130 页。

[4]《习近平在第三届巴黎和平论坛的致辞（全文）》，新华网，2020 年 11 月 12 日，http://www.xinhuanet.com/politics/leaders/2020-11/12/c_1126732980.htm。

正义、民主、自由的全人类共同价值，倡导不同文明交流互鉴。"[1]

（三）展现负责任大国的道义担当

坚持正义，可以从国内国际两个大局来诠释：对内要求在收入分配、执法守法、法治建设中体现道义责任和道义担当，不断促进社会朝着正义和法治的方向发展；对外要求捍卫国际正义，反对霸权主义和强权政治，反对各种形式的恐怖主义和极端暴力，维护世界的正义和和平。现行国际体系和国际秩序的核心理念是多边主义。多边主义践行得好一点，人类面临的共同问题就会解决得好一点。国际规则应该是世界各国共同认可的规则，而不应由少数人来制定。国家间的合作应该以服务全人类为宗旨，以践行公平正义为原则，而不应以小集团政治来谋求世界霸权。我们要共同反对以多边主义之名行单边主义之实的各种行为，推动国际秩序和国际体系朝着更加公平正义的方向发展。

2020年新冠疫情暴发以来，与少数国家将病毒污名化、政治化的做法不同，中国在做好自身防控的同时，秉承"天下一家"的理念，发起了援助时间最集中、涉及范围最广的紧急人道主义行动，为全球疫情防控注入源源不断的动力，充分展示了讲信义、重情义、扬正义、守道义的大国形象，集中体现了中国人民和衷共济、爱好和平的道义担当，生动诠释了为世界谋大同、推动构建人类命运共同体的大国担当。

五、关于民主

民主作为一种价值追求是人类社会的普遍共识。但民主的形式及制度并无普世的、不变的标准或者定义。民主是人类经济和社会政治

---

[1]《习近平在博鳌亚洲论坛2021年年会开幕式上的视频主旨演讲》，新华网，2021年4月20日，http://www.xinhuanet.com/politics/2021-04/20/c_1127350811.htm。

制度发展到一定阶段的产物，民主的实现是一个历史过程，伴随经济发展而不断完善。作为国家政治形态的一种，无论是资产阶级民主还是社会主义民主，民主的核心要义是以人民为中心，真正实现人民当家作主。

（一）中国传统民本思想

"民主"一词的现代释义来自西方的"democracy"。在古希腊，民主是一种决策程序，指的是多数胜出少数的票决程序。近代以来，"民主"逐渐被赋予"主权在民""人民当家作主"之含义。在中国，"民主"一词最先出现在《尚书》中："天惟时求民主。"此句历来主要有如下解释：一是上天为民做主；二是上天为民寻求一个"主"；三是"民主"相对于君主而言，是由民做主。无论何种含义，中国古代的"民主"可以理解为"以民为本"。《尚书·泰誓》所言"民之所欲，天必从之"将这层意思体现得淋漓尽致，意即只要是人民的意志、人民的愿望、人民的利益，上天都不能违背，都要顺从民意，这就意味着人民才是真正的主人。商王盘庚曾说"施实德于民""视民利用迁"，《尚书·夏书·五子之歌》有言"民惟邦本，本固邦宁"，这都开启了中国传统文化中民本思想的先河。孔子提出"节用而爱民"，孟子提出"民贵君轻"，荀子提出"君者，舟也。庶人者，水也。水则载舟，水则覆舟"，西汉政治家贾谊也主张"民为国本""民为万事之本"，强调只有为民谋福利，才能得到他们的拥护。唐代李世民所说的"为君之道"也要求要爱护百姓。正是因为中国文化中有着"以民为本"的传统思想，才为近代西方民主思想传入中国培育了土壤。近代孙中山领导的资产阶级民主革命，更是把民本思想转化为三民主义。中国共产党自成立之日起，就把民主作为党内生活的原则和党为之奋斗的纲领目标。

（二）对马列主义民主观的继承发展

马克思恩格斯认为，首先民主的一般意义是"人民的自我规定"。他们认为："在民主制中，国家制度本身只表现为一种规定，即人民的自我规定。……在民主制中，国家制度、法律、国家本身，就国家是政治制度来说，都只是人民的自我规定和人民的特定内容。"[1] 其次，恩格斯认为，"民主在今天就是共产主义"，"民主已经成了无产阶级的原则、群众的原则"，"群众全都认为民主这个概念中包含着社会平等的要求"。[2] 再次，恩格斯强调，无产阶级政党只有通过贯彻与实施民主，才能真正实现自由和平等。"我们的党和工人阶级只有在民主共和国这种政治形式下，才能取得统治。"[3] 在《家庭、私有制和国家的起源》结束语中，恩格斯预言："管理上的民主，社会中的博爱，权利的平等，普及的教育，将揭开社会的下一个更高的阶段，经验、理智和科学正在不断向这个阶段努力。这将是古代氏族的自由、平等和博爱的复活，但却是在更高级形式上的复活。"[4]

首先，列宁认为，"民主是国家形式，是国家形态的一种"[5]。他主张，建立新型的民主制度，实现人民当家作主，是社会主义政治建设的目标。他坚持"民主就是承认少数服从多数的国家"[6]。其次，列宁提出，公社用来代替被打碎的国家机器是更彻底的民主。一切公职人员都由选

[1]《马克思恩格斯全集》第 3 卷，北京，人民出版社 2002 年版，第 39-41 页。

[2]《马克思恩格斯全集》第 2 卷，北京，人民出版社 1957 年版，第 664 页。

[3]《马克思恩格斯全集》第 22 卷，北京，人民出版社 1956 年版，第 274 页。

[4]《马克思恩格斯选集》第 4 卷，北京，人民出版社 1995 年版，第 179 页。

[5]《列宁选集》第三卷，北京，人民出版社 1995 年版，第 201 页。

[6] 同上，第 184 页。

举产生并可以撤换。民主实行到一定程度，就由资产阶级民主转化为无产阶级民主。[1] 再次，列宁在《苏维埃政权和妇女的地位》中提出了"社会主义民主"的概念，指出了资产阶级民主和社会主义民主的区别。[2] 他认为，社会主义民主比资产阶级民主更具有广泛性，是所有一切被剥削劳动群众的民主，"第一次成为穷人的、人民的而不是富人的民主制度"[3]。列宁也特别强调指出，"没有民主，就不可能有社会主义"主要是两层意思：一是无产阶级如果不通过争取民主的斗争为社会主义革命作好准备，它就不能实现这个革命；二是胜利了的社会主义如果不实行充分的民主，就不能保持它所取得的胜利，并且引导人类走向国家的消亡。[4]

毛泽东主要提出了"民主与集中相统一"的思想。新中国成立前，毛泽东认为独立和民主是全国人民主要需要的东西。[5] 他在 1936 年提出"建立真正之民主共和国，置国家于富强隆盛之域，置民族于自由解放之林"[6]。在《论联合政府》一文中，毛泽东提出，政府要"领导解放后的全国人民……走团结和民主的路线，打败侵略者，建设新中国"[7]。新中国成立后，毛泽东强调民主和集中的统一，他指出："在人民内部，民主是对集中而言，自由是对纪律而言。这些都是一个统

---

[1] 《列宁选集》第三卷，北京，人民出版社 1995 年版，第 147 页。

[2] 《列宁全集》第 37 卷，北京，人民出版社 1986 年版，第 80 页。

[3] 《列宁选集》第三卷，北京，人民出版社 1995 年版，第 190 页。

[4] 同上，第 782 页。

[5] 《毛泽东选集》第二卷，北京，人民出版社 1991 年版，第 521 页。

[6] 《毛泽东书信选集》，北京，人民出版社 1983 年版，第 67 页。

[7] 《毛泽东选集》第三卷，北京，人民出版社 1991 年版，第 1030 页。

一体的两个矛盾的侧面，它们是矛盾的，又是统一的……这种民主和集中的统一，自由和纪律的统一，就是我们的民主集中制。在这个制度下，人民享受着广泛的民主和自由；同时又必须用社会主义的纪律约束自己。"[1]

邓小平继承和发扬了毛泽东思想，进一步提出中国的"社会主义民主"。首先，邓小平非常重视民主。他指出："没有民主就没有社会主义，就没有社会主义现代化。"[2]邓小平认为民主是解放思想的重要条件，中国的民主集中制还没有真正实行，民主还太少。[3]其次，邓小平明确指出，"社会主义民主政治的本质和核心是人民当家作主"，强调社会主义民主必须要保障人民当家作主的根本权益。第三，邓小平主张中国的社会主义民主应该从本国国情出发。中国人民所需要的民主，不是资产阶级的民主，而是人民民主或者社会主义民主。[4]他特别强调不能照搬西方资产阶级的三权分立与多党制，只能建立适合自己的具有中国特色的社会主义民主。第四，邓小平论述了民主与法制的辩证统一关系，揭示了社会主义民主的根本保障。他指出，"要加强民主就要加强法制，民主和法制缺一不可"[5]，"使民主制度化、法律化，使这种制度和法律不因领导人的改变而改变，不因领导人看法和注意力的改变而改变"[6]。

---

[1]《毛泽东文集》第七卷，北京，人民出版社 1999 年版，第 209 页。

[2]《十四大以来重要文献选编》（中），北京，人民出版社 1997 年版，第 961 页。

[3]《邓小平文选》第二卷，北京，人民出版社 1994 年版，第 144 页。

[4] 同上，第 175 页。

[5] 同上，第 189 页。

[6] 同上，第 146 页。

习近平总书记高度重视民主。首先，习近平总书记将民主提高到国家治理现代化和实现中华民族伟大复兴的高度论述其重大意义。习近平总书记指出，"没有民主就没有社会主义，就没有社会主义的现代化，就没有中华民族伟大复兴"[1]，"发展社会主义民主政治，是推进国家治理体系和治理能力现代化的应有之义"[2]。

其次，习近平总书记认为民主不仅需要制度，更需要参与实践。他在《之江新语》中说："民主集中制是党的根本组织制度和领导制度，是我党政治生活的基本原则，各级领导班子都要严格执行这一制度，建立保障团结和谐的制度和机制，增进党的团结统一，以党内民主带动人民民主，以党内和谐促进社会和谐。"[3]习近平总书记在2014年9月21日庆祝中国人民政治协商会议成立65周年大会上的讲话中强调："民主不是装饰品，不是用来摆设的，而是用来解决人民要解决的问题的。"习近平总书记指出："实现民主的形式是丰富多样的，不能拘泥于刻板的模式，更不能说只有一种放之四海而皆准的评判标准。人民是否享有民主权利，要看人民是否在选举时有投票的权利，也要看人民在日常政治生活中是否有持续参与的权利；要看人民有没有进行民主选举的权利，也要看人民有没有进行民主决策、民主管理、民主监督的权利。社会主义民主不仅需要完整的制度程序，而且需要完整的参与实践。"[4]

---

[1] 中共中央文献研究室编：《十八大以来重要文献选编》，北京，中央文献出版社2016年版，第55页。

[2] 同上，第63页。

[3] 习近平：《之江新语》，杭州，浙江人民出版社2007年版，第255页。

[4] 习近平：《在庆祝中国人民政治协商会议成立65周年大会上的讲话》，新华网，2014年9月21日，http://www.xinhuanet.com/politics/2014-09/21/c_1112564804.htm。

第三，习近平总书记高度强调"以人民为中心"的执政理念。他强调："我国是工人阶级领导的、以工农联盟为基础的人民民主专政的社会主义国家，国家一切权力属于人民。我国社会主义民主是维护人民根本利益的最广泛、最真实、最管用的民主。发展社会主义民主政治就是要体现人民意志、保障人民权益、激发人民创造活力，用制度体系保证人民当家作主。"[1]习近平总书记在多个场合多次强调"江山就是人民，人民就是江山"。这是中国最大的民主，也是中国民主精神的核心体现。"江山就是人民，人民就是江山"体现了中国共产党一切以人民利益为中心，一切以服务于人民为使命宗旨，一切以人民是否满意为处理一切事务的准绳。这才是民主精神的核心要义。

（三）发展全过程人民民主

实现民主有多种方式，不可能千篇一律。一个国家民主不民主，要由这个国家的人民来评判。社会主义民主具有广泛性，代表了最广大人民群众的利益，也保障了最广大人民群众的权利。民主虽是广泛而自由的，但需要有法制来约束，民主和法制缺一不可，要实现民主的法律化和制度化。我国实行全国人民代表大会制度，人大代表由人民民主选举产生，可以集中反映人民群众的意志和意愿。新时代中国特色社会主义民主既需要制度，也需要参与实践。

习近平总书记提出发展"全过程人民民主"，体现了人民民主覆盖的广泛性、过程的完整性、内容的全面性，彰显了人民民主的显著

---

[1] 习近平：《决胜全面建成小康社会 夺取新时代中国特色社会主义伟大胜利——在中国共产党第十九次全国代表大会上的报告》，北京，人民出版社 2017 年版，第 35—36 页。

优势。[1] 全过程人民民主保证了人民当家作主地位，通过人民代表大会制度、中国共产党领导的多党合作和政治协商制度、民族区域自治制度、基层群众自治制度等，使全体人民不分民族、种族、性别、职业、家庭出身、宗教信仰、教育程度、财产状况、居住期限，都能参与人民民主实践。全过程人民民主体现了民主选举、民主协商、民主决策、民主管理、民主监督的有机统一。全过程人民民主丰富了民主的内涵，有效推动物质文明、政治文明、精神文明、社会文明、生态文明协调发展，这就把人民当家作主落实到人民对自身利益的实现和发展上来，让群众有更多、更直接、更实在的获得感幸福感安全感。中国特色社会主义民主最大限度保障了人民的民主权利，最大化体现了人的政治价值。

六、关于自由

自由是人的社会价值的至高追求。自由是现实的、具体的，不存在脱离实际环境的抽象的自由。只有通过革命获得解放，人民才能实现自由；只有实现自由，才能实现民生幸福。自由是相对的，有限度的，必须受到法律的约束，必须把个体的自由与集体的自由统一起来。缺乏普遍的公平与正义，缺乏对他人、集体和社会的尊重，就没有真正的自由。

（一）中国传统文化中的自由理念

中国先秦的儒、道两家都强调人的自由。儒家的自由主要是人身、精神和意志的统一。孔子曾说："吾十有五而志于学，三十而立，四十而不惑，五十而知天命，六十而耳顺，七十而从心所欲，不逾矩。"[2]

---

[1] 陈若松：《全过程人民民主彰显巨大优势》，《人民日报》2021年7月27日，第9版。

[2]《论语·为政》。

这说明了人有一个由必然向自由逐步递进的过程。到了"从心所欲，不逾矩"的阶段，无论做何事，都符合客观规律，这就达到了人身、精神和意志自由的一体化。孔子特别强调个人的意志自由，"三军可夺帅也，匹夫不可夺志也"[1]。孔子拒绝可以左右人行为的任何外在的精神因素，除非是个人意志。所以"子不语怪力乱神"。这与西方文化中要求必须有一个至高无上的精神实体（上帝）控制人的行为有着根本区别。道家的自由观建立在"自然""自在"的基础之上。《老子》有言："人法地，地法天，天法道，道法自然。"这里的"自然"既有自然界和自然规律的含义，也有自然而然、不去干预、任其发展的意味，这实质上就是一种摆脱了人身奴役和精神控制的自由状态。在老子那里，自由就是抛弃一切社会绳索，让百姓达到"无为而治"的境界。庄子发展了老子的自由思想，将其发展为一种绝对的精神自由，如《逍遥游》中的大鹏一般："水击三千里，抟扶摇直上九万里。"庄子所认为的自由就是能够"出入六合，游乎九州，独来独往"[2]的境界。无论儒家还是道家，中国传统文化都把自由看作是人的本质属性，即人在自然本性、精神和意志上本来就是自由的。反观西方，西方在古希腊时期有所谓"自由民"，但到了中世纪，广大人民受到宗教神权和世俗政权的双重压迫，极度缺乏自由，因此才有了后来的文艺复兴、宗教改革和启蒙运动。相比于中国文化中自由与自然、自在、自为相联系，西方的自由则与解放密切相关。[3]换言之，中国文化中的自由强

---

[1]《论语·子罕》。

[2]《庄子·在宥》。

[3] 张允熠：《社会主义核心价值观的中国文化要素》，《马克思主义研究》2015年第 6 期，第 78 页。

调的是，人本来是自由的，自由不在于外烁，而在于自得。而西方的自由通常认为，人本来是不自由的，需要用一种外在的力量（如上帝）把人从不自由的状态中解放出来，然后赋予自由。

（二）对马克思主义自由观的继承发展

马克思恩格斯主张实现人类整体的全面自由发展。首先，他们认为自由的内涵就是要实现人的自由全面发展。1848 年 2 月，马克思恩格斯在《共产党宣言》中提出："代替那存在着阶级和阶级对立的资产阶级旧社会的，将是这样一个联合体，在那里，每个人的自由发展是一切人的自由发展的条件。"[1] 这成为马克思恩格斯自由观的标志，即共产主义社会要实现每个人全面而自由的发展。其次，马克思主张实践是实现自由的现实基础和根本动力。他认为，自由确实是人所固有的东西，"人的类特性恰恰就是自由的有意识的活动"[2]。马克思恩格斯强调自由的真正主体是从事实践活动的人。再次，恩格斯在《对英国北方社会主义联盟纲领的修正》中论述指出："我们的目的是要建立社会主义制度，这种制度将给所有的人提供健康而有益的工作，给所有的人提供充裕的物质生活和闲暇时间，给所有的人提供真正的充分的自由。"[3] 最后，恩格斯在《反杜林论》中运用唯物史观指出自由和必然的辩证关系，"自由在于根据对自然界的必然性认识来支配我们自己和外部自然界，因此它必然是历史发展的产物"[4]。

毛泽东的自由观体现在将自由与革命相结合、自由与纪律相统一。

---

[1]《马克思恩格斯文集》第 2 卷，北京，人民出版社 2009 年版，第 53 页。

[2]《马克思恩格斯选集》第 1 卷，北京，人民出版社 1995 年版，第 46 页。

[3]《马克思恩格斯全集》第 21 卷，北京，人民出版社 1965 年版，第 570 页。

[4] 恩格斯：《反杜林论》，北京，人民教育出版社 1970 年版，第 112 页。

首先，毛泽东认为争取自由是中国革命的重要目的。他把自由与中国革命紧密联系起来，认为革命的目的是"解放中国人民的生产力，解放中国人民，使他们得到自由"[1]。1931年11月，毛泽东在就任中华苏维埃共和国中央政府主席后，喊出了"创立自由独立的苏维埃新中国"的口号，[2]明确了土地革命的奋斗目标。全面抗战爆发后，以毛泽东为核心的党中央随即发布《中共中央为日本帝国主义进攻华北第二次宣言》，明确宣布"建立民族独立、民权自由与民生幸福的新中国"[3]。新中国成立后，毛泽东认为"我们的民族将从此列入爱好和平自由的世界各民族的大家庭……我们已经站起来了"[4]。其次，毛泽东继承了恩格斯的观点，在《十年总结》中提到："自由是必然的认识和世界的改造。由必然王国到自由王国的飞跃，是在一个长期认识过程中逐步地完成的。"[5]再者，毛泽东提出了自由和纪律相统一的观点。他在《一九五七年夏季的形势》中提到："我们的目标，是想造成一个又有集中又有民主，又有纪律又有自由，又有统一意志，又有个人心情舒畅、生动活泼，那样一种政治局面。"[6]

邓小平关于自由的主要思想首先体现为反对资产阶级自由化思潮。1983年，邓小平提出"清除思想战线精神污染"。1986年，邓小平在

---

[1]《毛泽东文集》第三卷，北京，人民出版社1996年版，第432页。

[2]《建党以来重要文献选编（1921-1949）》第11册，北京，中央文献出版社2011年版，第79页。

[3] 同上，第392页。

[4]《毛泽东文集》第五卷，北京，人民出版社1996年版，第344页。

[5]《毛泽东文集》第八卷，北京，人民出版社1999年版，第198页。

[6]《毛泽东年谱（1949-1976）》第三卷，北京，中央文献出版社2013年版，第192页。

党的十二届六中全会上提出："反对资产阶级自由化，我讲得最多，而且我最坚持。"邓小平认为"所谓资产阶级自由化，就是要中国全盘西化，走资本主义道路，搞资产阶级自由化，脱离了党的领导，十亿人民没有一个凝聚力，就丧失了战斗力"。[1] 邓小平多次强调，反对资产阶级自由化，"（这个斗争）不仅本世纪内要进行，下个世纪还要继续进行"。[2] 其次，邓小平坚持四项基本原则，反对资产阶级自由化。邓小平强调四项基本原则是立国之本："如果动摇了这四项基本原则中的任何一项，那就动摇了整个社会主义事业，整个现代化建设事业。"[3] 最后，邓小平继承了马克思个人自由全面发展的理念，坚持人民自由。1958 年，邓小平在中共八届六中全会上明确指出，"在集体生活中的个人选择自由，从社会主义到共产主义，不是越来越小，而是越来越大"[4]。"一个革命的政党，就怕听不到人民的声音，最可怕的是鸦雀无声"[5]。邓小平指出："因为人有了科学的理想、信念，他就会有强大的学习动力，掌握先进的科学文化知识，用人类最先进的知识武装自己。有了科学的理想、信念，他就会满腔热情地投入改革开放与现代化建设的伟大实践，实现人生价值，提升人的能力，最终获得人的全面发展。"[6] 他还注重通过精神文明建设来提高人们的文化素质，把培育"有理想、有道德、

---

[1]《邓小平文选》第三卷，北京，人民出版社 1993 年版，第 207 页。

[2] 同上，第 204 页。

[3]《邓小平文选》第二卷，北京，人民出版社 1994 年版，第 173 页。

[4]《邓小平年谱（1904—1974）》（下），北京，中央文献出版社 2009 年版，第 1473 页。

[5]《邓小平文选》第二卷，北京，人民出版社 1994 年版，第 144 页。

[6] 同上，第 314 页。

有文化、有纪律"的社会主义"四有"新人作为精神文明建设的根本任务，以实现人民更高水平的自由。

习近平总书记的自由观首先强调中国特色社会主义发展中人民的自由主体地位，深入揭示了社会主义自由的本质内涵与发展方向。习近平总书记指出："中国梦是中华民族的梦，也是每个中国人的梦。我们的方向就是让每个人获得发展自我和奉献社会的机会，共同享有人生出彩的机会，共同享有梦想成真的机会，保证人民平等参与、平等发展权利，维护社会公平正义，使发展成果更多更公平惠及全体人民，朝着共同富裕方向稳步前进。"[1] 其次，习近平总书记始终坚持"以人为本"视野下的自由理念。习近平总书记多次强调，要坚持把实现好、维护好、发展好最广大人民根本利益作为一切工作的出发点和落脚点。人民根本利益绝不仅仅是物质利益或物质生活的改善，还包括人民幸福生活所不可或缺的各种基本权利与自由的保障与实现。第三，习近平总书记的自由观还体现为增进人类福祉，为实现全人类自由而奋斗。在中国共产党与世界政党领导人峰会上的主旨讲话中，习近平总书记表示："中国共产党将履行大国大党责任，为增进人类福祉作出新贡献。消除贫困是各国人民的共同愿望，是各国政党努力实现的重要目标。党的十八大以来，中国现行标准下 9899 万农村贫困人口全部脱贫，提前 10 年实现联合国 2030 年可持续发展议程减贫目标。中国共产党愿为人类减贫进程贡献更多中国方案和中国力量。"[2] 世界上所有国家、

---

[1] 中共中央宣传部编：《习近平总书记系列重要讲话读本》，北京，学习出版社、人民出版社 2014 年版，第 26 页。

[2]《习近平在中国共产党与世界政党领导人峰会上的主旨讲话（全文）》，新华网，2021 年 7 月 6 日，http://www.xinhuanet.com/politics/leaders/2021-07/06/c_1127628738.htm。

所有民族都应该享有发展的权利和自由。习近平总书记强调："我们要直面贫富差距、发展鸿沟等重大现实问题，关注欠发达国家和地区，关爱贫困民众，让每一片土地都孕育希望。"[1]

马克思认为，只有在共同体中，个人才能获得全面发展其才能的手段。也就是说，只有在共同体中才能有个人自由。在现实生活中，每个人都无一例外地处在各种各样的社会关系中。而每一个社会，每一个国家，都是全球化时代世界体系中的组成部分。没有脱离社会和国家的完全独立的个人，也没有脱离社会和国家的绝对的自由。习近平总书记提出推动构建人类命运共同体，既是实践《共产党宣言》提出的"实现一切人自由而全面的发展"之最高理想的生动体现，也是实现人的全面自由的必经之路和必然追求。

全人类共同价值具有浓厚的中国文化特色和深刻的理论内涵。中华文化中的"以德服人""协和万邦"是"和平"的基础；"己欲立而立人，己欲达而达人"是"发展"的基础；"不患寡而患不均""有教无类"是"公平"的基础；"天下为公"要求不以谋取私利为处世原则，是"正义"的基础；"和而不同"倡导宽容、多元的对话，是"民主"和"自由"的基础。这些内容不仅是全人类共同价值的理论源泉，其本身也是人类社会应该具有的基础性道德价值，彰显了中华文明价值理念的普遍性意义。全人类共同价值贯通了个人、国家、世界三个层面，既反映了人作为个体对生存、发展、平等、自由的共同追求，也浓缩了世界各国处理彼此关系时的普遍共识。我们要本着对人类前途命运高度负责的态度，做全人类共同价值的倡导者，以宽广胸怀理解不同文明对价

---

[1]《习近平在中国共产党与世界政党领导人峰会上的主旨讲话（全文）》，新华网，2021 年 7 月 6 日，http://www.xinhuanet.com/politics/leaders/2021-07/06/c_1127628738.htm。

值内涵的认识，尊重不同国家人民对价值实现路径的探索，把全人类共同价值具体地、现实地体现到实现本国人民利益的实践中去。

第三节 重大意义

一、顺应人类社会发展的时代潮流

随着全球化发展以及各国人民相互交往的加深，世界已经形成了你中有我、我中有你深度融合的地球村。赢者通吃、零和博弈等明显不符合时代发展潮流，和平、发展、合作、共赢已经成为当今世界的主旋律。面对类似新冠疫情等全球突发公共卫生事件以及疫情下各国经济复苏表现分化、南北发展差距面临扩大甚至固化风险等全球性问题，世界比任何时候都更需要同舟共济、团结合作。全人类共同价值正是基于当前全球发展的客观现实，对人类该怎么做、该做什么的最强有力回应。世界各国历史、文化、制度各异，国情发展互不相同，只有相互理解尊重并交流互鉴，各国人民携起手来，共享公正、公平、民主、发展的自由，共同恪守全人类共同价值，才能一起走向更加美好的明天。

二、继承发扬马克思主义和中华优秀传统文化

全人类共同价值立足于马克思主义的唯物史观，继承了马克思以人为本、共同发展的共同体思想，时刻关注人的存在以及社会发展的规律，把人的真正解放与社会的和谐发展作为终极价值关怀目标。习近平总书记提出的全人类共同价值，继承了马克思主义理论以及毛泽东、邓小平等老一辈革命家的理论，有机结合中国传统文化中自强不息、

厚德载物、仁者爱人、海纳百川等价值理念，深刻把握当前百年未有之大变局下国际力量对比深刻调整、世界经济复苏乏力、局部冲突和动荡频发、全球性问题加剧等国际形势，准确反映了各国人民追求和平、发展、公平、正义、民主、自由的价值追求，是新时代中国特色社会主义理论的重要创新，也是人类文明历史上光辉璀璨的理论创新。

三、丰富新时代中国特色大国外交理念

作为全球第二大经济体、全球最大的制造业国家和对全球经济增长贡献最大的国家，中国已经日益走近世界舞台的中央。中国不仅致力于自身发展，也强调对世界的责任和贡献。中国梦是中国人民的梦，也同世界各国人民的美好梦想息息相通。中国特色大国外交的基本理念是坚持和平发展道路、坚持互利共赢开放战略、推动构建人类命运共同体。这与全人类共同价值追求和平、发展、公平、正义、民主、自由的理念高度契合。发展的中国该如何引领世界的发展，该为世界做些什么，已然成为国际社会的期待。面对当前全球性问题和挑战，国际社会希望听到中国声音、看到中国方案，中国更需要用实际行动彰显负责任大国的形象，为构建和谐世界和人类发展进步贡献力量。全人类共同价值的提出，进一步丰富了中国特色大国外交的内容，是中国向世界贡献的全球公共产品。全人类共同价值体现了中国的大国责任与担当，必将有助于世界更好地了解中国，也必将有助于中国更好地在百年未有之大变局中发挥应有作用。

四、引领构建人类命运共同体的伟大实践

随着近年来全球化进程遭遇挫折，单边主义、保护主义抬头。美国的一系列任性毁约退群、频繁发起贸易战、推卸国际责任的做法，

使得全球合作进程与多边治理体系面临诸多挑战。世界前途命运应由各国共同掌握,在国际社会搞"小圈子""新冷战",排斥、威胁、恐吓他人,动不动就搞脱钩、断供、制裁,人为造成相互隔离甚至隔绝,只能把世界推向分裂甚至对抗。一个分裂的世界无法应对人类面临的共同挑战,对抗将把人类引入死胡同。面对全球秩序遭受的严重冲击和挫折,中国外交坚守和平、发展、公平、正义、民主、自由的全人类共同价值,坚定维护多边主义,践行共商共建共享原则,推动构建人类命运共同体,为全球治理体系变革指明了正确方向。全人类共同价值旨在维护和践行多边主义,真诚寻求区域间以及国际间交流合作,共同应对传统性与非传统性共同挑战,为构建新型国际关系和人类命运共同体提供了价值遵循。

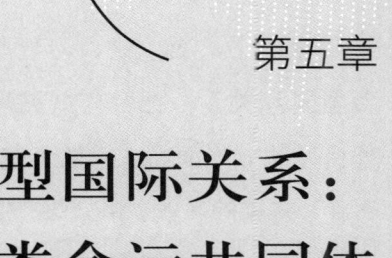

第五章

构建新型国际关系:
推动构建人类命运共同体
的基本路径

党的十八大以来，习近平总书记提出要构建以合作共赢为核心的新型国际关系，把合作共赢理念体现到政治、经济、安全、文化等对外合作的方方面面。党的十九大报告指出，"中国将高举和平、发展、合作、共赢的旗帜，恪守维护世界和平、促进共同发展的外交政策宗旨，坚定不移在和平共处五项原则基础上发展同各国的友好合作，推动建设相互尊重、公平正义、合作共赢的新型国际关系"[1]。党的十九届六中全会通过的《中共中央关于党的百年奋斗重大成就和历史经验的决议》中明确指出，"中国特色大国外交要服务民族复兴、促进人类进步，推动建设新型国际关系，推动构建人类命运共同体"[2]。党的二十大报告指出，"我们完善外交总体布局，积极建设覆盖全球的伙伴关系网络，推动构建新型国际关系"。"中国坚持在和平共处五项原则基础上同各国发展友好合作，推动构建新型国际关系，深化拓展平等、开放、

[1] 习近平：《决胜全面建成小康社会　夺取新时代中国特色社会主义伟大胜利——在中国共产党第十九次全国代表大会上的报告》，新华网，2017 年 10 月 27 日，http://www.xinhuanet.com/politics/2017-10/27/c_1121867529.htm。

[2]《中共中央关于党的百年奋斗重大成就和历史经验的决议》，北京，人民出版社 2021 年版，第 25 页。

合作的全球伙伴关系，致力于扩大同各国利益的汇合点"。[1]

习近平总书记关于构建新型国际关系的一系列重要论述，体现了中国外交的优良传统，符合国际社会的共同利益，反映了大多数国家的普遍期待，占据了人类道义的制高点，表明了中国共产党为人类作出新的更大贡献的使命，必将引领未来国际关系的发展方向。新型国际关系理念既对中国的外交实践和国际秩序观进行理论阐述，又对传统国际关系理论进行重大创新，为当今国际关系发展提供了新理念、开辟了新愿景。

在当前复杂多变的国际形势下，推动构建新型国际关系有很强的现实针对性、紧迫性和指导性，具有重大战略意义。推动构建新型国际关系是在对当今时代主题以及历史发展大势准确判断基础上提出的，为国际社会应对全球治理的诸多挑战，促进人类社会和平和可持续发展提供中国方案。中国不仅是构建新型国际关系的首倡者，也是重要实践者，更是构建方案的提供者。

推动构建人类命运共同体是推动构建新型国际关系的最终目标，而推动构建新型国际关系则是推动构建人类命运共同体的基本路径。只有通过不断推动构建新型国际关系，才能促进人类命运共同体的逐步实现。新型国际关系追求更加美好的世界，而中国给世界绘制的蓝图就是人类命运共同体，两者是相辅相成、有机统一的，共同指导新时代中国特色大国外交新征程。推动构建新型国际关系的实质是要走出一条国与国交往的新路，并为推动构建人类命运共同体开辟道路、创造条件。

---

[1] 习近平：《高举中国特色社会主义伟大旗帜　为全面建设社会主义现代化国家而团结奋斗——在中国共产党第二十次全国代表大会上的报告》，北京，人民出版社 2022 年 10 月，第 13、61 页。

第一节 新型国际关系的理论内涵

推动构建新型国际关系是习近平外交思想的重要组成部分，具有与时俱进的鲜明特色，蕴含着博大深厚的中华文化智慧，体现了符合历史潮流的人类期盼。习近平总书记倡导的新型国际关系之所以"新"，是因为突出强调在国际关系中要遵循相互尊重、公平正义、合作共赢的原则，将全人类共同价值注入到国际关系中。

新型国际关系是中国对和平发展道路的探索和坚持，也是中国对塑造公正合理的国际新秩序的期望和设想。中国是新型国际关系理念的首创者和主要推动力，呼应了世界上大多数国家希望改变以结盟对抗为特征的传统国际关系的要求。党的十九大以来，党中央基于对世界局势的深刻判断，在继承以往"相互尊重"与"合作共赢"原则的基础上，把"公平正义"纳入新型国际关系的重要内容，就是要不断革新旧的国际秩序，建立符合整个人类社会共同利益的人类命运共同体。

一、新型国际关系与西方传统国际关系的区别

新型国际关系之所以称之为"新型"，一个重要原因就是其超越了以对抗和冲突为主导的现实主义国际关系，摒弃了以权力竞争为核心的地缘政治观念，主张打破地缘限制和冲突困境，强调国家间关系的主体平等性、道义性和开放包容性的有机统一。构建新型国际关系，就是要以相互尊重超越恃强凌弱，以公平正义超越霸凌霸道，以合作共赢超越以邻为壑，对近代以来的权力政治观念予以扬弃，走出一条国与国交往的新路。

传统国际关系认为，国家之间的关系遵循"势力均衡"的法则，权力政治是基本的法则，"强权即公理"，反对将特定的价值原则作

为指导国际关系的方针。随着全球化的发展，价值原则越来越成为国际争论的焦点。联合国推动的"保护的责任"、全球气候变化进程中的"共同但有区别的责任"、联合国可持续发展目标确立的各种规范，以及欧盟国家积极推动的"规范性权力"等，都表明道义原则越来越成为国际关系规范新的增长点。

党的十九大报告将公平正义作为新型国际关系的一个基本规范，具有重大历史意义。根据这一规范，国家之间的关系不再完全延续"强权即公理"的法则，公平正义成为指导新型国际关系的重要法则。这是对国际关系法则的重大创新和贡献。习近平总书记强调，推动建立以合作共赢为核心的新型国际关系，"要坚持正确义利观，做到义利兼顾，要讲信义、重情义、扬正义、树道义"[1]。

传统国际关系抱持零和博弈的冷战思维，追求以军事同盟、遏制、威慑等手段维护安全，热衷于你死我活的零和游戏，充满了讨价还价和激烈竞争。受制于零和思维，传统国际关系取决于大国之间的角逐，国际政治成为大国的角斗场，各大国都在努力寻求霸权。

新型国际关系更加强调正和博弈思维，主张参加博弈的各方通过合作、对话、协商等渠道实现安全，通过相互交往实现不以牺牲第三者利益为代价的互利共赢。旧的传统国际关系认为国家间关系归根到底是敌友关系。新型国际关系认为国家之间是伙伴关系，是为寻求共同利益而建立的合作关系。构建新型国际关系是谋求主权原则、价值原则与利益原则的有机统一，是对基于势力均衡原则的权力政治和以社会制度划线的意识形态政治的重大突破，是旧国际关系向新国际关

---

[1]《习近平出席中央外事工作会议并发表重要讲话》，新华网，2014年11月29日，http://www.xinhuanet.com/politics/2014-11/29/c_1113457723.htm。

系的重大转型。在处理新型国际关系时，国与国之间必须学会相互尊重，既要善于抓住"同"，把共同利益的蛋糕做大，也要正确对待"异"，尊重和照顾彼此的核心利益和重大关切。

二、新型国际关系的基本内涵

推动构建新型国际关系是中国对国际关系新模式的重要探索，其核心内涵体现为相互尊重是首要前提，公平正义是核心准则，合作共赢是基本取向，最终目标是推动构建人类命运共同体。相互尊重和公平正义构成合作共赢的基础和前提，合作共赢是前两者得以展开的必然要求和客观结果，三者有机结合，成为新型国际关系的时代诠释。

（一）相互尊重是首要前提

相互尊重的内涵是多方面的：一是国家不分大小、强弱、贫富一律平等，不同制度、宗教、文明一视同仁。二是各国人民都有自主选择自身发展道路的权利。每个国家既是国际社会大家庭的一员，同时也是各具特点的主权国家。应当走什么样的发展道路，只能由各国人民自己决定，各国人民都有自主选择政治制度的权利。全球没有放之四海而皆准的制度，也没有能够适用于各个国家的政治模式，任何国家都不应也无权把自身的政治制度强加给别的国家。三是不同社会制度、不同发展水平国家之间发展关系，都要遵守《联合国宪章》宗旨、原则和国际关系准则。四是面对国际社会的共同挑战和分歧，要致力于对话而不是拉帮结派，要倡导结伴而不结盟的国际交往新路，坚持以对话协商来解决争端分歧。五是尊重文明的多样性。提倡以文明交流超越文明隔阂、文明互鉴超越文明冲突、文明共存超越文明优越。国家之间若没有相互尊重，就没有起码的互信基础，任何合作无从谈起。

（二）公平正义是核心准则

公平正义，就是在国际关系中反对弱肉强食的丛林法则，维护各国尤其是广大发展中国家的正当合法权益。在近代以来的国际关系中，实力强大的国家往往发挥主导作用，强权政治大行其道，霸权国家为所欲为。没有公平正义，强权政治就横行霸道，这是长期以来国际上纷争不断、战争不止的重要原因。要实现公平正义，一是必须坚持国际关系民主化，反对霸权主义和强权政治，反对干涉他国内政，反对把自己的意志强加于人。二是必须改变不合理的国际政治经济旧秩序，秉持共商共建共享的全球治理理念，按公平公正原则解决问题。三是国家间应当友好相处，平等协商，坚决摒弃传统的"弱肉强食"丛林法则。四是支持联合国发挥主导作用，支持扩大发展中国家在国际事务中的代表性和发言权。

（三）合作共赢是基本取向

实现世界的持久和平与发展繁荣，既是国际社会的共同愿望，也是建立新型国际关系的根本目标。合作共赢，就是要超越零和博弈、赢者通吃的旧思维，倡导共谋发展、互利互惠的新思路。要实现这一目标，一是应当充分认识到，随着全球化深入发展，各国利益密切关联，没有任何一个国家能够独自应对人类社会面临的共同挑战，也没有哪个国家能够退回到自我封闭的状态。二是国际社会成员应当携手合作，寻求利益交汇点。要支持多边贸易体制，推动开放型世界经济。促进贸易投资的自由化与便利化，推动经济全球化朝着更加开放、包容、普惠、平衡、共赢的方向发展。三是要努力打造国际合作新平台，高质量推进"一带一路"建设，加快落实全球发展倡议，给世界的协同发展增加新的动力。四是国际社会应加大对发展中国家特别是不发达国家的援助力度，缩小南北发展不平衡的差距。合作共赢是普遍适用的原则，不仅适用于经济领域，而且适用于政治、安全、文化等其他领域，应该成为各国处理国际事务的基本政策取向。

三、构建新型国际关系应遵循的原则

推动构建新型国际关系应在遵循国际关系一般准则的基础上，坚持和践行以下基本原则：

第一，联合国宪章宗旨和原则。联合国宪章宗旨和原则是处理国际关系的根本遵循，也是国际秩序稳定的重要基石，必须毫不动摇加以维护。首先，国家不分大小、强弱一律平等是联合国宪章首要原则，也是推动建设新型国际关系的基础和前提。其次，推动国际合作是联合国宪章的四大宗旨之一，也贯穿于建设新型国际关系的全过程。再次，增强联合国宪章的权威性和制约性，坚定维护联合国的核心作用。正如习近平总书记指出："当今世界发生的各种对抗和不公，不是因为联合国宪章宗旨和原则过时了，而恰恰是由于这些宗旨和原则未能得到有效履行。"[1]

第二，和平共处五项原则。和平共处五项原则诞生于第二次世界大战后的非殖民化运动，广泛应用于中国与周边国家关系中，已经展现出强大的生命力。这一原则将"和平共处"这一国际关系的基本目标具体化、操作化，强调国际交往中权利与义务的对等性，体现了发展中国家的普遍诉求，对改革国际政治旧秩序发挥了重要作用。在百年大变局背景下，和平共处五项原则仍然是推动构建新型国际关系的理念基石。

---

[1]《习近平在中共中央政治局第二十七次集体学习时强调 推动全球治理体制更加公正更加合理 为我国发展和世界和平创造有利条件》，《人民日报》2015 年 10 月 14 日，第 1 版。

中国将始终高举和平、发展、合作、共赢旗帜，在和平共处五项原则基础上拓展同各国友好合作，积极推动构建新型国际关系。

第三，共商共建共享原则。这一原则将平等、开放、互利、合作理念应用于国际关系领域，有助于凝聚国际共识，为全球治理变革激发新动能，为推动构建新型国际关系创造良好条件。共商强调参与主体的平等性，坚持相互尊重、对话协商，增强行为主体的平等性和国际议程的民主性。共建突出行动过程的开放性，倡导以开放包容理念打破封闭排他的"小圈子式"合作模式，凝聚推动全球发展的治理合力。共享体现目标的互利性，秉持共赢共享的理念寻求多边合作的最大公约数，不搞一家独大或赢者通吃，提倡共同参与、共同分享，打造公正普惠均衡的全球发展格局。

第四，正确义利观。正确义利观将道义与利益、本国利益与他国利益有机结合，为推动构建新型国际关系树立价值导向。一方面，坚持以义为先。正确义利观统筹全球共同发展与各国自身发展，遵守国际关系一般准则，做到讲信义；推动南南合作，支持发展中国家发展，做到重情义；坚决反对霸权主义和强权政治，做到扬正义；坚持多予少取、先予后取、只予不取，做到树道义。另一方面，做到义利兼顾。正确义利观并非放弃国家利益，而是致力于推动国际关系朝着双赢、多赢、共赢的方向发展，用国际合作发展的"公利"消解各国发展"私利"，构建共同繁荣的利益共同体。它超越对立冲突的思维方式，修正了利益至上、利己主义等狭隘理念，为推动构建新型国际关系提供价值导航。

第五，共同、综合、合作、可持续的安全观。共同、综合、合作、可持续的安全观是推动构建新型国际关系在安全领域的基本遵循。传统安全观追求绝对安全，使国际关系难以摆脱冲突战争，共同、综合、合作、可持续的安全观则从整体安全、积极安全视角出发，兼顾内外安全，为推动构建新型国际关系创造安全稳定的国际环境。共同、综合、合作、可持续的安全观是一个相互联系、相互依托的整体安全理念。共同安全要求尊重不同国家安全诉求的差异性，倡导普遍安全、平等安全和包容安全；综合安全就是要将传统安全问题与非传统安全问题、当前挑战与潜在威胁结合起来，统筹谋划、综合施策；合作安全反对以邻为壑、军事威胁等冷战思维，主张用对话协商、和平合作的方式解决争端；可持续安全将安全与发展并重以实现持久安全，强调"发展是安全的基础，安全是发展的条件"。

第六，平等、互鉴、对话、包容的文明观。推动文明交流互鉴，需要秉持正确的态度和原则。新文明观是文明交往领域构建新型国际关系的基本原则。新文明观倡导"多彩、平等、包容"的交往原则，主张在相互尊重、平等相待的基础上，秉持"美人之美、美美与共"的包容心态，通过交流互鉴、取长补短实现与时俱进、开放包容，促进世界文明共同发展。党的十八大以来，习近平总书记多次强调要树立平等、互鉴、对话、包容的文明观。新文明观有助于促进世界文明和谐共生，为建设新型国际关系奠定文化根基。

推动构建新型国际关系，就是要遵循国际关系和国际法的基本准则，致力于把相互尊重、公平正义、合作共赢的理念落实到国家交往实处，推动国际关系由竞争性零和博弈转向合作性正和互动；就是要坚持对话而不对抗、包容而不排他，扩大利益汇合点，画出最大同心圆，走出一条全球化时代国与国交往的新路。这既是对联合国宪章宗旨的继承和弘扬，也是对传统国际关系理论的超越和创新，必将对未来国际关系的发展产生重要和深远的影响。推动构建新型国际关系是新时代中国特色大国外交的重要任务，也是推动全球和平发展的中国智慧。

新型国际关系的提出对于发展马克思主义国际关系理念、创新当代国际关系理论、实现中华民族伟大复兴、推动构建人类命运共同体都具有重要的理论和实践意义。

第二节 坚定不移走和平发展道路

走和平发展道路是我们党根据时代发展潮流和我国根本利益作出的战略抉择，中国走和平发展道路，不是权宜之计，更不是外交辞令，而是从历史、现实、未来的客观判断中得出的结论，是思想自信和实践自觉的有机统一，是中国式现代化的一大鲜明特色。坚持走和平发展道路是推动构建新型国际关系、推动构建人类命运共同体的必然要求，同时也为推动构建新型国际关系、推动构建人类命运共同体提供了有力保障和坚实基础。

坚持走和平发展道路，推动构建新型国际关系，推动构建人类命运共同体，三者是一个有机整体，体现了中国对内政策与对外政策的高度统一，体现了中国独善其身与兼济天下思想的高度统一，体现了中国人民利益与世界人民利益的高度统一。

一、坚持走和平发展道路是中国作出的战略抉择

新中国成立以来特别是改革开放以来，中国共产党经过艰辛探索和不断实践，逐步形成了走和平发展道路的战略思想。党的十八大以来，以习近平同志为核心的党中央对和平发展道路理念展开新探索、新思考，赋予这一理念新的时代意义和思想内涵。习近平总书记强调要坚持以相互尊重、合作共赢为基础走和平发展道路。党的十九大报

告中明确提出，"中国坚持走和平发展道路，推动构建人类命运共同体"。随后，在宪法的第五次修改中，把"坚持和平发展道路"与"坚持互利共赢的开放战略""推动构建人类命运共同体"一起写入宪法，这是1982年宪法公布施行后，首次关于外交政策方面的内容完善，可见党中央对未来中国坚定走和平发展道路的决心和信心。党的二十大报告明确指出"中国式现代化是走和平发展道路的现代化"，将走和平发展道路进一步上升为中国式现代化主要特色之一的高度。

和平发展，是中国共产党矢志不渝的追求，也是中国式现代化的鲜明特征。中国共产党带领中国人民成功走出中国式现代化道路，创造了人类文明新形态，这条道路的一个重要特征就是和平发展。这条道路不是传统大国崛起的翻版，不是国强必霸的再版，而是造福中国、有利于世界的正道。我国不走一些西方国家通过战争、殖民、掠夺等方式实现现代化的老路，那种损人利己、充满血腥罪恶的老路给广大发展中国家人民带来深重苦难。我们坚定站在历史正确的一边、站在人类文明进步的一边，高举和平、发展、合作、共赢旗帜，在坚定维护世界和平与发展中谋求自身发展，又以自身发展更好维护世界和平与发展。走和平发展道路是中国共产党人坚定不移的战略抉择，也是对世界的庄严承诺，无论自身如何发展，中国永不称霸、永不扩张、永不谋求势力范围。

二、坚持走和平发展道路的时代意义

和平发展道路具有鲜明的时代特色与深刻的世界意义。

首先，和平发展道路丰富和发展了中国特色社会主义理论体系。坚持走和平发展道路，是党中央不断推进马克思主义中国化时代化取得的一个重要成果。在中国，走和平发展道路首先就是坚持走中国特色社会主义道路。和平发展是贯穿中国特色社会主义理论体系的显著特征。和平发展道路意味着，对内要追求科学发展、和谐发展，对外要与其他国家形成良性互动，实现合作共赢，体现了中国共产党在社会发展道路理论上的创新和与时俱进，是党执政理论在国际战略上的新发展，深化了马克思主义中国化的时代进程。

其次，和平发展道路为后发国家实现崛起提供了经验借鉴。当今世界是一个高度相互依赖的整体。开放带来进步，封闭必然落后。任何国家要想获得持久的发展动力，必须要秉持开放、包容、互利、共赢的战略与政策，积极主动融入到国际大家庭之中，并为世界持久和平与均衡发展贡献力量。与此同时，后发国家应当把发展的基点与力量放在本国自己身上，在实践中寻找到一条既适应本国国情同时又顺应时代特点的发展道路。和平发展道路的应有之义是在强调依靠自身力量和改革创新实现发展的同时，坚持对外开放，学习借鉴别国长处；顺应经济全球化发展潮流，寻求与各国互利共赢和共同发展。

最后，和平发展道路是人类追求文明进步的一条新型发展道路。和平发展道路截然不同于世界主要大国所走过的传统现代化道路，也不同于以往大国的武力崛起、损害别国利益的争霸道路。和平发展道路开创了通过维护和利用国际和平环境来实现自身发展，又通过自身发展来促进世界和平和各国共同繁荣的新局面，彻底打破了"国强必霸"的大国崛起传统模式。当今世界各国相互依存日益加深，只有实现世界各国共同发展，让更多人分享发展成果，世界和平稳定才有坚实基础和有效保障，世界各国发展才可以持续，构建人类命运共同体的伟大目标才能够实现。

三、和平发展道路的理论内涵

和平发展道路的理论内涵主要体现在以下几个方面：

（一）增强战略定力，坚持和平发展

当今世界正在经历新一轮大发展大变革大调整，各种思潮相互激荡，各种矛盾相互交织，各种力量相互碰撞，中国发展外部环境的敏感性、复杂性前所未有。越是情况复杂形势多变，越要增强战略定力，越要坚持和平发展。

和平发展走出了一条人类历史上的新的发展道路，这条道路新在超越了"修昔底德陷阱"，打破了"国强必霸"的传统模式。中国的和平发展把基点放在立足本国实际上，主要依靠自身力量和改革创新实现自己的战略目标，不会把问题和矛盾转嫁给其他国家，更不会通过掠夺其他国家来发展自己。中国高举和平、发展、合作、共赢的旗帜，恪守维护世界和平、促进共同发展的外交政策宗旨，坚定不移在和平共处五项原则基础上发展同各国的友好合作。中国奉行防御性国防政策，无论发展到什么程度，永远不称霸，永远不搞扩张。这是中国的政策主张，也是对国际社会作出的郑重承诺。

（二）坚持相互尊重，奉行合作共赢

相互尊重是实现世界各国和平发展、共同发展的根本前提。中国坚持《联合国宪章》及其他国际法准则，坚持和平共处五项原则；坚持国家不分大小强弱贫富一律平等，尊重各国主权、独立和领土完整，尊重各国人民自主选择发展道路和社会制度的权利；摒弃冷战思维和强权政治，大国对小国不搞唯我独尊、恃强凌弱的霸道，反对动辄诉诸武力或以武力相威胁，坚持通过平等对话协商以和平方式解决国家间的分歧和争端，走对话而不对抗、结伴而不结盟的国与国交往新路。

合作共赢是中国改革开放的基本经验，是实现发展的重要理念。世界繁荣稳定是中国的机遇，中国发展也是世界的机遇。和平发展道路能不能走得通，在很大程度上要看我们能不能把世界的机遇转变为中国的机遇，把中国的机遇转变为世界的机遇，在中国与世界各国良性互动、互利共赢中开拓前进。

在保护主义和单边主义抬头、多边主义和自由贸易体制受到冲击、经济全球化遭遇波折的背景下，中国继续高举经济全球化旗帜，秉持合作共赢理念，以自身发展促进世界和地区的共同发展。中国坚持对外开放的基本国策，坚定奉行互利共赢的开放战略，不断以中国新发展为世界提供新机遇，推动建设开放型世界经济，更好惠及各国人民，努力扩大同各方利益的汇合点，在实现本国发展的同时兼顾各方的正当关切，积极推动世界的进一步开放、交流、融合，推动构建公正、合理、透明的国际经贸规则体系，推进贸易和投资自由化便利化，推动经济全球化朝着更加开放、包容、普惠、平衡、共赢的方向发展。

（三）坚持弘义融利，展现大国担当

正确义利观是以习近平同志为核心的党中央的重要理论创造，是深化和平发展思想的重要理论成果。

我们希望全世界共同发展，特别是希望广大发展中国家加快发展。"利"就是要恪守互利共赢原则，不搞我赢你输，要实现双赢。我们有义务对贫穷的国家给予力所能及的帮助，有时甚至要重义轻利、舍利取义，绝不能唯利是图、斤斤计较。只有义利兼顾才能义利兼得，只有义利平衡才能义利共赢。对广大发展中国家，要坚持正确义利观。

世界期盼中国在全球治理中发挥更大作用，为应对全球性挑战提供中国智慧、中国方案。作为负责任大国，中国坚持共商共建共享的全球治理观，以开放、包容的姿态，努力将自身的发展变成世界各国共同进步的机遇。中国在国际维和行动、国际人道主义救援行动中扮演着重要角色；积极参与国际货币基金组织、世界银行等金融机构改革；支持扩大发展中国家在国际事务中的代表性和发言权；在深海、极地、太空、网络等新兴领域，主动引领国际规则的制定，对完善全球治理体系发挥着负责任大国作用。

（四）倡导普遍安全，积极维护世界和平

建设普遍安全的世界是构建人类命运共同体的基本内涵，也是坚持和平发展的价值取向。要坚持共同、综合、合作、可持续的共同、综合、合作、可持续的安全观，就要坚持自身安全和共同安全相统一，创新安全理念，搭建全球和地区安全合作新架构，努力走出一条共同安全的新道路。

中国始终是国际和地区安全的维护者、建设者、贡献者，追求本国利益时兼顾各国合理关切，谋求本国发展时促进各国共同发展，维护本国安全时尊重各国安全，恪守尊重主权独立、领土完整、互不干涉内政等国际关系基本准则，尊重各国自主选择的社会制度和发展道路，坚持以对话解决争端、以协商化解分歧，统筹应对传统和非传统安全威胁，反对一切形式的恐怖主义。中国坚持通过对话谈判解决朝鲜半岛核问题，积极参与阿富汗、叙利亚、南苏丹、缅甸等问题解决进程，加强维和部队建设，同各国合力应对恐怖主义、网络安全、公共卫生、难民等非传统安全挑战，为推动解决地区热点和全球性安全问题发挥建设性作用。

（五）树立底线思维，维护国家利益

中国的和平发展是有原则、有底线的，这个底线就是必须要坚决维护好中国的正当权益，坚决维护好国家的核心利益。中国不觊觎他国权益，不嫉妒他国发展，但也决不放弃我们的正当权益。中国人民不信邪也不怕邪，不惹事也不怕事，不允许任何人、任何组织、任何政党在任何时候、以任何形式、把任何一块中国领土从中国分裂出去。

坚持走和平发展道路与维护国家核心利益是辩证统一的，是一个问题的两个方面。只有坚决维护自身的核心利益，才能够更好地和平发展；只有和平发展了，才能够更好地维护自身的核心利益。

走和平发展道路必须牢牢掌握斗争主动权。新时代十年，在涉及我国核心利益的问题上，我们敢于亮剑，坚决斗争。我们坚决维护国家政治安全，同个别国家攻击抹黑我国政治制度开展针锋相对斗争，彻底挫败其挑拨离间中国共产党同中国人民血肉联系的图谋。面对无理讹诈和极限施压，我们保持战略定力，发扬斗争精神，展示不畏强权的意志决心，坚定维护国家核心利益和民族尊严，牢牢掌握了发展和安全主动权。我们坚决反制任何侵犯我国主权、干涉我国内政的错误行径，在原则问题上寸步不让，坚定捍卫国家主权、安全、发展利益。我们连续挫败一些国家利用台湾、涉疆、涉港、涉藏、涉疫、人权等问题在国际上对我国发动的各种攻击抹黑。我们有力应对海上侵权挑衅，维护南海大局稳定。我们坚决反对单边制裁和"长臂管辖"。我们深入参与世界贸易组织等国际机构改革，维护包括我国在内的发展中国家正当权益。我们妥善应对经贸摩擦，有力维护我国发展空间和长远利益。我们贯彻以人民为中心的发展思想，进一步完善海外利益保护体系，切实保障中国公民和企业的海外合法权益。在这些大是大非问题上，我们立场坚定、旗帜鲜明，敢于斗争、善于斗争，振奋了党心军心民心，也赢得了国际社会广泛尊重，为改革发展和民族复兴提供了有力支撑。

和平发展是中国现代化建设的必由之路，中国坚定不移地走和平发展道路。和平是新型国际关系的灵魂，发展是新型国际关系的保障。

新时代的十年，在以习近平同志为核心的党中央坚强领导下，在习近平外交思想的科学指引下，始终不渝走和平发展道路的中国，不仅让中国大踏步走向现代化，也为人类实现现代化提供了新的选择，为世界和平发展注入强大正能量。新征程上，中国将继续发展自身、造福世界，继续坚定不移走和平发展道路，同时推动各国共同走和平发展道路，共同解答时代命题，展现时代担当，让世界更加和平安宁，让人类生活更加幸福美好，为人类和平与发展崇高事业作出新的更大贡献。

第三节 积极发展全球伙伴关系

党的十八大以来，习近平总书记继承弘扬新中国外交核心原则和方针，开创性地提出，坚持以深化外交布局为依托打造全球伙伴关系，把发展全球伙伴关系摆在更加重要的位置，推动形成全方位、多层次、立体化的对外工作布局，开创了中国特色大国外交新局面。党的二十大报告指出："中国坚持在和平共处五项原则基础上同各国发展友好合作，推动构建新型国际关系，深化拓展平等、开放、合作的全球伙伴关系，致力于扩大同各国利益的汇合点。"[1]这为新时代中国外交积极发展全球伙伴关系指明了方向。发展全球伙伴关系，是中国特色大国外交理论和实践的重大创新，是当代国际关系理念的重要突破，成为我们推动构建新型国际关系的重要着力点和通向构建人类命运共同体的新起点。

---

[1] 习近平：《高举中国特色社会主义伟大旗帜　为全面建设社会主义现代化国家而团结奋斗——在中国共产党第二十次全国代表大会上的报告》，北京，人民出版社 2022 年 10 月，第 61 页。

一、发展全球伙伴关系的时代意义

新中国成立以来，我国一贯坚持在和平共处五项原则基础上发展同各国的友好合作关系。特别是冷战结束以后，中国走出一条对话而不对抗、结伴而不结盟的国与国交往新路，成为构建命运与共的全球伙伴关系的积极倡导者和忠实践行者。中国在主要大国中率先把建立伙伴关系确定为国家间交往的指导原则，目前同110多个国家和国际组织建立起了不同形式的伙伴关系，突破了非友即敌、或结盟或对抗的冷战思维，在建立平等相待、互商互谅的伙伴关系方面起到了示范带动作用，为当今世界处理国与国关系提供了新模式，对维护世界和平与发展发挥了积极作用。我们的"国际朋友圈"越来越大，形成了遍布全球的伙伴关系网络，形成了全方位、多层次、立体化的外交布局。"朋友圈"不断扩大的背后，是中国推动构建新型国际关系的主张越来越深入人心。

发展全球伙伴关系，传承和弘扬中华传统文化。中华文化历来注重广交朋友、深交朋友，主张"合则强，孤则弱"，"孤举者难起，众行者易趋"，"朋友多了路好走"，推崇"一个好汉三个帮""众人拾柴火焰高"的互助精神。和而不同、以和为贵、和衷共济等理念反映了中国文化崇尚和平、主张平等的一贯追求，体现了中国人民尊崇多元包容、携手合作的博大胸怀。中国倡导的伙伴关系主张各国和平合作、平等相待、开放包容、共赢共享，传承和弘扬了中华优秀传统文化，契合全人类共同的精神追求。

发展全球伙伴关系，开创了国际关系新模式。在20世纪东西方冷战对峙时期，所谓"集团政治""势力范围"等方式都没有处理好国与国关系，反而带来了矛盾、激化了局势。中国倡导的伙伴关系不设假想敌，不针对第三方，致力于以共赢而非零和的理念处理国与国的交往，注重寻求各国共同利益的汇合点，从根本上摒弃了国际关系中以大欺小、以强凌弱、以富压贫的强权行径，摒弃了结盟对抗的旧思维，超越了零和博弈的老套路，为各国平等参与国际事务、推动国际关系民主化和法治化注入了新动力。

中国将在现有基础上进一步倡导伙伴精神，丰富伙伴关系内涵，提升伙伴关系水平，扩大伙伴关系覆盖面，践行合作共赢理念，打造更加紧密的全球伙伴关系网络。

二、推进大国协调和良性互动，推动构建和平共处、总体稳定、均衡发展的大国关系格局

大国关系是国际秩序和国际体系的重要基石。发展同主要大国的关系是中国对外关系的重要组成部分。大国拥有更多的资源，具备更强的能力，有责任也有义务为维护国际和平与安全发挥更大作用，为人类发展与进步作出更多贡献。大国之间和睦相处世界才能和平，大国相互合作才有全球发展。大国关系事关全球战略稳定，大国肩上都承担着特殊责任。中国致力于推进大国协调合作和良性互动，期待大国和睦相处，推动构建和平共处、总体稳定、均衡发展的大国关系格局。

（一）中俄关系

俄罗斯是中国最大的邻国和世界大国，中俄同为联合国安理会常任理事国和主要新兴市场国家，互为全面战略协作伙伴。两国都处在国家发展和民族复兴的关键阶段，在一系列重大国际和地区问题上立场相同或相近，拥有广泛共同利益。中俄关系成熟、稳定、坚韧，始终保持健康稳定发展势头，堪称当今世界大国、邻国和谐共处的典范。

中俄关系具有强大内生动力和独立价值，不受国际风云变幻影响，不受第三方干扰。双方始终秉持世代友好、合作共赢理念，坚持不结盟、不对抗、不针对第三国原则，倡导并推动构建相互尊重、公平正义、合作共赢的新型国际关系。2019 年，在中俄建交 70 周年之际，习近平总书记同俄罗斯总统普京共同宣布发展中俄新时代全面战略协作伙伴关系，推动双边关系实现全面提质升级。新时代的中俄关系以守望相助、深度融通、开拓创新、普惠共赢为目标，这是对两国关系发展历程的全面总结和提升，为中俄关系不断向前发展注入了新的强劲动力。

元首外交是中俄关系的最大优势和制度保障，也是两国各领域合作的定盘星和指南针。过去十年，习近平总书记同普京总统会晤近 42 次，通电话和往来函电逾百次，对新时代中俄关系进行顶层设计和战略引领。双方彼此互称"老朋友"，通过"高铁外交""生日外交""冰球外交""冬奥之约""新春之会"等活动不断丰富交往形式，建立起密切的工作关系和深厚的个人友谊，树立了元首外交的典范，保障中俄关系航向不偏、动力不减，不断在更高水平、更广领域、更深层次向前发展。两国元首就抗疫合作、经济复苏、全球治理等议题保持深入沟通，发出消弭分歧、团结协作的"中俄最强音"，向世人展示了负责任、有担当的大国胸怀。2013 年，习近平总书记将俄罗斯作为出访首站，推动中国特色大国外交成功开局。2014 年习近平总书记赴俄罗斯出席索契冬奥会开幕式，2022 年普京总统如约访华并出席北京冬奥会开幕式，向习近平总书记祝贺北京冬奥会开幕和中国传统新春佳节，两国元首实现跨越八年的"冬奥之约"和"新春之会"，续写了中俄元首交往的又一段佳话。两国元首实现了疫情发生以来的首次线下会晤，为新的历史条件下的中俄关系规划蓝图、定向领航，两国元首发表了《中俄关于新时代国际关系和全球可持续发展的联合声明》，集中阐述中俄在民主观、发展观、安全观、秩序观方面的共同立场，对新形势下完善全球治理体系将产生重要而深远的影响。2022 年 9 月 15 日，习近平总书记在乌兹别克斯坦撒马尔罕出席上海合作组织成员国元首理事会第二十二次会议期间同普京总统举行双边会见，就中俄关系和共同关心的国际和地区问题交换意见。12 月 30 日，习近平总书记同普京举行视频会晤。2023 年 3 月，习近平总书记成功对俄进行国事访问。10 月，普京总统来华出席第三届"一带一路"国际合作高峰论坛，两国元首举行会晤。两国元首保持密切沟通为新时代中俄全面战略协作伙伴关系发展指明了方向、规划了路径。

新时代的中俄关系，要始终以互信为基石，筑牢彼此战略依托。牢固的政治互信是中俄关系最重要的特征，坚定的相互支持是两国关系的核心价值。要充分利用两国各层级交往机制和完备的合作平台，就各自大政方针、内外政策、发展战略等重大问题坦诚深入沟通交流，加大在涉及彼此核心利益问题上相互支持的力度，牢牢把握中俄关系向前发展的战略方向。

新时代的中俄关系，要着力深化利益交融，拉紧共同利益纽带。中俄两国都处在国家发展的关键阶段，要携手并肩实现振兴。双方将本着开拓创新、互利共赢精神，充分发挥地方互补优势，不断提升两国合作自身价值和内生动力，构建全方位、深层次、多领域的中俄互利合作新格局，实现更紧密的利益融合，让两国人民共享中俄合作成果。

新时代的中俄关系，要大力促进民心相通，夯实世代友好的民意基础。无论两国关系经历何种变化，中俄两国人民的友谊始终坚如磐石。我们要在教育、文化、体育、旅游、媒体、青年等领域举办更多人民广泛参与、喜闻乐见的活动，鼓励两国社会各界、各地方加强交流互鉴，促进理念沟通、文化融通、民心相通，共同传递中俄世代友好的接力棒。

新时代的中俄关系，要更加担当有为，携手维护世界和平安宁。面对复杂变化的国际形势，中俄作为世界大国和联合国安理会常任理事国，将继续秉持公平正义，同国际社会一道，坚定维护以联合国为核心的国际体系，坚定维护以国际法为基础的国际秩序，坚定维护以联合国宪章宗旨和原则为基础的国际关系基本准则，推动世界多极化和国际关系民主化，共同建设更加繁荣稳定、公平公正的世界，携手构建新型国际关系和人类命运共同体。

新时代的中俄关系，要捍卫公平正义，积极参与全球治理。中俄坚定捍卫国际公平正义和正确二战史观，大力弘扬真正的多边主义和全人类共同价值。两国积极推动上海合作组织、金砖国家机制发展，是二十国集团、亚太经合组织等多边平台的重要参与方，积极推动国际社会就抗疫、气候变化、反恐、可持续发展等全球性问题汇聚共识，形成合力。中俄共同发表多份关于当前国际形势的合作文件，结合全新历史条件下的国际形势变化，阐述两国在民主观、发展观、安全观、秩序观方面的共同立场，为推动解决国际和地区热点问题贡献"中俄方案"，为进一步完善全球治理体系指明方向。

在习近平总书记同普京总统达成的重要共识指引下，中俄成功走出一条正确的大国、邻国相处之道，树立了相互尊重、公平正义、合作共赢的新型国际关系典范。中俄关系体现了最高水平的相互信任和战略协作，成为维护世界安全与稳定的中流砥柱。中俄关系经受住各种风浪考验，展示出新的生机活力。面对瞬息万变的国际形势，中俄两国将坚定不移发展新时代全面战略协作伙伴关系，永做好邻居、好朋友、好伙伴；坚定不移推进互利合作和友好往来，实现两国共同发展，造福两国和两国人民；坚定不移推动构建人类命运共同体，为艰难复苏中的世界经济注入更多正能量。

（二）中美关系

中美是最大发展中国家和最大发达国家、世界前两大经济体和联合国安理会常任理事国，中美关系事关两国人民福祉，也关乎世界的和平、稳定、繁荣，是世界上最重要的双边关系之一。中美关系保持健康稳定发展，不仅符合两国人民根本利益，也是国际社会普遍期待。过去半个多世纪，国际关系中一个最重要的事件就是中美关系恢复和发展。虽然其间也经历了不少曲折和困难，但总体不断向前，而且取得了丰硕成果，造福了两国人民，也促进了世界和平、稳定、繁荣。

习近平总书记洞察国际大势，把握时代脉搏，始终从战略高度和长远角度看待和运筹中美关系，坚定捍卫我国国家利益和民族尊严，积极推动中美关系健康稳定发展。习近平总书记先后同美国三届政府领导人持续沟通、打交道、做工作，就中美关系和重大国际地区问题深入交换意见，为中美关系把舵定向，提供战略引领。

在奥巴马政府时期，习近平总书记同奥巴马总统共举行9次会晤、8次通话、多次通信，特别是先后举行"庄园会晤""瀛台夜话""白宫秋叙""西湖长谈"，就发展中美关系达成重要共识。两国元首一致同意，中美要共同致力于构建新型大国关系，秉持不冲突不对抗、相互尊重、合作共赢的精神，推动中美关系持续健康稳定发展。

在特朗普政府时期，习近平总书记同特朗普总统多次会晤和通话、通信，就事关中美关系发展的战略性、长期性、全局性问题表明中方立场，在互惠互利基础上拓展合作，在相互尊重基础上管控分歧，共同推进以协调、合作、稳定为基调的中美关系。但特朗普政府执意挑起中美贸易战，对华进行科技"脱钩"封锁，打击中国高科技企业，推动中美经济脱钩。中国对美方的挑衅行为进行坚决有力斗争，坚定维护了国家利益和民族尊严。

拜登政府就任以来，习近平总书记同拜登总统多次面对面会晤、通电话并举行视频会晤、视频通话，就事关中美关系的战略性、全局性、方向性、根本性问题以及共同关心的国际地区问题进行深入沟通和交流。两国元首都认为中美关系只能搞好不能搞坏，都认为中美不应该冲突对抗，都主张两国加强交流合作。习近平总书记指出，中美能否处理好彼此关系，攸关世界前途命运，是两国必须回答好的世纪之问。拜登总统表示，美中关系是世界上最重要的双边关系，如何发展将塑造 21 世纪的世界格局。两国元首一致同意应该加强沟通合作，妥善管控分歧，避免冲突对抗，为下阶段中美关系发展指明了方向。

习近平总书记总结中美关系发展经验和教训，提出新时期中美相处应该坚持的三点原则，那就是相互尊重、和平共处、合作共赢，为中美关系发展指出了正确方向。这三项原则是审视中美关系半个多世纪风云跌宕得出的重要论断，也是当今时代大国之间彼此交往的正确之道。

一是相互尊重。要尊重彼此社会制度和发展道路。主权原则不仅体现在各国主权和领土完整不容侵犯、内政不容干涉，还应该体现在各国自由选择社会制度和发展道路的权利应当得到维护、体现在各国推动经济社会发展、改善人民生活的实践应当受到尊重。

要尊重对方核心利益和重大关切。台湾问题是中美关系中最重要、最敏感的核心问题，也事关中美关系的政治基础。台湾问题如果处理不好，将会对两国关系造成颠覆性影响。一个中国原则和中美三个联合公报是中美关系的政治基础。历届美国政府对此都有明确承诺。美方应奉行真正的一个中国政策，履行对中方所作承诺，把一个中国政策真正落实到行动上。

要尊重各自发展权利。中国有发展的权利，中国人民也有过上美好生活的权利。中国人民对美好生活的向往，是中国发展最大内生动力，是一个必然的历史趋势，谁想阻挡这个历史趋势，中国人民不会答应，也根本阻挡不了。

二是和平共处。地球足够大，容得下中美两国各自和共同发展。我们都应该努力避免陷入"修昔底德陷阱"。中美两国虽然存在一些分歧，但双方利益高度交融，合作领域广阔，不应该落入所谓冲突对抗的陷阱，而应相互促进、共同发展。不冲突不对抗是双方必须坚守的底线。

要摒弃冷战思维、零和博弈的陈旧理念。搞你输我赢的零和博弈是无济于事的。任何执意打造"小院高墙""平行体系"的行径，任何热衷于搞排他性"小圈子""小集团"、分裂世界的行径，任何泛化国家安全概念、对其他国家经济科技发展进行遏制的行径，任何煽动意识形态对立、把经济科技问题政治化、武器化的行径，都严重削弱国际应对共同挑战的努力。

要提倡公平公正基础上的良性竞争。中方反对以"竞争"来定义中美关系。中美之间出现竞争并不奇怪，关键是要在公平公正基础上良性竞争，既提升自我，又照亮对方，开展你追我赶、共同提高的田径赛，而不是搞相互攻击、你死我活的角斗赛。

要为维护世界和平稳定尽责担当。当前，和平与发展的时代主题面临严峻挑战，世界既不太平也不安宁。作为联合国安理会常任理事国和世界前两大经济体，我们不仅要引领中美关系沿着正确轨道向前发展，而且要承担应尽的国际责任，为世界的和平与安宁作出努力。

三是合作共赢。中美建交以来，两国关系历经风雨，取得了历史性发展，为两国人民带来了巨大利益，也为世界和平、稳定、繁荣作出了重要贡献。历史和现实都表明，中美两国合则两利、斗则俱伤。合作是双方最好的选择，共赢才能通向更好的未来。

要坚持互利互惠。两国经济关系是两国关系的"压舱石"，其本质是互利共赢。双方要不断打造合作亮点，拉紧利益纽带，要采取积极措施解决彼此关切，不能将经贸问题政治化。中美在经济、能源、两军、执法、教育、科技、网络、环保、地方等诸多领域存在广泛共同利益，应该互通有无、取长补短，做大中美合作的"蛋糕"。同时，面对此起彼伏的地区热点和层出不穷的全球性挑战，中美需要合作的领域不是变少了，而是更多了。可以合作的空间不是变窄了，而是更宽了。双方比以往更有能力办成有利于两国和世界的大事。

拜登总统重申，美方不寻求同中国打"新冷战"，不寻求改变中国体制，不寻求通过强化同盟关系反对中国，不支持"台独"，无意同中国发生冲突。美方愿同中方坦诚对话，加强合作，坚持一个中国政策，有效管控好竞争和分歧，推动美中关系稳定发展。

但一段时间以来，美方出尔反尔，言而无信，说一套做一套，在遏华反华上更是无所不用其极，在台湾问题上更是不断歪曲、篡改、虚化、掏空一个中国原则，企图越红线、搞突破，不择手段打"台湾牌"，而且愈演愈烈。2022 年 8 月 2 日，美国国会众议长佩洛西不顾中方严正交涉，明目张胆窜访中国台湾地区。这一行径严重违反一个中国原则和中美三个联合公报规定，严重冲击中美关系政治基础，严重侵犯中国主权和领土完整，严重破坏台湾和平稳定，向"台独"分裂势力发出严重错误信号。中方与美方围绕佩洛西访台进行了一系列针锋相对的坚决斗争，采取了一系列果断有力的反制行动，同时向美方严正表明，中美作为两个大国，正确的相处之道只能是相互尊重、和平共处、避免对抗、合作共赢。

2022 年 11 月 14 日，习近平总书记在印度尼西亚巴厘岛同美国总统拜登举行会晤，两国元首就中美关系中的战略性问题以及重大全球和地区问题坦诚深入交换了看法。习近平表示，中美关系不应该是你输我赢、你兴我衰的零和博弈，21世纪的世界必须避免重蹈"冷战"的覆辙。两国应该正确看待对方内外政策和战略意图，确立对话而非对抗、双赢而非零和的交往基调。拜登总统重申，一个稳定和发展的中国符合美国和世界的利益。美国尊重中国的体制，不寻求改变中国体制，不寻求"新冷战"，不寻求通过强化盟友关系反对中国，不支持"台湾独立"，也不支持"两个中国""一中一台"，无意同中国发生冲突。美方也无意寻求同中国"脱钩"，无意阻挠中国经济发展，无意围堵中国。

两国元首都重视中美关系的世界性意义，都强调确立中美关系指导原则的重要性，都希望推动双边关系止跌回稳，都同意加强沟通交流、推进务实合作。这为今后一个时期中美关系的发展明确了方向，将有利于推动两国关系逐步重回健康稳定的正轨。

这次元首会晤不仅具有重大现实指导意义，而且将对下阶段乃至更长时期的中美关系产生重要深远影响：一是明确了一个方向，就是要防止中美关系脱轨失控，找到两个大国正确相处之道。二是确定了一个框架，就是要共同探讨确立中美关系指导原则，或者说战略性框架。两国元首一致认同确立中美关系指导原则的重要性，就此进行了建设性探讨，责成双方工作团队跟进磋商，争取在迄今已有共识基础上尽快达成一致。三是启动了一个进程，就是要将两国元首重要共识落到实处，管控和稳定中美关系。

习近平总书记还系统阐述了台湾问题由来以及中方原则立场，强调，台湾问题是中国核心利益中的核心，是中美关系政治基础中的基础，是中美关系第一条不可逾越的红线。中方要求美方言行一致，恪守一个中国政策和中美三个联合公报规定，履行"不支持'台独'"的承诺，停止虚化掏空一中政策，约束制止"台独"分裂言行，不要让局势发展到不可收拾的地步。拜登总统表示，美国政府奉行一个中国政策，不寻求利用台湾问题作为工具遏制中国，希望看到台海地区稳定。

两国元首还就乌克兰危机等国际地区问题深入交换了意见。习近平总书记重申了中方处理乌克兰问题的"四个应该"，阐明了中方应对乌克兰局势最新演变的"四个共同"。强调开展对话谈判，和平解决危机是当务之急，核武器用不得、核战争打不得，应防止亚欧大陆出现核危机，还应共同努力确保全球产业链供应链稳定，避免出现更大规模人道主义危机，中方始终站在和平的一边，将继续劝和促谈。

这次会晤达到了深入沟通、明确意图、划清红线、防止冲突、指明方向、探讨合作的预期目的。

2023年年初以来，中美关系先后遭遇无人飞艇事件、蔡英文"过境"窜美的冲击，美方不断采取损害中方利益的错误言行，导致中美关系严重偏离两国元首确定的轨道，严重干扰双方对话合作的议程，严重损害来之不易的双边关系改善势头。但在双方共同努力下，中美关系逐渐出现止跌企稳势头。

2023年11月14日至17日，应美国总统拜登邀请，习近平总书记赴美国旧金山举行中美元首会晤，同时应邀出席亚太经合组织（APEC）第三十次领导人非正式会议。这是习近平总书记时隔6年访美，也是两国元首自巴厘岛会晤以来再次面对面会晤。两国元首就事关中美关系的战略性、全局性、方向性问题以及事关世界和平和发展的重大问题坦诚深入地交换了意见。

习近平总书记深刻指出，中美两个大国不打交道是不行的，想改变对方是不切实际的，冲突对抗的后果是谁都不能承受的。中美是选择加强团结合作，还是挑动阵营对抗，将决定人类前途和地球未来。美方必须认真思考中美两国到底是伙伴还是对手这个根本性问题，做出正确历史选择。习近平总书记指出，这次旧金山会晤，双方应设立新的愿景：一是共同树立正确认知，希望两国做伙伴，相互尊重、和平共处；二是共同有效管控分歧，了解彼此的原则底线，不折腾、不挑事、不越界，多沟通、多对话、多商量，冷静处理分歧和意外；三是共同推进互利合作，充分用好在外交、经济、金融、商务、农业等领域恢复或建立的机制，开展禁毒、司法执法、人工智能、科技等领域合作；四是共同承担大国责任，加强在国际和地区问题上的协调合作，向全球提供更多公共产品，协调对接彼此提出的倡议；五是共同促进人文交流，鼓励和支持两国人民多来往、多沟通。这"五个共同"为中美关系浇筑了五根支柱，开辟了面向未来的"旧金山愿景"。习近平总书记还重点就台湾问题和科技经贸问题阐明中方严正立场。拜登总统重申了在巴厘岛会晤时向习近平总书记作出的五点承诺，并表示美中冲突并非不可避免，一个稳定和发展的中国符合美国和世界的利益，美国乐见中国发展富裕，不寻求打压遏制中国发展，不寻求同中国脱钩。

经过双方共同努力，这次会晤取得 20 多项重要成果，包括响应国际社会的期待，建立人工智能政府间对话；在解除对中方有关机构制裁前提下，成立中美禁毒合作工作组，开展禁毒合作；在平等和尊重基础上恢复两军高层沟通和机制性对话；同意明年早些时候大幅增加直航航班；扩大教育、留学生、青年、文化、体育和工商界交流；欢迎启动中美"21 世纪 20 年代强化气候行动工作组"，共同推动联合国气候变化迪拜大会（COP28）成功。两国元首认可双方团队自巴厘岛会晤以来为讨论中美关系指导原则所作的努力以及取得的共识，强调要相互尊重、和平共处、保持沟通、防止冲突、恪守《联合国宪章》，在有共同利益领域开展合作，负责任管控双边关系中的竞争因素，为推动中美关系重回正轨提供了遵循。

中美元首旧金山会晤是中美关系史上的大事件，也是国际关系中的大事件，有利于推动中美关系朝着健康、稳定、可持续方向迈出步伐。同时也要清醒看到，中美关系发展从来都不是一帆风顺的，仍然存在很多深层次、结构性问题，还有不少风险挑战需要共同应对。旧金山不是终点，而应该成为新的起点。中美关系能否巩固向好态势，关键在于美方能否遵信守诺，同中方相向而行，把两国元首达成的重要共识真正落到实处。

（三）中欧关系

欧洲是多极世界的重要一极，是中国的重要合作伙伴。中国和欧盟都是世界多极化、经济全球化进程的重要参与者和塑造者，在维护世界和平稳定、促进全球繁荣和可持续发展、推动人类文明进步等方面拥有广泛共同利益，也是各自改革与发展不可或缺的合作伙伴。中欧关系战略意义日益突出，已经成为全球最重要的双边关系之一。中国始终从战略高度和长远角度看待和发展中欧关系。

2014年，习近平总书记就任国家主席后首次访欧期间，全面阐述了中欧全面战略伙伴关系的方向、内涵和意义，提出中欧要共同打造"和平、增长、改革、文明"四大伙伴关系。中欧之间没有直接的地缘政治矛盾和安全冲突，在维护世界和平与繁荣、维护以联合国为核心的国际体系、反对霸权主义和单边主义等方面存在广泛共识。中国始终支持欧洲独立自主，支持欧盟繁荣团结，支持欧盟在国际事务中发挥建设性作用。中欧关系植根于坚定的民意基础、广泛的共同利益，相似的战略诉求，具有强大韧性和潜力，符合时代发展的进步方向。推动中欧关系健康稳定长期发展，必须坚持以下四点原则：

一是坚持和平共处。习近平总书记指出，追求和平与发展是中欧双方的共同心愿。面对日益增多的全球性问题和不断上升的不稳定性不确定性，中欧作为全球两大重要力量，有责任加强合作，团结应对，共同致力于解决和平与发展的世界难题。世界上没有完全相同的政治制度模式，不同文明文化多元共生才是常态。保持中欧在相互尊重的基础上形成合力，是世界之福、人类之幸。中国主张"和而不同"，而欧盟强调"多元一体"。中欧和平共处的力量坚定一分，世界的和平和繁荣就多一分保障。

二是坚持开放合作。中国致力于逐步形成以国内大循环为主体、国内国际双循环相互促进的新发展格局。中方将通过不断挖掘内需潜力，实现中欧两大市场、两方资源的更好联通、更大效益，推动中欧共同发展更加强劲、更可持续。中国持续发展和开放将为世界经济复苏和增长注入强大动能，也将为中欧关系发展开辟更广阔空间。通过加强发展战略对接，探索中国新发展理念、新发展格局同欧盟"开放性战略自主"经贸政策的契合点。中欧投资协定谈判如期完成，中欧地理标志协定正式生效，环境与气候、数字领域高层对话机制正式启动，比雷埃夫斯港、匈塞铁路、佩列沙茨大桥等"一带一路"标志性项目取得重要进展。

三是坚持多边主义。面对抗击疫情、恢复经济、解决全球热点问题等诸多全球性挑战，当今世界需要全球性合作。作为世界多极化、经济全球化进程的重要参与者和塑造者，中欧在谋和平、求发展、促合作方面有很多共同语言，要拿出担当，为动荡变化的世界注入更多稳定性和确定性。中欧要践行真正的多边主义，带头维护以联合国为核心的国际体系、以国际法为基础的国际秩序、以联合国宪章宗旨和原则为基础的国际关系基本准则，共同抵制阵营对抗思维复活、反对制造"新冷战"，维护世界和平和稳定。要在双边、地区、全球层面加强对话和协作，倡导共同、综合、合作、可持续的安全观，倡导以共商共建共享为原则的全球治理观，携手应对气候变化等全球性挑战，努力减少各种危机造成的负面影响。

四是坚持对话协商。中欧交往的重要经验之一，就是保持对话协商的大门始终打开，通过平等对话不断增进相互了解、理解、信任，最大程度凝聚共识，求同化异，妥善管控分歧。中欧历史文化、社会制度、发展阶段不同，有一些竞争、分歧、差异并不奇怪，应该通过对话谈判解决。中方始终有发展中欧关系的诚意，同时也会坚定维护自身主权、安全、发展利益。双方在相互尊重、互利共赢基础上开展对话合作，将为动荡的世界局势提供更多稳定因素。当前，中国同欧盟及欧洲国家共建有丰富的磋商和对话机制，涵盖政治、经贸、科技、人文、国际合作等领域，建成了全方位、多层次、宽领域的合作格局。中欧双方互学互鉴、互利共赢，为双方人民带来了实实在在的好处。

党的十八大以来，习近平总书记亲自谋划和部署推动，指引中欧全面战略伙伴关系迅速发展，进入一个全新的时代。2014年至2019年，习近平总书记连续6年访问欧洲，足迹覆盖15个欧洲国家和欧盟总部。2020年新冠疫情暴发以来，习近平总书记通过"云外交"同欧洲领导人保持密切沟通。2022年5月9日，习近平总书记同德国总理朔尔茨举行视频会晤，5月10日同法国总统马克龙通电话。

党的二十大结束后，德国和欧盟机构的领导人纷纷访华。2022年11月4日，习近平总书记会见来华正式访问的德国总理朔尔茨。习近平指出，中欧关系关乎全球格局稳定和亚欧大陆繁荣，值得双方努力维护好、发展好。中方始终视欧洲为全面战略伙伴，支持欧盟战略自主，希望欧洲稳定繁荣，坚持中欧关系不针对、不依附、也不受制于第三方。形势越是复杂困难，中欧就越要坚持相互尊重、互利共赢、对话合作。中方愿同德方、欧方加强在国际事务中的协调合作，围绕应对气候变化、保护生物多样性、促进粮食安全等全球性问题共同寻找解决方案。朔尔茨表示，德方希望同中方保持沟通协调，更好维护地区和世界的和平与安全，德方坚定支持贸易自由化、支持经济全球化，反对"脱钩"，反对搞阵营对抗，德方愿为推动欧中关系发展发挥应有作用。两国领导人还就乌克兰危机交换了意见。习近平指出，中方支持德方、欧方为劝和促谈发挥重要作用，推动构建均衡、有效、可持续的欧洲安全框架。当前形势下，国际社会应该共同支持一切致力于和平解决乌克兰危机的努力，呼吁有关各方保持理性和克制，尽快开展直接接触，为重启谈判创造条件；共同反对使用或威胁使用核武器，倡导核武器用不得、核战争打不得，防止亚欧大陆出现危机；共同努力确保全球产业链供应链稳定，防止国际能源、粮食、金融等合作受到干扰，损害全球经济复苏特别是发展中国家经济财政稳定；共同为危机地区的平民过冬纾困，改善人道主义状况，防止出现更大规模人道主义危机。

2022 年 12 月 1 日，习近平总书记与来华访问的欧洲理事会主席米歇尔举行会谈。习近平指出，中欧是维护世界和平的两大力量、促进共同发展的两大市场、推动人类进步的两大文明。中欧关系保持向前向上势头，坚持互利共赢，符合中欧和国际社会的共同利益。国际形势越动荡，全球挑战越突出，中欧关系的世界意义就越凸显。中方将继续从战略高度和长远角度看待和发展中欧关系，愿同欧方加强战略沟通协调，推动中欧全面战略伙伴关系行稳致远。习近平强调，中国式现代化和欧洲一体化是中欧各自着眼未来做出的选择。双方应该相互理解、相互支持。中方期待欧盟成为中国走中国式现代化道路的重要伙伴，共享中国超大市场机遇、制度性开放机遇、深化国际合作机遇。习近平就中欧关系发展提出四点看法：

一是要秉持正确认知。中欧之间没有根本战略分歧和冲突。中方不想称王称霸，从不搞、今后也不会搞制度输出。中方支持欧盟战略自主，支持欧洲团结繁荣。希望欧盟机构和成员国建立客观正确的对华认知，对华政策坚守和平共处，坚持互利共赢，超越冷战思维和意识形态对立，超越制度对抗，反对各种形式的"新冷战"。

二是要妥善管控分歧。中欧历史文化、发展水平、意识形态存在差异，双方在一些问题上看法不同很正常，应该以建设性态度保持沟通协商，关键是尊重彼此重大关切和核心利益，特别是尊重主权、独立、领土完整，不干涉对方内政，共同维护中欧关系的政治基础。中方愿在平等和相互尊重基础上举行中欧人权对话。

三是要开展更高水平合作。欧洲是中国快速发展的重要伙伴，也是受益者。中国将实行高水平对外开放，加快构建新发展格局，欢迎欧方继续参与、继续共赢。双方要加强宏观经济政策协调，加强市场、资本、技术优势互补，共同打造数字经济、绿色环保、新能源、人工智能等新增长引擎，共同确保产业链供应链安全稳定可靠，共同反对搞"脱钩断链"、保护主义，共同反对把经贸科技交流政治化武器化。中方将向欧洲企业保持开放，希望欧盟排除干扰，为中国企业提供公平、透明的营商环境。

四是要加强国际协调合作。中欧都主张维护以联合国为核心的国际体系，可以共同践行真正的多边主义，合力应对挑战，共同维护世界和平与发展。双方要引领全球应对气候变化和生物多样性保护、能源安全和粮食安全、公共卫生等努力，加强各自优质公共产品和合作平台的对接协作。欢迎欧方参与共建"一带一路"、全球发展倡议，同欧盟"全球门户"战略有机对接，通过现有各种机制，推动各领域对话合作取得更多成果。

米歇尔表示，当前国际形势和地缘政治正在经历深刻复杂变化，国际社会面临诸多挑战和危机。中国不搞扩张，是维护联合国宪章宗旨和支持多边主义的重要伙伴。欧方珍惜在中共二十大后不久即同中方进行最高层次面对面会晤的机会，愿本着相互尊重和坦诚的精神，同中方就欧中关系各方面重要问题进行深入讨论，增进相互了解，促进对话合作，妥善处理分歧。欧盟坚持战略自主，致力于加强自身能力建设，推进欧洲一体化。欧盟坚持一个中国政策，尊重中国的主权和领土完整，不会干涉中国内政。欧盟愿做中方可靠、可预期的合作伙伴。欧方愿意同中方办好下阶段高层交往，通过加强直接对话合作，减少误解误判，加强沟通协作，更好共同应对能源危机、气候变化、公共卫生等全球性挑战。欧方愿同中方继续推进欧中投资协定的进程，增强供应链稳定互信，深化欧中各领域互利合作。

双方就乌克兰危机交换意见。习近平指出，中国有句古话，"城门失火，殃及池鱼"。通过政治方式解决乌克兰危机，最符合欧洲利益，最符合亚欧大陆各国共同利益。当前形势下，要避免危机升级扩大，坚持劝和促谈，管控危机外溢影响，警惕阵营对抗风险。中方支持欧盟加大斡旋调解，引领构建均衡、有效、可持续的欧洲安全架构。中方始终站在和平一边，将继续以自己的方式发挥建设性作用。

2022年11月，习近平总书记在出席印尼巴厘岛二十国集团领导人会议期间与法国、意大利、西班牙和荷兰等欧洲国家领导人举行双边会谈，就中欧关系发展和共同关心的国际地区问题交换意见，对外传递出加强战略沟通协调、推动中欧全面战略伙伴关系向前发展的积极信号。

2023年4月6日，习近平总书记在北京同法国总统马克龙、欧盟委员会主席冯德莱恩举行中法欧三方会晤。习近平总书记指出，中欧双方有着广泛共同利益，合作大于竞争，共识多于分歧。中方始终从战略高度和长远角度看待中欧关系，对欧政策保持稳定性和连续性。希望欧方形成更为独立、客观的对华认知，奉行务实、积极的对华政策。中国式现代化和欧洲一体化是双方各自着眼未来作出的战略选择，双方要做彼此发展道路上可信、可靠的合作伙伴。渲染所谓"民主对抗威权"、挑动"新冷战"，只会给世界带来分裂和对抗。中欧要保持双向开放，为对方企业提供公平、非歧视性的营商环境，避免将经贸问题政治化、安全化。中欧要共同维护世界稳定和繁荣，反对霸权主义、单边主义，反对"脱钩断链"。

冯德莱恩表示，欧方尊重中国历史和文化。欧中进行坦诚和建设性的对话，保持欧中关系持续发展，对欧洲的和平稳定至关重要。欧中互为重要贸易伙伴，彼此经济高度关联，同中国"脱钩"不符合欧方利益，不是欧盟的战略选择，欧盟独立自主地决定对华政策。欧方愿同中方重启欧中经贸高层对话，推进欧中经贸关系稳定平衡发展，实现互利共赢，希望同中方加强沟通协调，合作应对全球性挑战，为促进世界和平、稳定和发展发挥应有作用。马克龙表示，当今世界充满不确定性，需要欧中双方以相互尊重和坦诚谦逊的态度加强对话交流。双方应共同努力，不掉入"脱钩断链"的陷阱，开展平等互利合作，共同应对气候变化等紧迫全球性挑战，不断深化欧中全面战略伙伴关系。

2023年12月7日，习近平在总书记会见来华举行第二十四次中国－欧盟领导人会晤的欧洲理事会主席米歇尔和欧盟委员会主席冯德莱恩。习近平总书记指出，2022年年底以来，中欧关系呈现巩固发展的良好势头，战略、经贸、绿色、数字领域高层对话取得丰富成果，这符合双方利益和人民期待。中欧是推动多极化的两大力量、支持全球化的两大市场、倡导多样性的两大文明，在当前动荡加剧的国际形势下，中欧关系具有战略意义和世界影响，关乎世界和平、稳定、繁荣。双方有责任共同为世界提供更多稳定性，为发展提供更多推动力。

习近平总书记强调，2023年是中国同欧盟建立全面战略伙伴关系20周年。双方要总结历史经验，把握世界大势，坚持全面战略伙伴关系正确定位。双方要夯实政治基础，坚持以战略视野看待彼此，发挥好领导人会晤和五大高层对话的引领作用，加强战略性沟通，以建设性对话增进理解、妥处分歧。双方要树立正确认知，增进理解互信，重信守义，一心一意发展关系，不能因为制度不同就视彼此为对手，不能因为出现竞争就减少合作，不能因为存在分歧就进行对抗。中欧经济具有高度互补性，双方要多做加法，以更深入、更广泛合作拉紧中欧利益共同体的纽带。中国经济增长保持稳中向好势头。中国正在推进高质量发展和高水平开放，愿将欧盟作为经贸合作的关键伙伴、科技合作的优先伙伴、产业链供应链合作的可信伙伴，追求互利共赢，实现共同发展。双方应该加强市场、资本、技术优势互补，推进传统产业升级和新兴产业发展，探索合作新模式，打造新的增长点，合力完善产业链供应链。双方还要加强人文交流，便利人员往来。

习近平总书记强调，中国式现代化和欧洲一体化是中欧各自着眼未来作出的战略选择，中欧应该相互尊重，相互支持，加强发展战略对接，实现共同发展。共建"一带一路"倡议是开放平台，为世界上150多个国家和人民带来了实实在在的好处。赠人玫瑰，手有余香。中方愿继续推进高质量共建"一带一路"，包括同欧盟"全球门户"计划对接，一道帮助发展中国家加快发展。双方要在联合国、二十国集团等多边框架内加强沟通和协调，坚持多边主义，反对阵营对抗，推动政治解决国际和地区热点问题，就人工智能等事关人类未来的重大问题开展对话和合作，为增进全人类福祉、应对全球性挑战作出贡献。

米歇尔和冯德莱恩表示，欧盟和中国是世界两大力量，互为重要经贸伙伴，合作领域日益广泛。欧中合作是互惠平等的，管理好、发展好欧中关系，直接关乎双方人民利益，也关乎世界的繁荣与安全。欧方高度重视同中国的关系，不希望同中国脱钩，期待同中国发展长期稳定、可预测、可持续发展的关系，希望通过此次欧中领导人会晤为未来欧中关系发展注入新的动力。欧方对今年以来欧中各领域高层对话成果感到高兴，认为中国经济长期稳定发展符合欧洲利益，希望双方继续加强经贸、绿色、数字等领域对话与合作，共同努力维护供应链产业链稳定安全，并就气候变化、人工智能等事关人类未来的重大全球性问题加强对话，寻求合作。欧盟坚持奉行一个中国政策。欧方愿同中方本着相互尊重、开放坦诚的态度就分歧问题加强沟通，增进了解。欧中对世界和平稳定负有共同责任、拥有共同利益。欧盟愿同中方密切沟通协作，维护多边主义，维护联合国宪章宗旨和原则，推动解决乌克兰、中东等地区热点问题。

中欧元首外交为中欧关系发展举旗定向，推动双方在推动世界经济复苏、应对气候变化、共同抗击疫情等方面取得积极成果，凸显中欧在维护多边主义、加强全球治理等领域的广泛共识。中欧作为两大力量、两大市场、两大文明，主张什么、反对什么、合作什么，具有世界意义。双方应该共同努力，凝聚最大公约数，推动中欧关系得到新发展。中欧要秉持正确相互认知，坚持相互尊重、对话合作、互利共赢。要做维护世界和平的两大力量，以中欧关系的稳定性应对国际形势的不确定性。要做促进共同发展的两大市场，以中欧开放合作推进经济全球化深入发展。要做推动人类进步的两大文明，以中欧团结协作应对全球性挑战。要在合作中扩大共同利益，在发展中破解难题，打造更具世界影响力的中欧全面战略伙伴关系。无论国际风云如何变幻，中国始终支持欧洲一体化进程，始终致力于全面均衡、相互促进地发展同欧盟机构、成员国及欧洲其他国家关系。我们要从战略高度牢牢把握中欧关系发展大方向和主基调，推动中欧关系更加稳健成熟，迈向更高水平。

三、坚持亲诚惠容和与邻为善、以邻为伴周边外交方针，深化同周边国家友好互信和利益融合

周边是我国安身立命之所，发展繁荣之基。无论从地理方位、自然环境还是相互关系看，周边对我国都具有极为重要的战略意义。党的十八大以来，以习近平同志为核心的党中央在保持外交大政方针延续性和稳定性的基础上，积极运筹外交全局，突出周边在我国发展大局和外交全局中的重要作用，开展了一系列重大外交活动，进一步丰富和发展了周边外交战略方针。

中国始终将周边置于外交全局的首要位置，视促进周边和平、稳定、发展为己任。从政治上看，周边是我国维护主权安全、发挥国际作用的首要依托。从经济上看，周边是我国对外开放，开展互利合作的重要伙伴。从安全上看，周边是我国维护社会稳定、民族和睦的直接外部屏障。我国要走和平发展道路，首先要大力营造和平稳定繁荣的周边环境。家门口太平，我们才能安心、踏实办好自己的事情。

习近平总书记深刻指出，思考周边问题、开展周边外交要有立体、多元、跨越时空的视角。审视我国的周边形势，周边环境发生了很大变化，我国同周边国家的关系发生了很大变化，我国同周边国家的经贸联系更加紧密、互动空前密切。我国周边充满生机活力，有明显发展优势和潜力，我国周边环境总体上是稳定的，睦邻友好、互利合作是周边国家对华关系的主流。我国周边外交的战略目标，就是服从和服务于实现"两个一百年"奋斗目标、实现中华民族伟大复兴，全面

发展同周边国家的关系，巩固睦邻友好，深化互利合作，维护和用好我国发展的重要战略机遇期，维护国家主权、安全、发展利益，努力使周边同我国政治关系更加友好、经济纽带更加牢固、安全合作更加深化、人文联系更加紧密。

我国周边外交的基本方针，就是坚持亲诚惠容，坚持与邻与善、以邻为伴，坚持睦邻、安邻、富邻。发展同周边国家睦邻友好关系是我国周边外交的一贯方针。要坚持睦邻友好，守望相助；讲平等、重感情；常见面，多走动；多做得人心、暖人心的事。要诚心诚意对待周边国家，争取更多朋友和伙伴。要本着互惠互利的原则同周边国家开展合作，编织更加紧密的共同利益网络，把双方利益融合提升到更高水平。要倡导包容的思想，强调亚太之大容得下大家共同发展，以更加开放的胸襟和更加积极的态度促进地区合作。

做好周边外交，要着力深化互利共赢格局。统筹经济、贸易、科技、金融等方面资源，利用好比较优势，找准深化同周边国家互利合作的战略契合点，积极参与区域经济合作。要同有关国家共同努力，加快基础设施互联互通，建设好丝绸之路经济带、21世纪海上丝绸之路。要以周边为基础加快实施自由贸易区战略，扩大贸易、投资合作空间，构建区域经济一体化新格局。要不断深化区域金融合作，用好亚洲基础设施投资银行，完善区域金融安全网络。要加快沿边地区开放，深化沿边省区同周边国家的互利合作。

做好周边外交，要着力推进区域安全合作。我国同周边国家毗邻而居，开展安全合作是共同需要。要坚持共同、综合、合作、可持续的亚洲安全观，推进同周边国家的安全合作，主动参与区域和次区域安全合作，深化有关合作机制，增进战略互信。

做好周边外交，要着力加强人文交流，巩固和扩大我国同周边国家关系长远发展的社会和民意基础。要全方位推进人文交流，深入开展旅游、科教、地方合作等友好交往，广交朋友，广结善缘。要对外介绍好我国的内外方针政策，讲好中国故事，传播好中国声音，把中国梦同周边各国人民过上美好生活的愿望、同地区发展前景对接起来，让命运共同体意识在周边国家落地生根。

四、秉持真实亲诚理念和正确义利观，加强同发展中国家团结合作，维护发展中国家共同利益

中国是世界上最大的发展中国家。同广大发展中国家团结合作，是中国外交关系不可动摇的根基，也是中国外交的鲜明特色。相似的历史遭遇、共同的历史使命把中国和发展中国家紧紧联系在一起。双方在民族解放和国家独立的斗争中相互支持，在实现经济发展和民族振兴的道路上互帮互助，在重大国际和地区问题上密切协作。新中国成立以来，中国始终高度重视同发展中国家的友好合作关系，同广大发展中国家在争取民族独立、推动国家发展的事业上相互支持、相互帮助，同呼吸、共命运、齐发展，传统友谊不断巩固，关系水平不断提升。

进入新世纪以来，国际形势发生深刻变化，新兴市场国家和发展中国家群体性崛起，推动百年变局深刻演进。加强全球治理、推进全球治理体制变革已是大势所趋，建立国际机制、遵守国际规则、追求国际正义成为多数国家共识。面对新形势，中国同广大发展中国家更加紧密地团结在一起，坚决捍卫主权独立和不干涉内政原则，坚决反对霸权主义和强权政治，坚决维护发展中国家的正当权益和发展空间，共同推动各国在国际经济合作中权利平等、机会平等、规则平等，推进全球治理规则民主化、法治化，努力使全球治理体制更加平衡地反映大多数国家意愿和利益。

习近平总书记继承和发扬新中国外交优良传统，准确把握国际格局趋势性变化，坚持从中国的发展中国家定位出发，就巩固和深化同发展中国家关系提出一系列重要战略思想和方针政策。习近平总书记亲自设计、亲自指挥、亲力亲为，多次出访亚非拉国家，出席首届中国－阿拉伯国家峰会、中非合作论坛约翰内斯堡峰会、中拉领导人会晤、亚非领导人会议、金砖国家领导人会晤等一系列会议，并以"云外交"方式同有关国家领导人保持密切沟通。从"一带一路"国际合作高峰论坛到金砖国家开启第二个"金色十年"，从中非合作论坛北京峰会到中阿合作论坛部长级会议、中国—拉共体论坛，再到2022年12月举行的中阿峰会、中海峰会，中国同发展中国家的团结合作不断取得新的历史性成就。

习近平总书记指出，广大发展中国家是我国在国际事务中的天然同盟军，要坚持正确义利观，做好同发展中国家团结合作的大文章。义，反映的是我们的一个理念，共产党人、社会主义国家的理念。这个世界上一部分人过得很好，一部分人过得很不好，不是个好现象。真正的快乐幸福是大家共同快乐、共同幸福。我们希望全世界共同发展，特别是希望广大发展中国家加快发展。利，就是要恪守互利共赢原则，不搞我赢你输，要实现互赢。在外交工作中要妥善处理义和利的关系，政治上主持公道、伸张正义，经济上互利共赢、共同发展，国际事务中讲信义、重情义、扬正义、树道义，做到义利兼顾、义利平衡。做周边国家和发展中国家工作一定要坚持正确义利观。只有坚持正确义利观才能把工作做好，做到人的心里去。我们有义务对贫穷的国家给予力所能及的帮助，有时甚至要重义轻利、舍利取义，绝不能唯利是图、斤斤计较。

正确义利观是我国对发展中国家政策理念的重大突破和创新，凝练了新的历史条件下我国对发展中国家政策的基本立场和主张，对推动我国与发展中国家关系整体发展具有重要意义和深远影响。

中国是发展中国家一员，中国的发展机遇将同发展中国家共享。中方将把自身发展和发展中国家共同发展紧密联系起来，把中国梦和发展中国家人民过上美好生活的梦想紧密联系起来，携手走出一条共同发展的康庄大道。

在发展中非关系上，习近平总书记提出真实亲诚对非工作方针，为中非关系发展指明了方向。我们始终把发展同非洲国家的团结合作作为中国对外政策的重要基础，这一点绝不会因为中国自身发展和国际地位提高而发生变化。中国将继续同非洲国家在涉及对方核心利益和重大关切的问题上相互支持，继续在国际和地区事务中坚定支持非洲国家的正义立场，维护发展中国家共同利益，继续坚定支持非洲自主解决本地区问题的努力，为促进非洲和平与安全作出更大贡献，继续坚定支持非洲国家探索适合本国国情的发展道路，加强同非洲国家在治国理政方面的经验交流，从各自的古老文明和发展实践中汲取智慧，促进中非共同发展繁荣。中非双方同心同向、守望相助，走出了一条特色鲜明的合作共赢之路。中国在合作中坚持真诚友好、平等相待，坚持义利相兼、以义为先，坚持发展为民、务实高效，坚持开放包容、兼收并蓄，共同打造责任共担、合作共赢、幸福共享、文化共兴、安全共筑、和谐共生的中非命运共同体。

与此同时，中国秉持真实亲诚理念和正确义利观，与阿拉伯国家、拉美和加勒比国家及太平洋岛国等广大发展中国家风雨同舟、守望相助，双方坚持平等相处、深化政治互信、拓展务实合作，实现共同发展繁荣，推动双方关系不断迈上新台阶，中阿、中拉、中国—太平洋岛国命运共同体建设不断取得新进展。

中国积极推动南南合作、南北对话，维护发展中国家共同利益。习近平总书记就加强新时期南南合作提出四点主张：

一要积极探索多元发展道路。我们要坚定信心，坚持走自主选择、具有自身特色的发展道路，彼此分享治国理政成功经验，把能力建设作为重点，挖掘增长潜力，破解发展难题，增进人民福祉。

二要促进各自发展战略对接。我们要发挥各自比较优势，加强宏观经济政策协调，推动经贸、金融、投资、基础设施建设、绿色环保等领域合作齐头并进，提高发展中国家整体竞争力。

三要努力实现务实发展成效。我们要以互联互通、产能合作为突破口，发挥亚洲基础设施投资银行、新开发银行等新机制作用，集中力量做成一批具有战略和示范意义的旗舰和精品项目，产生良好经济、社会、环境效应，为南南务实合作增添动力。

四要推动完善全球发展架构。我们要推动全球经济治理改革，巩固多边贸易体制，推动多哈回合谈判早日实现发展授权，扩大同发达国家沟通交流，构建多元伙伴关系，打造各方利益共同体。

党的二十大报告进一步提出："中国愿加大对全球发展合作的资源投入，致力于缩小南北差距，坚定支持和帮助广大发展中国家加快发展。"[1]

广大发展中国家是我国在国际事务中的天然同盟军。不论中国发展到什么程度，中国永远是发展中国家一员。同广大发展中国家团结合作，是中国对外关系不可动摇的根基。中国将继续同广大发展中国家站在一起，坚定支持增加发展中国家特别是非洲国家在国际治理体

[1] 习近平：《高举中国特色社会主义伟大旗帜　为全面建设社会主义现代化国家而团结奋斗——在中国共产党第二十次全国代表大会上的报告》，北京，人民出版社2022年10月，第62页。

系中的代表性和发言权。中国在联合国的一票永远属于发展中国家。中国的发展机遇将同发展中国家共享。中方将把自身发展和发展中国家共同发展紧密联系起来，把中国梦和发展中国家人民过上美好生活的梦想紧密联系起来，携手走出一条共同发展的康庄大道。

第四节 为推动构建人类命运共同体创造条件

构建人类命运共同体理念可以贯穿到世界发展各个方面，指引人类社会发展。具体到国际关系领域，就是要推动构建新型国际关系，打破不公正、不合理的国际政治经济旧秩序，建设公正合理的国际政治经济新秩序。这体现了中国人民坚持"和平发展""合作共赢"的主张，也体现了人类追求"公平正义"的国际政治经济新秩序的愿望。以构建人类命运共同体理念指导构建新型国际关系，是一种全新的尝试。

推动构建人类命运共同体是新时代中国特色大国外交的总目标，推动构建新型国际关系是推动构建人类命运共同体的基本路径，打造全球伙伴关系是推动构建新型国际关系的重要着力点。只有以深化外交布局为依托打造全球伙伴关系，才能推动构建新型国际关系；只有推动构建新型国际关系，国与国交往才会真正"相互尊重""公平正义""合作共赢"，才有可能形成共同体意识，推动构建人类命运共同体的目标才有可能实现。三者之间是目标、路径与手段的关系，是一个有机统一、环环相扣、相互促进、不可分割的整体。

一、以构建人类命运共同体为目标引领构建新型国际关系思想的形成

2013 年 3 月 23 日，习近平总书记在俄罗斯莫斯科国际关系学院发

表演讲时首次提出，各国应该共同推动建立以合作共赢为核心的新型国际关系。同年 6 月 7 日，习近平总书记在与美国总统奥巴马会晤时提出建设中美新型大国关系的倡议，主张大国之间相处，不冲突、不对抗，相互尊重、合作共赢，避免所谓"修昔底德陷阱"。2014 年 11 月 11 日，习近平总书记提出共建面向未来的"亚太伙伴关系"。除建设中美新型大国关系外，习近平总书记还提出中俄、中欧等大国关系建设的新思路，阐述与拉美和加勒比、非洲等发展中国家建立伙伴关系的主张。在这些论述的基础上，习近平总书记提出建立"全球伙伴关系"的新理念，包括内涵不一的各种伙伴关系：中国将努力构建和平共处、总体稳定、均衡发展的大国关系格局，中国将按照亲诚惠容理念同周边国家深化互利合作，秉持真实亲诚对非政策理念同非洲国家共谋发展，推动中拉平等互利、共同发展的全面合作伙伴关系实现新发展等等。全球伙伴关系是一种形式多样、内涵丰富的新型国际关系，包含了各具特色的各种伙伴关系，是全方位的伙伴关系。中国将高举和平、发展、合作、共赢的旗帜，在和平共处五项原则基础上同各国发展友好合作，推动构建相互尊重、公平正义、合作共赢的新型国际关系。

二、以构建人类命运共同体为目标构建新型国际关系的基本路径与手段

一是以构建人类命运共同体为目标，推动构建新型国际关系。在全球化背景下，各国互通互联、相互依存的程度前所未有。事实上，没有哪个国家能够离开世界独自发展，没有哪个国家能够独自应对人类面临的各种挑战，也没有哪个国家能够退回到自我封闭的孤岛。经济危机、恐怖主义、环境恶化、气候变化、自然灾害、传染性疾病等问题，都是人类必须携手共同应对的挑战。新冠疫情席卷全球再次证明了人类命运与共、息息相关，任何国家不能离开世界独自应对。因此，世界的发展需要各国共同应对挑战。如果没有命运共同体意识，世界各国的合作将会相当困难。

习近平总书记提出构建人类命运共同体的主张反映了时代的要求。习近平总书记指出："随着世界多极化、经济全球化、社会信息化不断发展，各国利益交融、兴衰相伴、安危与共，形成了你中有我、我中有你的命运共同体。面对复杂多变的国际形势和严峻突出的全球性问题，各国人民需要加强友好交流，携手合作，同舟共济。"[1] 构建人类命运共同体成为中国智慧和方案的精华。党的十九大报告明确将"坚持推动构建人类命运共同体"作为新时代坚持和发展中国特色社会主义的基本方略之一。党的二十大报告进一步指出"构建人类命运共同体是世界各国人民前途所在"并全面阐述了建设"五个世界"的系统主张。这是中国贡献的新方案，契合"大道之行，天下为公"的世界胸怀，把握了当今世界发展大势，指明了人类社会发展方向。它是站在人类历史发展的高度提出的新理念、新方案，体现了中国引领世界发展的恢宏气度。

二是以相互尊重、公平正义、合作共赢为原则，推动构建新型国际关系。习近平总书记指出，"推动建设相互尊重、公平正义、合作共赢的新型国际关系是构建人类命运共同体、建设美好世界的必然要求"[2]。相互尊重是国际社会友好相处的基础，也是构建新型国际关系的前提。习近平总书记指出："相互尊重，就是要相互尊重主权、独

[1] 习近平：《论坚持推动构建人类命运共同体》，北京，中央文献出版社2018年版，第105页。

[2] 宋涛：《携手构建人类命运共同体——中国共产党与世界政党高层对话会文集》，北京，当代世界出版社2018年版，第12页。

立和领土完整，尊重各自选择的发展道路和价值理念，超越社会制度、意识形态和文化传统差异，以更加开放和包容的态度推动国与国之间的交流合作，在追求自身利益的同时兼顾别国的利益和合理关切。"[1]换言之，国与国交往，需要相互尊重主权、独立、领土完整、发展道路，包容各种差异。他指出："各国和各国人民应该共同享受尊严。要坚持国家不分大小、强弱、贫富，尊重各国人民自主选择发展道路的权利，反对干涉别国内政，维护国际公平正义。"[2] 相互尊重，也是解决国际分歧的前提。国际交往中，有分歧是正常的。解决分歧的方法有多种。有的可能带来冲突，乃至战争，缘起就是解决分歧时缺乏相互尊重。只有相互尊重，才能平等协商，妥善解决分歧，寻找共同点，形成命运共同体意识。在国际关系领域，"要相互尊重、平等协商，坚决摒弃冷战思维和强权政治，走对话而不对抗、结伴而不结盟的国与国交往新路"[3]。

公平正义是新型国际关系的衡量标准。传统国际关系的特征是不平等，霸权主义和强权政治盛行。构建新型国际关系就必须摒弃霸权主义和强权政治，实现公平正义。习近平总书记指出："公平正义，就是要推动各国权利平等、机会平等和规则平等，世界上的事情由各国政府和人民共同商量来办；坚持联合国宪章宗旨和原则，确保国际法平等统一适用，不能'合则用、不合则弃'；要根据事情本身的是非曲直决定立场政策，不拉帮结派、不搞双重标准。合作共赢，就是

---

[1] 宋涛：《携手构建人类命运共同体——中国共产党与世界政党高层对话会文集》，北京，当代世界出版社 2018 年版，第 12 页。

[2] 《习近平谈治国理政》第一卷，北京，外文出版社 2018 年版，第 273 页。

[3] 十九大以来重要文献编写组：《十九大以来重要文献选编》（上），北京，中央文献出版社 2019 年版，第 41 页。

要摒弃零和游戏、你输我赢的旧思维，树立双赢、共赢的新理念，通过协商和合作，实现利益共享和共同发展。"[1] 国际关系领域，坚持公平正义，必须反对一切形式的霸权主义和强权政治，反对把自己的意志强加于人，反对干涉别国内政，反对以强凌弱。只有坚持公平正义，才有可能平等合作，才有可能共商、共建、共赢。

合作共赢是构建新型国际关系的基本取向，处于核心地位。只有合作，才能应对各种挑战。只有合作，才能共同发展。只有共同发展，才能实现真正共赢。习近平总书记指出："随着世界多极化、经济全球化深入发展和文化多样化、社会信息化持续推进，今天的人类比以往任何时候都更有条件朝和平与发展的目标迈进，而合作共赢就是实现这一目标的现实途径。"[2] 要实现合作共赢就必须正确对待国家利益。以正确义利观处理国与国关系，这是中国的智慧。中国奉行"重义轻利，取利有道"的准则。中国政府公开承诺："中国发展绝不以牺牲别国利益为代价，我们绝不做损人利己、以邻为壑的事情，将坚定不移做和平发展的实践者、共同发展的推动者、多边贸易体制的维护者、全球经济治理的参与者。"[3] 这实际上就是要与世界各国"共赢"。习近平总书记指出："中国发展得益于国际社会，中国也为全球发展作出了贡献。中国将继续奉行互利共赢的开放战略，将自身发展机遇同世界各国分享，欢迎各国搭乘中国发展的'顺风车'。"[4] 这些承诺体现了中国的

---

[1] 宋涛：《携手构建人类命运共同体——中国共产党与世界政党高层对话会文集》，北京，当代世界出版社 2018 年版，第 12 页。

[2]《习近平谈治国理政》（第一卷），北京，外文出版社 2018 年版，第 66 页。

[3] 习近平：《论坚持推动构建人类命运共同体》，北京，中央文献出版社 2018 年版，第 3 页。

[4]《习近平谈"一带一路"》，北京，中央文献出版社 2018 年版，第 172 页。

大国风范，也是中国对世界的巨大贡献。

三是以发展全球伙伴关系为手段，推动构建新型国际关系。构建新型国际关系的路线图就是发展全球伙伴关系。在金砖国家领导人第五次会晤时，习近平总书记指出，"我们要大力推动建设全球伙伴关系，促进各国共同繁荣"[1]。在 2017 年呼吁建立人类命运共同体时，习近平总书记向全世界承诺，中国打造伙伴关系的决心不会改变。中国率先把建立伙伴关系确定为国家间交往的指导原则，已经同 110 多个国家和地区组织建立了不同形式的伙伴关系。发展全球伙伴关系，就要建立内涵丰富、面向未来的新型全球"朋友圈"。这是构建新型国际关系的重要途径。新时代中国特色大国外交就是要在坚持不结盟原则的前提下广交朋友，形成遍布全球的伙伴关系网络，用合作共赢的全球伙伴关系来推动构建新型国际关系，实现"我们的朋友遍天下"的重要任务。

党的二十大报告指出，"中国坚持在和平共处五项原则基础上同各国发展友好合作，推动构建新型国际关系，深化拓展平等、开放、合作的全球伙伴关系，致力于扩大同各国利益的汇合点。促进大国协调和良性互动，推动构建和平共处、总体稳定、均衡发展的大国关系格局。坚持亲诚惠容和与邻为善、以邻为伴周边外交方针，深化同周边国家友好互信和利益融合。秉持真实亲诚理念和正确义利观加强同发展中国家团结合作，维护发展中国家共同利益"[2]。这为中国建立全球伙伴关系指明了方向、规划了路径并提出了实施路线图。

---

[1]《习近平谈治国理政》（第一卷），北京，外文出版社 2018 年版，第 324 页。

[2] 习近平：《高举中国特色社会主义伟大旗帜　为全面建设社会主义现代化国家而团结奋斗——在中国共产党第二十次全国代表大会上的报告》，北京，人民出版社 2022 年版，第 61 页。

全球伙伴关系包含了多层次内涵，从大国关系，到周边关系和发展中国家关系等各种不同类型的国家关系均容纳之中。习近平总书记指出："中国将努力构建总体稳定、均衡发展的大国关系框架，积极同美国发展新型大国关系，同俄罗斯发展全面战略协作伙伴关系，同欧洲发展和平、增长、改革、文明伙伴关系，同金砖国家发展团结合作的伙伴关系。中国将继续坚持正确义利观，深化同发展中国家务实合作，实现同呼吸、共命运、齐发展。中国将按照亲诚惠容理念同周边国家深化互利合作，秉持真实亲诚对非政策理念同非洲国家共谋发展，推动中拉全面伙伴关系实现新发展。"[1] 可见，全球伙伴关系是一种内涵丰富、层次多样、形式灵活的国际关系。

中国的全球伙伴关系外交网络正朝着更加合理完善的方向编织。全球伙伴外交网络中的各个结点国家在合作共赢的伙伴关系基础上同我国展开交往，可以说，全球伙伴关系不仅为国家间外交关系的发展指明了方向，更为新型国际关系的发展作出了典范，起到了积极的示范作用，全球伙伴关系正在助推新型国际关系建设。新型国际关系的建构首先就是要建立平等相待、互相尊重理解的国家间关系，而这种关系正是以伙伴关系为核心的，始终坚持多边主义而不是单边主义，追求多赢、双赢的原则和理念，而不是零和博弈的冷战思维。要以对话解决国家间争端和分歧，而不是诉诸武力，要在国际和区域层面建设全球伙伴关系，走出一条"对话而不对抗、结伴而不结盟"的国与国交往新路。

全球伙伴关系外交是经过实践检验行之有效的，是符合中国国家利益的，是推进新时代中国特色大国外交的重要抓手。在全球伙伴关

---

[1]《习近平谈"一带一路"》，北京，中央文献出版社 2018 年版，第 173–174 页。

系网络框架下，中国与伙伴关系国实现了从政治互信到经济合作以及全球治理等各层次的务实有效合作，为中国安全保障和现代化建设作出了重要贡献。

总之，发展全球伙伴关系是构建新型国际关系的重要着力点，构建新型国际关系是实现构建人类命运共同体这一总目标的基本路径，三者是一个层层递进、相互促进、不可分割的有机整体。

新型国际关系和人类命运共同体理念相通、要旨相近，推动构建新型国际关系为人类命运共同体开辟道路、创造条件。从主体看，新型国际关系着眼于构建国家间互动交往新路，涉及主权国家、国际组织等国际行为体。人类命运共同体则从整体性视角出发，包含国家行为体和非国家行为体的所有行为体。从这一意义上，新型国际关系的建设是推动构建人类命运共同体的重要一步。概言之，人类命运共同体是新型国际关系的建设目标和努力方向，构建新型国际关系为构建人类命运共同体提供坚实支撑和基本路径。正如时任国务委员兼外长王毅指出："新型国际关系侧重回答中国主张构建一种什么样的国家关系，命运共同体则进一步回答中国追求建设一个什么样的世界，具有更加丰富的政治、经济、安全、文明、生态等多方面内涵。"[1] 构建人类命运共同体是对新型国际关系的再发展，两者一脉相承，承载着中国对建设美好世界的崇高理想和不懈追求。

---

[1]《2015，中国特色大国外交的全面推进之年——王毅部长在 2015 年国际形势与中国外交研讨会开幕式上的演讲》，外交部网站，2015 年 12 月 12 日，https://www.mfa.gov.cn/web/wjbzhd/201512/t20151212_352913.shtml。

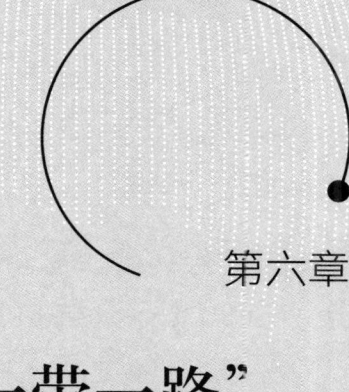

第六章

共建"一带一路"：推动构建人类命运共同体的实践平台

习近平总书记深刻思考人类前途命运以及中国和世界发展大势，融通历史与时代，统筹国内与国际，着眼推动中国和世界合作共赢、共同发展，提出共建"一带一路"这一跨越时空的宏伟构想和重大决策，为国际合作搭建了广泛参与的全新平台，为全球治理体系改革提供了中国方案，是新时代中国特色大国外交的重大理论和实践创新，是推动构建人类命运共同体的生动实践。

第一节 历史传承与时代内涵的精神统一

2013 年 9 月，习近平总书记在哈萨克斯坦纳扎尔巴耶夫大学发表演讲，提出为了使欧亚各国经济联系更加紧密、相互合作更加深入、发展空间更加广阔，可以用创新的合作模式，共同建设"丝绸之路经济带"。同年 10 月，习近平总书记在印度尼西亚国会发表演讲，指出东南亚地区自古以来就是"海上丝绸之路"的重要枢纽，中国愿同东盟国家加强海上合作，共同建设 21 世纪"海上丝绸之路"。"丝绸之路经济带"和"21 世纪海上丝绸之路"组成了共建"一带一路"重大倡议，这一重大倡议创造性地传承弘扬古丝绸之路这一人类历史文明发展成果，并赋予其崭新的时代精神和人文内涵，是历史感和时代感的完美统一。

一、古丝绸之路的源起和主要历史特征

先秦时期，连接中国与西方的通道已经存在。考古发现，公元前1000多年的埃及女木乃伊头发中含有丝织品，证明当时中国制造的丝织产品就已传至埃及。[1]公元前4世纪，古希腊人给遥远的中国起了一个美丽的名字"丝之国"。[2]古罗马诗人维吉尔和地理学家庞波尼乌斯多次提到"丝绸之国"。[3]相关史料还记载了公元前4世纪中国丝绸出口到印度的记录。[4] 这些史实勾勒出古丝绸之路的早期雏形。西汉武帝时期张骞两次出使西域（公元前138年和公元前119年），完成了"凿空之旅"，标志着连接东西方完整通道的基本形成。德国地质地理学家李希霍芬1877年在其著作《中国——亲身旅行和据此所作研究的成果》一书中，首次把"从公元前114年至公元127年间，中国与中亚、中国与印度间以丝绸贸易为媒介的这条西域交通道路"命名为"丝绸

---

[1] 张象：《论古丝绸之路历史对现实的启示》，《安徽史学》2018 年第 3 期，第 5—6 页；陈伟光：《共建"一带一路"：一个基于制度分析的理论框架》，《当代亚太》2021 年第 2 期，第 27—28 页。

[2]《习近平在希腊媒体发表署名文章——让古老文明的智慧照鉴未来》，《人民日报》2019 年 11 月 11 日，第 1 版。

[3]《习近平在意大利媒体发表署名文章——东西交往传佳话 中意友谊续新篇》，《人民日报》2019 年 3 月 21 日，第 1 版。

[4]［英］亨利·裕尔：《东域纪程录丛》，北京，中华书局 2008 年版，第 7 页；国家开发银行、联合国开发计划署、北京大学：《"一带一路"经济发展报告》，北京，中国社会科学出版社 2017 年版，第 8 页。

之路"[1]。德国人赫尔曼、瑞典人斯文·赫定等学者在此基础上大大扩大了丝绸之路的地理范围。[2] 来自多个国家的许多学者通过大量考证和研究，逐渐将亚欧大陆上的人民探索出来的多条连接亚欧非几大文明的贸易和人文通路统称为丝绸之路。丝绸之路绵延万里，跨越千年，在人类文明发展史中占有独特地位，影响极其深远，法国学者布尔努瓦甚至认为，"研究丝路史，几乎可以说是研究整部世界史"[3]。

纵观古丝绸之路的发展历程，可以发现其具备以下主要特征。

（一）时间持久。受沿线地区战乱频发、各国政权更迭和商贸政策调整等因素影响，丝绸之路并不稳定，既有高潮，也有相对低潮，甚至在中国中央政权比较强盛的汉、唐、明等时期，也存在时而畅通时而闭锁的现象。但从长时间线看，丝绸之路兴衰沉浮，但始终没有实质性中断，并不断实现新的发展，即使在不能实现大规模官方贸易或全线畅通的时期，也普遍存在民间小规模和局部畅通，只是影响力大小有所不同。丝绸之路历经两千多年，展现出强大内生动力和顽强生命力。

[1] [德]费迪南德·冯·李希霍芬：《李希霍芬中国旅行日记》（上、下），李岩、王彦会译，北京，商务印书馆，2016年版；欧阳康：《全球治理变局中的"一带一路"》，《中国社会科学》2018年第8期，第7页。

[2] 参见[日]长泽和俊：《丝绸之路史研究》，天津，天津古籍出版社1990年版，第2页；[瑞典]斯文·赫定：《丝绸之路》，江红、李佩娟译，乌鲁木齐，新疆人民出版社1996年版，第214页；国家开发银行、联合国开发计划署、北京大学：《"一带一路"经济发展报告》，北京，中国社会科学出版社2017年版，第5页。

[3] [法]布尔努瓦：《丝绸之路》，耿昇译，济南，山东画报出版社2001年版，第2页；国家开发银行、联合国开发计划署、北京大学著《"一带一路"经济发展报告》，北京，中国社会科学出版社2017年版，第6页。

（二）主体多元。中国是丝绸之路的东方起点和主要发起者，是丝绸、茶叶、瓷器等主要大宗货物的供应者，但丝路贸易从来是多元主导的，而且维护和拓展这条通道的动力更多来自作为商品转运者和主要需求者的中亚、西亚、欧洲人，比如阿拉伯人在发展海上丝绸之路方面发挥了重要作用，意大利的马可·波罗、摩洛哥的伊本·白图泰等旅行家都曾在这条路上留下重要历史印记。欧亚非大陆各文明和各民族都是丝绸之路的推动者和维护者。

（三）路线丰富。经过长期开拓，丝绸之路主要包括经中国西部的沙漠丝绸之路、经中国北部的草原丝绸之路、经云贵川的西南丝绸之路和自中国东南沿海出发的海上丝绸之路四条主线，每条主线又有多条支线，从而呈现多线路、多节点的复杂结构，地理范围覆盖欧亚非三大洲广大地区及相邻广阔海域，酒泉、敦煌、吐鲁番、喀什、撒马尔罕、巴格达、君士坦丁堡等陆上丝绸之路节点城市，宁波、泉州、广州、北海、科伦坡、吉达、亚历山大等海上丝绸之路节点港口就是重要的印证。

（四）陆海转换。丝绸之路发展经历了由陆上为主到海上为主的转换过程。隋唐之前陆上丝绸之路是主渠道，带动沿线地区经济文化繁荣，海上丝绸之路只是一种补充形式。唐代陆上和海上丝绸之路共同繁荣。此后，随着中国北方长期战乱，经济中心南移，加上造船和航海技术的发展，海上丝绸之路逐渐成为主渠道，运输货物种类和数量大大增加，陆上路线则逐渐走向没落。随着大航海时代的到来，欧亚大陆中心地区经济文化更趋衰落，成为世界由陆权时代向海权时代转变的一个缩影。

（五）功能多样。丝绸之路作为东西方交流的大通道，承担了多种功能，除商品贸易外，还包括官方交往、文化交流、宗教传播、技术扩散、物种交换等诸多方面，对欧亚非大陆人种和民族分布、宗教版图、经济和科技发展、城市布局、生产生活样式乃至动植物分布均产生重要影响，而为冲破"海禁""奥斯曼之墙"等人为障碍所产生的张力，成为改变有关国家历史、地缘甚至世界政治格局的原始驱动力之一。可以说，丝绸之路承载了数不尽的历史信息。

以上这些历史特征表明，古丝绸之路是东西方文明双向奔赴、平等对话的初试莺啼，其克服重重阻碍、不断成熟和发展的历史，预示着人类走向共同体的最终归宿。

二、古丝绸之路的精神底蕴

经过千百年的演进，古丝绸之路集聚了历代参与者共同的信念、观念、理念，内嵌并固化为丝绸之路特有的精神。习近平总书记在第一届"一带一路"国际合作高峰论坛开幕式上的重要演讲中，将其精辟总结为以"和平合作、开放包容、互学互鉴、互利共赢"为核心的丝路精神，从而为全世界破解了丝绸之路蕴含的精神密码，为共建"一带一路"在精神文化层面奠定了强大共识基础。

从另一个角度，可以将古丝绸之路的精神底蕴理解为和平性、开放性、多向性、共利性。

（一）和平性。丝绸之路"和时兴，战时衰"。受路线漫长、自然条件恶劣、运输工具速度缓慢、中转环节复杂繁多等因素影响，丝绸之路的发展和维护极易受安全因素影响，因此对和平的环境有着天然需求和强烈渴望，"贸易特别是平等贸易从来都是与和平相伴生的"[1]。另外一个重要因素是，作为丝绸之路主要国家的中国，因其农耕文化的内敛性和防御性，没有通过对外战争拓展贸易和进行掠夺的传统，

---

[1] 冯并：《"一带一路"：全球发展的中国逻辑》，北京，中国民主法制出版社2015年版，第27页。

在经贸交往中也往往坚持多予少取。不可否认的是，丝绸之路沿线也是历史上多冲突地区，但大多数战争与争夺"丝路"没有直接关系，没有发生过所谓"丝绸战争"或"瓷器战争"。和平是丝绸之路的主流和主旋律，历代"丝路人"架起的是东西方合作的纽带，是和平的桥梁，友谊的通路，和平合作是丝路精神的首要元素。

（二）开放性。丝绸之路连接古代几大文明圈，跨越主要宗教聚集地，虽然在一些时期也曾在局部出现官方主导的封闭和排斥政策，但在其发展过程中总体展现出高度的开放性和对不同文化背景的巨大包容性。不同文明、民族、宗教、肤色的人们，超越隔阂和限制，在沿线繁华城市自由开展商品交易的同时，也在文明、文化层面进行着多维度、开放式的交流互动，生动呈现了文明发展规律、社会发展规律和商业贸易运行规律。正如习近平总书记指出的，"不同文明、宗教、种族求同存异、开放包容，并肩书写相互尊重的壮丽诗篇，携手绘就共同发展的美好画卷"[1]。

（三）多向性。同近代以来西方制度、商品、文化强势单向输出不同，丝绸之路沿线各民族进行了双向、多向互动，互相学习借鉴，彼此取长补短。中国的四大发明以及养蚕、冶铁、水利灌溉技术、儒家思想、天文、医药、文学技艺不断西传，同时，佛教、景教、摩尼教、伊斯兰教等宗教，制糖、酿酒、造船缝合技术、音乐、历法等外来文化技艺，葡萄、苜蓿、黄瓜、胡椒、核桃等经济作物通过丝绸之路传入中国。多向互动还带来了物种改良，观念和技术创新，文化、宗教的本土化改造和发扬光大等，极大丰富了人类物质和精神文明宝库，在世界文明交流互鉴史上写下重要篇章。

---

[1]《习近平谈"一带一路"》，北京，中央文献出版社 2018 年版，第 177 页。

（四）共利性。丝绸之路堪称"经济全球化"的早期萌芽，造就了当时世界上最大的跨国人流、物流、信息流和文化流，"在这条大动脉上，资金、技术、人员等生产要素自由流动，商品、资源、成果等实现共享"[1]，沿线各国均从丝绸之路受益匪浅，在商品交换过程中积累了财富，在文化交流中增加了相互了解，提高了自身社会发展水平。汉唐盛世，罗马、安息、贵霜等古国的繁盛以及长安、君士坦丁堡等城市的繁华，都与丝路贸易带来的直接或间接经济拉动效应有关。此外，丝路经济还培育了中国历史上一批批商业人才、富商巨贾，成就了长期从事国际中转贸易的粟特商人群体和阿拉伯商人群体等等。总之，丝绸之路各类参与主体实现了共同拥有、共同参与、共同受益。

三、共建"一带一路"对古丝绸之路的继承与超越

15世纪地理大发现揭开了西方资本主义兴起的序幕，葡萄牙、西班牙、荷兰、英国等国先后建立海洋霸权，控制了东西方贸易的主通道，虽然早期较长一段时间内从贸易的内容和路线看，贸易通道仍是丝绸之路范畴，但基于资本的极端逐利性和由此带来的对全球霸权的追逐，商业贸易活动被异化为工具和武器，西方文明的侵略性、强迫性扩张使各大洲许多古老文明遭到毁灭性打击，曾经和平合作、互利共赢的贸易和交流通道嬗变为扩张之路、殖民之路，古丝绸之路及其承载的丝路精神被彻底否定和颠覆，最终湮没在历史的尘埃中。

在几个世纪的时间里，西方资本主义国家通过战争、掠夺、殖民等残酷方式迅速改变着世界的形态，巨大的创造伴随着巨大的破坏，两次世界大战淋漓尽致展现了资本逻辑和霸权逻辑极端发展的严重后

---

[1]《习近平谈"一带一路"》，北京，中央文献出版社2018年版，第178页。

果。冷战后这一逻辑阴魂不散，继续推动文明撕裂与对抗，推动侵犯他国主权安全、战略空间和发展利益，制造集团对峙，并衍生出恐怖主义、种族主义、极端主义等怪胎，也引发了民粹主义、保护主义、反全球化的迷思。和平赤字、发展赤字、安全赤字、治理赤字是摆在全人类面前的严峻挑战。进入新时代，伴随着东西方文明结构的深刻重建和世界政治经济格局的日益平衡，人们有理由并有可能呼唤发展逻辑的重塑和传统精神的回归。在此背景下，饱含东方智慧的"一带一路"倡议在时代呼声中应运而生，这一倡议既内嵌了古丝绸之路的通道之形和精神之魂，又通过对古丝绸之路"形"与"神"的继承与超越，实现了历史传承和时代内涵的精神统一，昭示了"否定之否定"的辩证法基本规律。正如习近平总书记指出的"在新的历史条件下，我们提出'一带一路'倡议，就是要继承和发扬丝绸之路精神，把我国发展同沿线国家发展结合起来，把中国梦同沿线各国人民的梦想结合起来，赋予古代丝绸之路以全新的时代内涵。"[1]

（一）对古丝绸之路"形"的继承与超越

从地理范围看，2015 年国家发展改革委、外交部、商务部联合发布的《推动共建丝绸之路经济带和 21 世纪海上丝绸之路的愿景与行动》写明，"一带一路"贯穿欧亚非大陆，丝绸之路经济带重点畅通中国经中亚、俄罗斯至欧洲（波罗的海）；中国经中亚、西亚至波斯湾、地中海；中国至东南亚、南亚、印度洋。21 世纪海上丝绸之路重点方向是从中国沿海港口过南海至印度洋，延伸至欧洲；从中国沿海

---

[1]《习近平谈治国理政》（第二卷），北京，外文出版社 2017 年版，第 501 页。

港口过南海到南太平洋。[1] 可以看出"一带一路"的几个重点方向同古丝绸之路的四条主线大体重合，在地理基本形态上呈现出明显的继承性。但"一带一路"基于但不限于古代丝绸之路的范围。2017 年在北京举行的首届"一带一路"国际合作高峰论坛圆桌峰会发表联合公报明确指出："该倡议加强亚欧互联互通，同时对非洲、拉美等其他地区开放[2]。""一带一路"的地理范围实现了对五大洲的全覆盖，形成东牵亚太经济圈，西接欧洲经济圈，穿越非洲、环连亚欧的广阔"朋友圈"。习近平总书记还向美国朋友表示，"'一带一路'是开放包容的，我们欢迎包括美国在内的世界各国和国际组织参与到合作中来"[3]，进一步彰显了共建"一带一路"对古丝绸之路历史线路的全方位超越。

从功能定位看，"一带一路"继承了丝绸之路在发展交通、拓展国际贸易、开展人文交流等方面的功能，提出实现设施联通、贸易畅通，民心相通，虽然"形相近"，但其内涵却大大丰富和拓展。设施联通，指的是陆上、海上、天上、网上四位一体的联通，包括以公路、铁路、空运、水运等搭建起的交通设施网络，以光缆、卫星等搭建起来的通信设施网络，以石油、天然气、电力等搭建起来的能源互通设施网络等，目的是大大降低区域间经贸往来的成本，有效促进跨区域资源要

---

[1]《推动共建丝绸之路经济带和 21 世纪海上丝绸之路的愿景与行动（全文）》，人民网，2017 年 4 月 25 日，http://ydyl.people.com.cn/n1/2017/0425/c411837-29235511.html。

[2]《"一带一路"国际合作高峰论坛圆桌峰会联合公报》，人民网，2017 年 5 月 16 日，cs.people.com.cn/n1/2017/0516/c1001-29277357.htm。

[3]《习近平在华盛顿州当地政府和美国友好团体联合欢迎宴会上的演讲》，新华网，2015 年 9 月 23 日，http://www.xinhuanet.com//world/2015-09/23/c_1116656143.htm。

素的有序流动和优化配置。贸易畅通，指的是推动贸易和投资便利化，消除贸易壁垒，降低贸易和投资成本，提高区域经济循环速度和质量，推动贸易和投资便利化，不断改善营商环境，推进国际产能合作，优化产业布局。民心相通，指的是注重在人文领域精耕细作，加强各国人民的友好往来，尊重彼此文化历史、风俗习惯，增进相互了解和传统友谊，形成多元互动的人文交流大格局，为"一带一路"建设打下广泛社会基础和民意基础，让广大民众成为"一带一路"建设的主力军和受益者。根据现代主权国家成为主要国际行为主体、金融投资在现代经济发挥关键作用等新现实，"一带一路"倡议提出了政策沟通、资金融通的新功能。政策沟通，指的是通过多层次特别是最高领导人之间的政治沟通，实现"一带一路"与共建国家的国家战略、发展愿景、总体规划等有效对接，探索建立更多合作机制，本着求同存异原则，协商制定推进合作的规划和措施并解决合作中出现的宏观问题，形成政策协调、规划对接的合力，指引合作大方向。资金融通，拒的是完善金融服务体系，加强金融合作，构建稳定的融资环境，拓展融资渠道，创新融资方式，降低融资成本，促进完整融资链的形成，为共建"一带一路"提供稳定、透明、高质量的资金支持。

（二）对古丝绸之路精神的继承与超越

相对于有形的路线、功能等器物层面，"一带一路"倡议更重要的贡献在于对无形的丝路精神的系统总结和继承，并"将以'和平合作、开放包容、互学互鉴、互利共赢'为核心的丝路精神注入新时代文明的丰富内涵，重新塑造中国的时代形象，既使中华古代优秀文明得以彰显和活化，获得了丰富的时代意义，更为人类文明未来发展提供更加丰富的中华文化内涵，促进其内容的更新与形态的演变，为人类文明进步作出新贡献"[1]。《推动共建丝绸之路经济带和 21 世纪海上丝绸之路的愿景与行动》开宗明义写道："进入 21 世纪，在以和平、发展、合作、共赢为主题的新时代，面对复苏乏力的全球经济形势，纷繁复杂的国际和地区局面，传承和弘扬丝绸之路精神更显重要和珍贵。"[2]

关于"一带一路"的精神、理念，习近平总书记有一系列重要论述。通过研究这些论述，并结合相关实践，可以从以下维度进行阐释和理解。

一是崇尚和平。习近平总书记指出，古丝绸之路沿线地区曾经是"流淌着牛奶与蜂蜜的地方"，如今很多地方却成了冲突动荡和危机挑战的代名词，这种状况不能再持续下去，强调要将"一带一路"建成和平之路。[3] 因此，崇尚和平可以看作"一带一路"精神的首要元素，具体呈现为通过沟通增进政治互信，通过对话解决争端，通过协商化解分歧，打造对话不对抗、结伴不结盟的伙伴关系等主张和共识，这符合中国作为"一带一路"倡议发起国的历史文化传统和外交传统，是丝路精神的回归，也是对时代主题的重要呼应。

二是聚焦发展。共建"一带一路"从根本上讲是一个发展倡议，有重要而丰厚的经济内涵。习近平总书记指出："发展是解决一切问题的总钥匙。推进'一带一路'建设，要聚焦发展这个根本性问题，释放各国发展潜力，实现经济大融合、发展大联动、成果大共享。"[4] "一

---

[1] 欧阳康：《全球治理变局中的"一带一路"》，《中国社会科学》2018 年第 8 期，第 8 页。

[2]《推动共建丝绸之路经济带和 21 世纪海上丝绸之路的愿景与行动（全文）》，人民网，2017 年 4 月 25 日，http://ydyl.people.com.cn/n1/2017/0425/c411837-29235511.html。

[3]《习近平谈"一带一路"》，北京，中央文献出版社 2018 年版，第 182 页。

[4] 同上。

带一路"沿线多为新兴经济体和发展中国家，经济基础普遍薄弱，同时也蕴含巨大发展潜力，"一带一路"结合中国发展经验和共建国家的产业和资源优势，创造区域协同发展，建立稳固的增长原动力。世界银行研究组的量化贸易模型结果显示，共建"一带一路"将使"发展中的东亚及太平洋国家"的国内生产总值平均增加 2.6% 至 3.9%。[1]聚焦发展、建成一条繁荣之路，既反映物质层面的雄心，更是凝聚各国最大共识的精神指引。

三是开放包容。共建"一带一路"的思路就是搭建一个平等、开放的合作平台，源自中国，但属于世界，强调平等参与，以平等自愿为基础，它"向所有志同道合的朋友开放，不排除、也不针对任何一方，各国都是平等的参与者、贡献者、受益者"[2]，也是责任和风险的共同担当者。与传统的国际组织和国际合作机制不同，共建"一带一路"不设置硬性的规则、制度和准入门槛，拒绝封闭性和排他性，充分尊重各国发展水平、经济结构、法律制度、营商环境和文化传统的差异，有意愿加入的国家都可以本着共商共建共享的原则进行合作，合作模式、内容、路径都可以呈现多样性，"各国的合作可以在进程中不断灵活调整，避免了强制度主义约束合作的僵化性"[3]。开放包容是共建"一带一路"的重要精神特质。

四是共享普惠。共建"一带一路"充分体现"人民至上"思想，以"共

---

[1]《共建"一带一路"倡议：进展、贡献与展望》，《人民日报》2019 年 4 月 23 日。

[2] 中共中央宣传部、中华人民共和国外交部：《习近平外交思想学习纲要》，北京，人民出版社、学习出版社 2021 年版，第 106 页。

[3] 孙吉胜：《"一带一路"与国际合作理论创新：文化、理念与实践》，《国际问题研究》2020 年第 3 期，第 14 页。

享"为重要原则之一，通过寻求利益契合点，使合作成果惠泽各方，"共赢共享理念体现了国际合作的本质，也激发出'一带一路'战略的吸引力和生命力"[1]。更深层次上，"聚焦消除贫困、增加就业、改善民生，让共建'一带一路'成果更好惠及全体人民，为当地经济社会发展作出实实在在的贡献"[2]。当前西方资本逻辑主导的全球化造成贫富差距拉大，"在国家内部产生了边缘化群体，在国际层面产生了边缘化国家"[3]，共建"一带一路"在理念上对弱势群体高度关注，最大限度扩大受益者范围，为解决全球化的负面效应提供了解决方案，特别是新冠疫情严重冲击各国经济与社会民生，中国及时推动把"一带一路"打造成团结应对挑战的合作之路、维护人民健康安全的健康之路、促进经济社会恢复的复苏之路、释放发展潜力的增长之路，进一步诠释了共建"一带一路"的道义高度和精神追求。

五是创新绿色。"创新是推动发展的重要力量。'一带一路'建设本身就是个创举，搞好'一带一路'建设也要向创新要动力。"[4]与古丝绸之路所处年代存在本质不同的是，当今时代科技进步日新月异，任何国家、任何合作机制或倡议，唯有紧跟科技革命和产业变革的脚步，唯有在理念上与时俱进，不断创新，才能实现持久发展。共建"一带一路"将科技创新作为根本动力，持续加强前沿领域合作以及科技与产业、金融的深度融合。在更深层次上，从以"五通"作为合作重点、

---

[1] 吴志成、韩笑：《"一带一路"：以国际合作推进全球治理变革》，《人民论坛·学术前沿》2017年第8期，第29页。

[2]《习近平谈治国理政》（第三卷），北京，外文出版社2020年版，第491页。

[3] 孙吉胜：《"一带一路"与国际合作理论创新：文化、理念与实践》，《国际问题研究》2020年第3期，第12页。

[4]《习近平谈"一带一路"》，北京，中央文献出版社2018年版，第184页。

共商共建共享原则，到数字丝绸之路、健康丝绸之路、绿色丝绸之路、智力丝绸之路、廉洁丝绸之路等新提法新倡议，共建"一带一路"在思想理念层面不断实现创新发展。另一方面，习近平总书记敏锐把握绿色循环低碳是科技革命和产业变革的方向和最有前途的发展领域，推动将绿色作为共建"一带一路"的底色，显示了卓越远见和创新思维，彰显共建"一带一路"是对"道法自然""天人合一"中国传统智慧的精神回归。

六是平等对话。共建"一带一路"，直接地看是经济商业和贸易问题，更深层地看是政治制度和文化价值问题。[1]西方资本主义兴起以来，不仅在经济上，而且在文明观问题上秉持西方中心主义，认为文明甚至人种有高低、优劣之分，谋求建立以基督教文明为中心的文明等级秩序，种族主义以及宗教极端主义等思潮的泛滥，不能不说就是这种文明观不断极化、异化带来的恶果。各种人类文明在价值上是平等的，历史呼唤着人类文明同放异彩。共建"一带一路"旨在为不同国家、不同文化、不同历史背景的人群在文明、文化层面进行平等、深入、全面交流搭建平台，实现超越民族、文化、制度、宗教隔阂，在新的高度上感应、融合、相通。习近平总书记深刻指出："'一带一路'建设要以文明交流超越文明隔阂、文明互鉴超越文明冲突、文明共存超越文明优越，推动各国相互理解、相互尊重、相互信任。不同文明实现平等对话，和谐共处，是'一带一路'精神的基础性元素，为人类文明进步提供源源不断的精神动力。"[2]

---

[1] 欧阳康：《全球治理变局中的"一带一路"》，《中国社会科学》2018年第8期，第9页。

[2]《习近平谈"一带一路"》，北京，中央文献出版社2018年版，第185页。

总的看，共建"一带一路"从历史深处走来，融通古今，面向未来，呈现明显的历史继承性和时代创新性，其与古丝绸之路在内容和逻辑上有许多共通之处，但较后者格局更加宏大，内容更加广泛，精神内涵更加丰富深刻。

第二节 理论发展与实践深化的融合共进

共建"一带一路"是党的十八大以来习近平总书记在外交领域最早提出的理念和倡议之一，并贯穿习近平新时代中国特色社会主义思想理论和实践不断丰富发展的全过程，其间经历了几轮从理论到实践再到理论的螺旋式上升进程，展现了先进理论与宏大实践融合共进、不断深化和拓展的壮阔图景。通过回顾、梳理和研究，这一进程目前大致可以分为三个阶段。

一、理念提出与早期收获（2013—2017 年）

（一）理念提出与初步阐述

2013 年习近平总书记分别在哈萨克斯坦和印度尼西亚提出"丝绸之路经济带"和"21 世纪海上丝绸之路"的倡议。选择这两个古丝绸之路上重要节点国家发起倡议，分别面向欧亚和东南亚两个地区，显示了富有智慧的设计和推动落实的决心。在哈萨克斯坦，习近平总书记从深情回顾古丝绸之路的历史入题，既从感性层面唤起了沿线国家和人民的共同历史记忆，也在理论层面阐明了共建"一带一路"的历史逻辑。在此基础上，习近平总书记系统提出共建丝绸之路经济带的五个方面，即政策沟通、道路联通（注：后深入扩展为设施联通）、贸易畅通、货币流通（注：后深入扩展为资金融通）、民心相通。这五个方面是对共建"一带一路"核心内容、重点领域和指标体系的形象化描述，逻辑清晰，朴实易懂。"五通"之间存在严密联系，形成一个逻辑整体：政策沟通是政治保障，设施联通是优先领域，贸易畅通是重点内容，资金融通是重要支撑，民心相通是社会根基。习近平总书记还提出"以点带面，从线到片，逐步形成区域大合作"的思路，明确了共建"一带一路"的路径和方法。2016 年 6 月，习近平总书记在乌兹别克斯坦最高会议立法院的演讲中，提出打造"绿色丝绸之路""健康丝绸之路""智力丝绸之路""和平丝绸之路"，将共建"一带一路"进一步拓展到环保、卫生、教育、安保等领域。

2014 年 6 月，习近平总书记在中国—阿拉伯国家合作论坛第六届部长级会议开幕式上发表重要讲话，提出了共建"一带一路"应该坚持的原则，即共商、共建、共享。"共商"就是沟通协商，集思广益，充分尊重各国发展水平、经济结构、法律制度、营商环境和文化传统的差异。"共建"就是共同参与，深度对接有关国家和区域发展战略，通过双边合作、第三方市场合作、多边合作等各种形式，鼓励更多国家和企业深入参与，持之以恒加以推进。"共享"就是互利共赢，各方通过合作实现利益的最大化。三者相辅相成、密不可分，构成一个有机统一的整体，[1]强调平等、开放、包容、发展，强调合作的渐进性、过程性、协商性、长远性，为传统的国际合作理论增添了很多新内容和新元素。[2]

[1] 中共中央宣传部、中华人民共和国外交部：《习近平外交思想学习纲要》，北京，人民出版社、学习出版社 2021 年版，第 92 页。

[2] 孙吉胜：《"一带一路"与国际合作理论创新：文化、理念与实践》，《国际问题研究》2020 年第 3 期，第 20 页。

习近平总书记在双多边外交舞台详细阐述共建"一带一路"理念，引起国际社会广泛关注和极大兴趣。

（二）政策措施跟进

"一带一路"倡议提出后，作为发起国，中国政府层面相关政策举措迅速启动起来。2013年12月，党的十八届三中全会把"一带一路"确定为国家战略。2015年2月，由中共中央政治局常委、国务院副总理领导的推进"一带一路"建设工作领导小组成立，领导小组在党中央、国务院领导下，成员单位包括经济部门和外交部门，在中央政府层面统筹对内、对外两方面工作，起到协调指导，上下联动、整体推进、督促到位的重要作用。随后各省区市和新疆生产建设兵团也陆续成立了相应配套领导机构，形成自上而下的完整指挥、协调系统，各地区各部门各单位尽职尽责、主动作为，扎实高效开展工作，为推进"一带一路"建设提供了重要的机制保障。随后中国政府对外发布《推动共建丝绸之路经济带和21世纪海上丝绸之路的愿景与行动》，从主体框架、合作重点、合作机制等方面对"一带一路"倡议进行规划，有关地方和部门也出台了配套规划，初步明确了推动共建"一带一路"的"路线图"。2016年，习近平总书记在推进"一带一路"建设工作座谈会上，就进一步研究出台推进"一带一路"建设的具体政策措施、切实推进统筹协调和关键项目落地、切实推进金融保障和安全保障等问题进行了重要部署，要求以"钉钉子"精神，一步一步把"一带一路"建设推向前进。

（三）取得早期收获

在理念指引和机制、政策保障下，经过持续推动，共建"一带一路"从理念逐渐转化为行动，从愿景转变为现实，从无到有、由点及面，进度和成果超出预期。

政策沟通方面，同俄罗斯提出的欧亚经济联盟、东盟提出的互联互通总体规划、哈萨克斯坦提出的"光明之路"、土耳其提出的"中间走廊"、蒙古提出的"发展之路"、越南提出的"两廊一圈"、英国提出的"英格兰北方经济中心"、波兰提出的"琥珀之路"等发展战略进行了政策协调；同老挝、柬埔寨、缅甸、匈牙利等国的规划对接工作全面展开；同 40 多个国家和国际组织签署了合作协议，同 30 多个国家开展机制化产能合作。[1]

设施联通方面，同相关国家共同推进雅万高铁、中老铁路、亚吉铁路、匈塞铁路等项目，建设瓜达尔港、比雷埃夫斯港等港口，规划实施一大批互联互通项目，以中巴、中蒙俄、新亚欧大陆桥等经济走廊为引领，以陆海空通道和信息高速路为骨架，以铁路、港口、管网等重大工程为依托的复合型基础设施网络开始形成。

贸易畅通方面，同"一带一路"参与国大力推动贸易和投资便利化，不断改善营商环境。2014 年至 2016 年，中国同共建"一带一路"国家贸易总额超过 3 万亿美元。中国对共建"一带一路"国家投资累计超过 500 亿美元。中国企业在 20 多个国家建设 56 个经贸合作区，为有关国家创造近 11 亿美元税收和 18 万个就业岗位。[2]

资金融通方面，发起创办亚洲基础设施投资银行，设立丝路基金，中国同中东欧"16+1"金融控股公司正式成立，这些新型金融机制同世界银行等传统多边金融机构各有侧重、互为补充，形成层次清晰、初具规模的"一带一路"金融合作网络。

---

[1]《习近平谈"一带一路"》，北京，中央文献出版社 2018 年版，第 130 页。

[2]《习近平"一带一路"国际合作高峰论坛重要讲话》，北京，外文出版社，2017 年版，第 6 页。

民心相通方面，弘扬丝绸之路精神，开展智力丝绸之路、健康丝绸之路建设，在科学、教育、文化、卫生、民间交往等各领域广泛开展交流与合作，为"一带一路"建设夯实民意基础，筑牢社会根基。

二、理念细化与实践铺开（2017—2020 年）

（一）实践总结与理念升级

2017 年 5 月，首届"一带一路"国际合作高峰论坛在北京召开。习近平总书记在系统总结丝路精神和"一带一路"倡议提出以来取得实践成果基础上，提出要将"一带一路"建成和平之路、繁荣之路、开放之路、创新之路、文明之路，从而在更大格局上，为推动"一带一路"建设行稳致远、迈向更加美好的未来擘画了目标和方向，和"五通"一样，"五路"理念很快也成为热门词汇。

2017 年 10 月，党的十九大将"遵循共商共建共享原则，推进'一带一路'建设"正式写入《中国共产党章程》，奠定了共建"一带一路"的理论地位。2018 年 8 月，党中央召开推进"一带一路"建设工作 5周年座谈会，习近平总书记在会上指出，以共建"一带一路"为实践平台推动构建人类命运共同体，这是从我国改革开放和长远发展出发提出来的，也符合中华民族历来秉持的天下大同理念，符合中国人怀柔远人、和谐万邦的天下观，占据了国际道义制高点；共建"一带一路"不仅是经济合作，而且是完善全球发展模式和全球治理、推进经济全球化健康发展的重要途径。这一重要论述更加深刻阐明了共建"一带一路"的价值逻辑、历史逻辑和实践逻辑。习近平总书记还提出，过去几年共建"一带一路"完成了总体布局，绘就了一幅"大写意"，今后要聚焦重点、精雕细琢，共同绘制好精谨细腻的"工笔画"，推动共建"一带一路"向高质量发展转变。从"大写意"到"工笔画"，是充满中国传统文化意蕴的精妙比喻，更承载了对事物发展规律的哲学思考，体现了"总设计师"视角和掌握历史主动的精神。这一论述的提出，成为共建"一带一路"理念升级、实践深化的重要标志性事件。

2019 年 4 月举行的第二届"一带一路"国际合作高峰论坛上，习近平总书记对高质量共建"一带一路"作出全面、系统、深刻阐释，进行了重要的理论再创新、再发展。一是提出要坚持开放、绿色、廉洁理念，努力实现高标准、惠民生、可持续目标。二是结合新形势新情况对"五通"和"五路"理念进行了深化，提出要建设高质量、可持续、抗风险、价格合理、包容可及的基础设施，有利于各国充分发挥资源禀赋，更好融入全球供应链、产业链、价值链，实现联动发展；促进贸易和投资自由化便利化，旗帜鲜明反对保护主义，推动经济全球化朝着更加开放、包容、普惠、平衡、共赢的方向发展；要顺应第四次工业革命发展趋势，共同把握数字化、网络化、智能化发展机遇，共同探索新技术、新业态、新模式，探寻新的增长动能和发展路径，建设数字丝绸之路、创新丝绸之路；要始终从发展的视角看问题，将可持续发展理念融入项目选择、实施、管理的方方面面。

（二）政策措施加强

2017 年 3 月，国家"一带一路"官网——"中国一带一路网"正式上线运行，为沿线各国企业、社团组织和公民积极参与"一带一路"建设提供信息服务和互动交流。同年 6 月，国家发展改革委和国家海洋局联合发布《"一带一路"建设海上合作设想》，提出共同建设中国—印度洋—非洲—地中海、中国—大洋洲—南太平洋，以及中国—北冰洋—欧洲等三大蓝色经济通道，这是中国政府首次就推进"一带一路"建设海上合作提出中国方案。9 月，国家发展和改革委员会一带一路建设促进中心成立，主要职责是配合开展共建"一带一路"重大问题、政策法规、国际合作研究和国际形势分析研判，推进相关政策落实、战略规划和重大合作对接，实施相关对外合作、援助、培训和宣传，承担推进"一带一路"建设工作领导小组办公室交办的其他任务等，这是中国首个推进"一带一路"建设的专门机构。2018年，在深圳、西安两地设立国际商事审判机构、组建国际商事专家委员会，从而建立了"一带一路"国际商事争端解决机制和机构。

（三）成果大量涌现

随着理念的升级和政策措施力度的加大，共建"一带一路"全面展开，深入发展，取得了大量可视化成果，主要包括：

政策沟通方面，一是"一带一路"倡议及其核心理念被写入联合国、二十国集团、亚太经合组织、上海合作组织以及其他区域组织有关文件；二是中国利用中国－拉共体论坛、中国—阿拉伯国家合作论坛、中非合作论坛等重要多边机制，就共建"一带一路"与各方深度沟通，形成了中拉《关于"一带一路"倡议的特别声明》《中国和阿拉伯国家合作共建"一带一路"行动宣言》《关于构建更加紧密的中非命运共同体的北京宣言》等重要成果文件；三是同中国签署共建"一带一路"政府间合作文件的国家和国际组织数量逐年增加；四是中国同有关共建伙伴通过联合发起倡议、签署合作文件、发表联合声明等方式，有序推进数字经济、标准化、税收、知识产权、法治、能源等专业领域对接合作。

设施联通方面，新亚欧大陆桥、中蒙俄、中国—中亚—西亚、中国—中南半岛、中巴和孟中印缅六大国际经济合作走廊建设取得实质性进展，以铁路、公路、航运、航空、管道、空间综合信息网络等为核心的全方位、多层次、复合型基础设施网络加快形成，区域间商品、资金、信息、技术等交易成本大大降低，有效促进了跨区域资源要素的有序流动和优化配置。

贸易畅通方面，一是贸易与投资自由化便利化水平不断提升，中国与东盟、新加坡、巴基斯坦、格鲁吉亚等多个国家和地区签署或升级了自由贸易协定，与欧亚经济联盟签署经贸合作协定，与沿线国家的自由贸易区网络体系逐步形成；二是贸易规模持续扩大，世界银行研究组分析了共建"一带一路"倡议对 71 个潜在参与国的贸易影响，发现"一带一路"倡议将使参与国之间的贸易往来增加 4.1%；三是贸易方式创新进程加快，数字丝绸之路建设取得丰硕成果，中国已与 17 个国家建立双边电子商务合作机制，2022 年中国跨境电商进出口额达到了 2.1 万亿元。

资金融通方面，一是探索了新型国际投融资模式，各国主权基金和投资基金发挥越来越重要的作用；二是多边金融合作支撑作用显现，中国财政部与阿根廷、俄罗斯、印度尼西亚、英国、新加坡等 28 国财政部核准了《"一带一路"融资指导原则》，据此，各国支持金融资源服务用于相关国家和地区的实体经济发展，重点加大对基础设施互联互通、贸易投资、产能合作等领域的融资支持；[1] 三是金融机构合作水平不断提升，沿线国家不断深化长期稳定、互利共赢的金融合作关系；四是金融市场体系建设日趋完善，各类创新金融产品不断推出，大大拓宽了共建"一带一路"的融资渠道。

民心相通方面，一是文化交流形式多样，丝绸之路国际剧院、博物馆、艺术节、图书馆、美术馆联盟相继成立，"一带一路"新闻合

---

[1]《共建"一带一路"倡议：进展、贡献与展望》，中国政府网，2019 年 4 月 22 日，http://www.gov.cn/xinwen/2019-04/22/content_5385144.htm。

作联盟建设积极推进，丝绸之路沿线民间组织合作网络成员不断增加，成为推动民间友好合作的重要平台；二是中国与共建国家通过政党、议会、智库、地方、民间、工商界、媒体等"二轨"交往渠道，围绕共建"一带一路"开展形式多样的沟通、对话、交流、合作，先后组建了"一带一路"智库合作联盟、丝路国际智库网络、高校智库联盟等，英国、日本、韩国、新加坡、哈萨克斯坦等国都建立了"一带一路"研究机构；三是中外高校合作设立了"一带一路"研究中心、合作发展学院、联合培训中心等，为共建"一带一路"培养国际化人才。

产业合作方面，一是中国对共建国家的直接投资平稳增长；二是国际产能合作和第三方市场合作稳步推进，中国同哈萨克斯坦、埃及、埃塞俄比亚、巴西等 40 多个国家签署了产能合作文件，同东盟、非盟、拉美和加勒比国家共同体等区域组织进行合作对接，开展机制化产能合作，与法国、意大利、西班牙、日本、葡萄牙等国签署了第三方市场合作文件；[1] 三是合作园区蓬勃发展，中国各类企业遵循市场化法治化原则自主赴沿线国家共建合作园区，推动这些国家借鉴中国改革开放以来通过各类开发区、工业园区实现经济增长的经验和做法，促进当地经济发展，为沿线国家创造了新的税收源和就业渠道。

三、理念深化与实践推进（2020 年至今）

（一）新形势下的理念深化

2020 年新冠疫情暴发并持续在全球蔓延，世界经济在疫情冲击下严重衰退，共建"一带一路"的外部环境面临新的"变"与"不变"。

---

[1]《共建"一带一路"倡议：进展、贡献与展望》，中国政府网，2019 年 4 月 22 日，http://www.gov.cn/xinwen/2019-04/22/content_5385144.htm。

一方面，和平与发展的时代主题没有改变，经济全球化大方向没有变，共建"一带一路"仍面临重要机遇；另一方面，世界百年未有之大变局加速演变，新一轮科技革命和产业变革带来的激烈竞争前所未有，气候变化、疫情防控等全球性问题对人类社会带来的影响前所未有，共建"一带一路"的国际环境日趋复杂。

基于新的形势，习近平总书记在第三次"一带一路"建设座谈会上对共建"一带一路"的经验作出新概括，即把基础设施"硬联通"作为重要方向，把规则标准"软联通"作为重要支撑，把同共建国家人民"心联通"作为重要基础；提出保持战略定力，抓住战略机遇，统筹发展和安全、统筹国内和国际、统筹合作和斗争、统筹存量和增量、统筹整体和重点，积极应对挑战，趋利避害，奋勇前进的新思路；作出推动共建"一带一路"要夯实发展根基、稳步拓展合作新领域、更好服务构建新发展格局、全面强化风险防控、强化统筹协调的新要求。这次座谈会为在新的历史条件下，推动共建"一带一路"高质量发展不断取得新成效指明了方向。

2021年博鳌亚洲论坛年会专门以"世界大变局：共襄全球治理盛举，合奏'一带一路'强音"为主题。习近平总书记在会上强调，共建"一带一路"追求的是发展，崇尚的是共赢，传递的是希望，并面向未来提出继续高质量共建"一带一路"，建设更紧密的卫生合作伙伴关系，共同护佑各国人民生命安全和身体健康；建设更紧密的互联互通伙伴关系，共同开辟融合发展的光明前景；建设更紧密的绿色发展伙伴关系，让绿色切实成为共建"一带一路"的底色；建设更紧密的开放包容伙伴关系，把"一带一路"建成"减贫之路""增长之路"，为人类走向共同繁荣作出积极贡献[1]等新倡议，进一步深化了共建"一带一路"的理念基础，丰富了其理论架构。

2023年10月，在第三届"一带一路"国际合作高峰论坛开幕式上，习近平总书记宣布中国支持高质量共建"一带一路"的八项行动，表示中方愿同各方深化"一带一路"合作伙伴关系，推动共建"一带一路"进入高质量发展的新阶段，为实现世界各国的现代化作出不懈努力，共同推动构建人类命运共同体。

（二）政策措施更加协调和长远

2021年3月公布的《中华人民共和国国民经济和社会发展第十四个五年规划和 2035 年远景目标纲要》中设专章具体规划未来5年如何推动共建"一带一路"高质量发展。一是规划推进战略、规划、机制对接，加强政策、规则、标准联通；二是规划推动陆海天网四位一体联通；三是规划推动与共建"一带一路"国家贸易投资合作优化升级，并有效防范化解各类风险。与之相配套，共建"一带一路"所涉及的国内各职能部门陆续发布了"十四五"时期"一带一路"建设文件。如商务部《"十四五"商务发展规划》中指导深化"一带一路"经贸合作向高价值、规则制定和数字化方向发展；文旅部《"十四五""一带一路"文化和旅游发展行动计划》中就"一带一路"文化和旅游交流与合作工作部署三大任务、十二个专栏；海关总署《"十四五"海关发展规划》对海关推动共建"一带一路"高质量发展做出明确要求；[2]

---

[1]《习近平在博鳌亚洲论坛2021年年会开幕式上的视频主旨演讲（全文）》，"习近平外交思想和新时代中国外交"网站，2021年4月20日，http://cn.chinadiplomacy.org.cn/2021-04/20/content_77422515.shtml。

[2] 王文、刘英、郭方舟：《后疫情时代的 "一带一路"建设与展望》，《扬州大学学报（人文社会科学版）》2021年第6期，第64页。

国家中医药管理局《推进中医药高质量融入共建"一带一路"发展规划（2021—2025 年）》，就全面提升中医药参与共建"一带一路"质量与水平提出总体要求和八项主要任务；国家发展改革委联合外交部、生态环境部、商务部共同印发《关于推进共建"一带一路"绿色发展的意见》，提出绿色基础设施、绿色能源、绿色交通、绿色产业等合作举措。

（三）实践破浪前行

共建"一带一路"前期实践成果的巨大存量为世界应对疫情起到重要作用，更难能可贵的是，共建"一带一路"不但没有因为疫情按下"暂停键"，反而逆风前行，成为助力各方抗击疫情、稳定经济、保障民生的重要合作路径， 呈现出抵御冲击的巨大韧性、旺盛的生机活力和强大的感召力。

政策沟通方面，习近平总书记在一系列线上和线下外交活动中，向各国领导人深入阐释中国在新的形势下继续推动共建"一带一路"的不变决心和因应新变化的新理念新思路，保持了与各方在最高层的及时有效沟通，坚定了各方的信心。我国同圣多美和普林西比、古巴、摩洛哥、尼加拉瓜、叙利亚、马拉维、阿根廷等国签署了共建"一带一路"合作文件。截至 2023 年 10 月，我国已总计与 152 个国家、32 个国际组织签署 200 多份共建"一带一路"合作文件，[1] 共建"一带一路"朋友圈不断扩大。2021 年 6 月，"一带一路"亚太区域国际合作高级别视频会议发布了 29 国共同发起的"一带一路"疫苗合作伙伴关系倡议和"一带一路"绿色发展伙伴关系倡议。

---

[1] 国家发展改革委：《共建"一带一路"朋友圈继续扩大》，中华人民共和国国家发展和改革委员会网站，2022 年 4 月 29 日，https://www.ndrc.gov.cn/fggz/lywzjw/jwtz/202204/t20220429_1324006.html?code=&state=123。

设施联通方面，设施联通并没有因疫情而停滞，中老铁路全线通车，匈塞铁路、雅万高铁开通运营，助力互联互通，促进了"一带一路"沿线经济复苏；中欧班列开行量和运输量均"逆势增长"，保持高位运行，架起防疫和产业"生命线"，2021 年全年，中欧班列共开行 15183 列，运送 146.4 万标箱，同比分别增长 22% 和 29%；[1] 2022 年开行中欧班列 1.6 万列、发送 160 万标箱，同比分别增长 9%、10%。[2] 我国"一带一路"对外承包工程向投资、建设、运营一体化转型，新基建为数字丝绸之路的推广奠定坚实基础，中国完成与周边 12 国连接的跨境陆地光缆系统、4 条国际海底光缆和中国援非"万村通"尼日利亚项目，为"一带一路"沿线国家的数字通信线路贯通做了实实在在的工作。[3]

2013–2022 年，中国与共建国家进行口总额累计 19.1 万亿美元，年均增长 6.4%；与共建国家双向投资累计超过 3800 亿美元，其中中国对外直接投资超过 2400 亿美元；2022 年，中国与共建国家进出口总额近 2.9 万亿美元，占同期中国外贸总值 45.4%，较 2013 年提高了 6.2 个百分点。[4] 丝路电商发展迅猛，成为新的贸易增长点。

资金融通方面，多边金融政策协调机制不断完善，业务合作愈加

---

[1]《2021 年中欧班列开行逾一万五千列 同比增逾两成》，中国新闻网，2022 年 1 月 18 日，http://www.chinanews.com.cn/cj/2022/01-18/9655427.shtml。

[2]《国铁集团：2022 年开行中欧班列 1.6 万列、发送 160 万标箱》，中国新闻网，2023 年 1 月 3 日，www.chinanews.com.cn/cj/2023/01-03/9926745.shtml

[3] 王文、刘英、郭方舟：《后疫情时代的"一带一路"建设与展望》，《扬州大学学报（人文社会科学版）》2021 年第 6 期，第 59–60 页。

[4]《共建"一带一路"：构建人类命运共同体的重大实践》白皮书（全文），中华人民共和国国务院新闻办公室网站 http://www.scio.gov.cn/zfbps/zfbps_2279/202310/t20231010_773682_m.html

紧密。我国一直致力于与共建国家、国际多边金融机构、各类商业银行共同建立多元、包容、可持续的投融资体系，为共建"一带一路"提供稳定、透明、高质量的资金支持。[1] 截至 2020 年 11 月底，已有 29 个国家核准了《"一带一路"融资指导原则》，亚投行成员国增加了克罗地亚、塞内加尔、利比里亚，成员国总数扩容到 103 个，亚投行宣布设立"新冠疫情危机恢复基金"，为成员国的紧急公共卫生需求提供资金支持。

民心相通方面，疫情造成人员交流受限，对巩固和增进相互了解造成了一定困难，但在各方努力下，民心相通建设仍取得积极进展。一是面对疫情，中国和共建"一带一路"国家相互支持、守望相助，增强了人类命运共同体意识；二是民心相通的领域得到拓展，围绕疫情防控开展的公共卫生合作及民生项目成为民心相通工作的全新增长点；三是民心相通的渠道得到拓宽，各种线上"云交流""云论坛"成为开展民心相通工作的重要渠道；四是民心相通的内涵得到充实，基于"苦难共情"的良好互动丰富了疫情背景下民心相通的内涵和理念。[2]

面向未来，作为一个重大的思想创造和一项宏大的历史性工程，共建"一带一路"必将继续在理论创新和实践探索的相互促进中不断充实和发展，成为人类思想史上理论与实践相结合的光辉典范。

---

[1] 国家发展和改革委员会一带一路建设促进中心：《共建"一带一路"：进展、形势及展望》，载于《"一带一路"建设发展报告（2021）》，北京，社会科学文献出版社 2021 年版，第 6 页。

[2] 姜丽、吴志成：《新冠疫情背景下的"一带一路"民心相通建设》，《人民论坛·学术前沿》2020 年第 21 期，第 113 页。

第三节 与中国对外开放进程同频共振

共建"一带一路"是习近平外交思想的一个重要方面，但从更宏观角度来看，它在习近平新时代中国特色社会主义思想的总体理论框架中占有重要而独特的地位，是习近平外交思想与经济思想的重要结合部，体现了系统布局、跨界集成、融会贯通的重要思想方法，是把握国内国际两个大局，多视角多向度统筹，全景式贯通式观察，整体性布局和协调性推进的光辉典范，"既对新时代我国开放空间布局进行了统筹谋划，又对中国与世界实现开放共赢的路径进行了顶层设计……是我国今后相当长时期对外开放和对外合作的管总规划，是我们党关于对外开放理论和实践的重大创新"[1]，产生了内外有机联动效应和双赢多赢的效果。"实施'一带一路'，意味着当前中国的国内事务与当代世界的国际事务已经前所未有地融为一体……正是这种特殊的和高水平的'内外兼修'，并真诚谋求'合作共赢'，我们才有可能在二者的有序有机结合上既加速推进中华民族伟大复兴，也为人类命运共同体的当代构建作出更加积极有效的贡献"[2]。

一、对外开放的发展脉络和升级需求

工业革命以后，资本主义商品经济和现代工业、交通运输业迅速发展，世界市场加速扩大，世界各国间的经济往来大大增加并不断深化。但这个时期，曾经创造灿烂古代文明、曾经通过丝绸之路与欧亚非大

---

[1] 中共中央宣传部、中华人民共和国外交部：《习近平外交思想学习纲要》，北京，人民出版社、学习出版社2021年版，第89页。

[2] 欧阳康：《全球治理变局中的"一带一路"》，《中国社会科学》2018年第8期，第5页。

陆各国开展贸易和文化交流的中国，因在两三百年间采取闭关锁国政策而一直处于国际政治经济构建的边缘区。第二次世界大战以来，经济全球化成为世界经济发展的重要趋势。这一趋势有利于资源和生产要素在全球的合理配置，是人类发展进步的表现，是世界经济发展的必然结果。但它对每个国家，特别是广大发展中国家来说，都是一柄双刃剑，既是机遇，也是挑战。在这个大背景下，是否采取对外开放政策、选择什么样的开放程度和范围、如何把握对外开放的速度和节奏等问题成为各国面临的重大选择，而世界主要经济体采取什么样的开放政策也对经济全球化的发展产生重要影响。二战后各国在开放政策问题上实际上进行了各种尝试，根据国家具体情况走出不同的路线。比如以巴西为首的部分拉美国家，曾一度大搞进口替代型经济，而日本和亚洲"四小龙"等国家则长期采取出口导向型模式。新中国戒立后，受制于特定历史条件，中国在很长一段时间内处于相对封闭的环境当中，缺乏与外部世界的信息交换和技术交流，更缺乏竞争的环境和活力，不能收获国际分工的收益，被隔离在当时日益繁荣的世界经济之外，这是我国经济长期落后的主要原因之一。

1978 年 10 月，邓小平同志在会见外宾时明确使用了"开放"一词，强调是向世界各国学习的时候了。[1] 随后召开的十一届三中全会实现党和国家工作中心战略转移，开启了改革开放和社会主义现代化建设新时期。在党中央领导下，对外开放成为中国的基本国策，中国既打开国门搞建设、又坚定不移走自己的路，从引进外资、兴办经济特区、改革外贸体制，到加入世贸组织、实行"引进来"和"走出去"相结

---

[1] 本书编写组编：《改革开放简史》，北京，人民出版社、中国社会科学出版社2021 年版，第 28 页。

合，越来越多利用国际国内两个市场和两种资源，积极践行自由贸易理念，大幅开放市场，不断深入参与经济全球化。在开放格局设计上，改革开放之初，中国把对外开放的发动点和试验田放在毗邻港澳的深圳、珠海等地区，投下对外开放布局的第一颗棋子，此后对外开放核心区扩大到整个东南沿海地区，开放了一批沿海港口城市，在长江三角洲、珠江三角洲和闽南开辟沿海经济开放区，在海南设立经济特区。1990 年开始开发开放上海浦东，浦东新区成为又一张中国改革开放的亮丽名片。随着东部产业升级和进一步发展，中国开放格局又向沿边沿江城市、内陆中心城市等方向拓展，由南向北、由东到西层层推进，逐步在全国范围内铺开，"基本形成了'经济特区—沿海开放城市—沿海开放经济带—沿江和内陆开放城市—沿边城市'这样一个全方位、多层次、宽领域、有重点、点线面结合的对外开放格局"[1]。

　　开放带来进步，封闭必然落后。过去几十年间，中国改革开放走过了波澜壮阔的历程，取得了举世瞩目的成就，实现了从封闭半封闭到全方位开放的历史性转变，实现了生产力水平和人民生活水平的历史性跨越，造就了我国制造业大国和世界工厂的地位。通过把握住融入世界经济的历史大方向，我国成为经济全球化的受益者和贡献者。历史证明，改革开放是中国大踏步赶上时代的重要法宝，是决定当代中国命运的关键一招，也是决定实现"两个一百年"奋斗目标、实现中华民族伟大复兴的关键一招，其中以开放促改革、促发展，是中国现代化建设不断取得新成就的重要经验。习近平总书记 20 世纪 90 年代就曾深刻指出，"人类的历史就是在开放中发展的。任何一个民族

---

[1] 本书编写组编：《改革开放简史》，北京，人民出版社、中国社会科学出版社2021 年版，第 28 页。

的发展都不能只靠本民族的力量。只有处于开放交流之中，经常与外界保持经济文化的吐纳关系，才能得到发展，这是历史的规律"[1]。2018年，习近平总书记强调，"历史已经证明，只有坚持开放合作才能获得更多发展机遇和更大发展空间，自我封闭只会失去世界，最终也会失去自己"[2]。这就从历史规律的高度清晰阐明了中国对外开放的必然性和必要性。

值得特别注意的是，新中国的对外开放完全不再像旧中国那样是被动的、外驱的、不平等甚至是屈辱的开放，而是始终坚持了自主性、平等性，在过程中做到了把握历史主动，审时度势、精心谋划、大胆实验、超前布局、稳妥推进。

但也应该看到，党的十八大之前，我国对外开放水平总体上还不够高，在对外开放理念和设计上，主要基于"中国融入世界"的单向思维，延续对外承接国际产业链、价值链中低端，再在国内由东向西进行梯度转移的模式，国内各地区对外开放的互动性和统筹性还不强，呈现东快西慢、海强陆弱格局，"引进来"和"走出去"存在较大不平衡性，用好国际国内两个市场、两种资源的能力还不够强，争取国际经济话语权的能力还比较弱。随着中国国内主要矛盾的变化和全球经济格局的深度调整，中国对外开放的基础和条件发生重大变化，亟须在更大格局上针对对外开放的理念、格局等进行新的战略性、整体性的规划、调整和升级。

---

[1] 习近平：《摆脱贫困》，福州，福建人民出版社1992年版，第108页。

[2]《习近平总书记在亚太经合组织工商领导人峰会上的主旨演讲》，"习近平外交思想和新时代中国外交"网站，2018年11月17日，http://cn.chinadiplomacy.org.cn/2018-11/17/content_76805596.shtml。

二、共建"一带一路"与新一轮高水平对外开放

20 世纪 90 年代以后，随着科技革命和信息技术发展，经济全球化得到迅速发展，涵盖生产、贸易、金融和投资各领域，包括了世界经济和与世界经济相联系的各个方面及全部过程。进入 21 世纪以来，特别是 2008 年国际金融危机爆发以来，经济全球化的驱动力和世界经贸格局发生重大变化，中国参与经济全球化过程中如何巩固传统优势，提升创新优势，已经成为重大课题，同时国际社会对中国的认识和期待发生巨大变化，给我国参与国际经济合作带来复杂影响。

习近平总书记高度重视历史主动精神和创新意识，在福建工作期间就曾指出，"我们不担心说错什么，只是担心'意识贫困'，没有更加大胆的改革开放的新意；也不担心做错什么，只是担心'思路贫困'，没有更有力度的改革开放的举措"[1]。针对新时代对外开放事业面临的前所未有的机遇和挑战，习近平总书记就如何在新形势下健全更高水平对外开放体系提出一系列重要新思路，进行了宏阔的顶层设计，提出要完善对外开放区域布局、对外贸易布局、投资布局，形成对外开放新体制，发展完善互利共赢、多元平衡、安全高效的开放型经济体系，以扩大开放带动创新、推动改革、促进发展等，在复杂的外部环境中坚持实施更大范围、更宽领域、更深层次的对外开放，丰富和完善了全方位对外开放战略。习近平总书记指出："现在的问题不是要不要对外开放，而是如何提高对外开放的质量和发展的内外联动性。"[2] 在

---

[1] 习近平：《摆脱贫困》，福州，福建人民出版社 1992 年版，第 216 页。

[2] 习近平：《在党的十八届五中全会第二次全体会议上的讲话（节选）》，《求是》2016 年第 1 期，http://www.qstheory.cn/dukan/2020-06/04/c_1126073270.htm。

这一思想指导下，我国在推动新一轮高水平对外开放过程中，推出了一系列重大举措，包括扩大外资市场准入、更大力度加强知识产权国际保护、实施自贸区战略、举办中国国际进口博览会等。在这些举措中，最能反映高质量和内外联动性的举措就是提出和推动共建"一带一路"。

2013 年，习近平总书记在国际上提出建设"丝绸之路经济带"和"21世纪海上丝绸之路"的倡议后，在当年 12 月的中央经济工作会议上就强调指出，这"是党中央统揽政治、外交、经济社会发展全局作出的重大战略决策，是实施新一轮扩大开放的重要举措，也是营造有利周边环境的重要举措"[1]。十八届三中全会通过的《中共中央关于全面深化改革若干重大问题的决定》明确提出"加快同周边国家和区域基础设施互联互通建设，推进丝绸之路经济带、海上丝绸之路建设，形成全方位开放新格局"，从而阐明了推进共建"一带一路"与新一轮扩大开放的关系。在 2014 年 12 月的中共中央政治局集体学习时，围绕加快实施自由贸易区战略，加快构建开放型经济新体制，习近平总书记指出要加强顶层设计、谋划大棋局，既要谋子更要谋势，逐步构筑起立足周边、辐射"一带一路"、面向全球的自由贸易区网络，积极同"一带一路"沿线国家和地区商建自由贸易区，使我国与沿线国家合作更加紧密、往来更加便利、利益更加融合。由此可见，以习近平同志为核心的党中央在对外开放顶层设计上，将共建"一带一路"与构建开放型经济新体制、构筑自由贸易网络进行了有机联结，甚至可以认为，是"以'一带一路'倡议开启新一轮全面开放"[2]。

---

[1] 中共中央文献研究院编：《习近平关于社会主义经济建设论述摘编》，北京，中央文献出版社 2017 年版，第 246—247 页。

[2] 何毅亭：《大调整大重组大格局中的国际局势——说说 2015 年的中国与世界》，《学习时报》2016 年 1 月 21 日，第 1 版。

　　2015 年中国政府发布的《推动共建丝绸之路经济带和 21 世纪海上丝绸之路的愿景与行动》指出，推进"一带一路"建设，中国将充分发挥国内各地区比较优势，实行更加积极主动的开放战略，加强东中西互动合作，全面提升开放型经济水平，并具体明确了各省市在"一带一路"中的定位及对外合作重点方向。如，新疆定位为丝绸之路经济带核心区，主要是深化与中亚、南亚、西亚等国家交流合作；福建定位为 21 世纪海上丝绸之路核心区；云南的目标是建设成为面向南亚、东南亚的辐射中心；东北三省的目标是建设向北开放的重要窗口等，此后中央政府有关部门和各地方都出台了相关配套规划，展现了全国一盘棋、协同推进的战略谋划。更重要的是，党中央部署"加强'一带一路'建设同京津冀协同发展、长江经济带发展、长三角一体化发展、粤港澳大湾区建设、黄河流域生态保护和高质量发展等国家战略的对接，同西部开发、东北振兴、中部崛起、东部率先发展、沿边开发开放结合，优化区域开放布局，加大西部开放力度，打造西部及东北地区开放新前沿，发挥内陆地区开放腹地新优势，实现沿海地区引领开放新突破，加快推动形成全面开放新格局"[1]。党的十九大指出，要以"一带一路"建设为重点，坚持"引进来"和"走出去"并重，遵循共商共建共享原则，加强创新能力开放合作，形成陆海内外联动、东西双向互济的开放格局。党的二十大将推动共建"一带一路"高质量发展列为我国在新征程上推进高水平对外开放的重要举措之一。共建"一带一路"与全面开放新格局的逻辑联系日趋清晰，不断明确起来。

　　总体看，共建"一带一路"倡议是新时代中国对外开放的重大纲

---

[1] 中共中央宣传部、中华人民共和国外交部：《习近平外交思想学习纲要》，北京，人民出版社、学习出版社 2021 年，第 101—102 页。

领，"有效盘活国内生产要素、优化经济空间布局、拓展国际市场，为我国经济中高速增长提供持续动力……为颇具需求潜力的西部地区增长带来重大机会，为加快东部地区产能向中西部地区合理转移、促进区域经济优势互补和协调发展搭建了桥梁"[1]，推动形成陆海统筹、东西互动、面向全球的开放新格局，丰富了对外开放战略的内涵，是在既有开放基础上更大视角、更深层次、更高水平、更优质的开放，对优化经济发展模式，实现经济跨越式发展，推动经济结构转型升级具有重大历史意义。"丝绸之路经济带"和"21世纪海上丝绸之路"，"一个着眼加快向西开放，一个着眼于建设海洋强国"[2]，共建"一带一路"与形成全面开放新格局、建设更高水平开放型新体制同步规划、协同实施，与京津冀协同发展等重大国家战略以及加快经济转型升级、维护边疆和国家安全等重大问题紧密相连、息息相关，标志着我国进入双向性、全方位、高水平开放的新阶段。

三、共建"一带一路"与构建新发展格局

随着我国在全面建成小康社会、实现第一个百年奋斗目标之后，进入乘势而上，全面建设社会主义现代化国家、向第二个百年奋斗目标进军的新发展阶段，我国发展的内外环境发生深刻变化，面临许多新的重大理论和实践问题，特别是新冠疫情大流行使百年未有之大变局加速演进，国际上保护主义、单边主义上升，世界经济低迷，全球产业链供应链受到冲击，我国对外开放和共建"一带一路"面临新的

---

[1] 胡正塬：《"一带一路"战略》，北京，中共中央党校出版社2017年版，第231页。

[2] 中国现代国际关系研究院：《"一带一路"读本》，北京，时事出版社2018年版，第9页。

更加复杂的形势。习近平总书记深刻指出，"现在的形势已经很不一样了，大进大出的环境条件已经变化，必须根据新的形势提出引领发展的新思路"[1]。2020 年 10 月，党的十九届五中全会通过的《中共中央关于制定国民经济和社会发展第十四个五年规划和二〇三五年远景目标的建议》提出，要加快构建以国内大循环为主体、国内国际双循环相互促进的新发展格局。这是以习近平同志为核心的党中央根据我国新发展阶段、新历史任务、新环境条件作出的重大战略决策，把握新发展阶段、贯彻新发展理念、构建新发展格局是习近平经济思想的重大理论成果。

习近平总书记高度重视共建"一带一路"在服务构建新发展格局方面的重要作用，在 2021 年 11 月举行的第三次"一带一路"建设座谈会上，明确要求要统筹考虑和谋划构建新发展格局和共建"一带一路"，聚焦新发力点，塑造新结合点。要加快完善各具特色、互为补充、畅通安全的陆上通道，优化海上布局，为畅通国内国际双循环提供有力支撑。要加强产业链供应链畅通衔接，推动来源多元化。要优质打造标志性工程。民生工程是快速提升共建国家民众获得感的重要途径，要加强统筹谋划，形成更多接地气、聚人心的合作成果。[2]

新发展格局同共建"一带一路"虽然提出的背景和契机有所不同，但在思维方法上有异曲同工之妙。两者都强调矛盾统一性，一个是国内国际双循环的统一，一个是陆海、东西的统一，都旨在实现相互促进；两者都反映系统思想，强调统筹国内国际两个大局和发展布局的

---

[1] 习近平：《论把握新发展阶段、贯彻新发展理念、构建新发展格局》，北京，中央文献出版社 2021 年版，第 482 页。

[2]《习近平谈治国理政》（第四卷），北京，外文出版社 2022 年版，第 497 页。

均衡和优化，致力于"调理好统摄全身阴阳气血的任督二脉"[1]，打通堵点断点，实现循环畅通。从两者相互关系看，一方面，高质量共建"一带一路"是构建新发展格局的重要组成部分，通过共建"一带一路"，提高国内各区域开放水平，拓展对外开放领域，推动制度型开放，共建"一带一路"积累的存量资源也为构建新发展格局的顺利挂进提供了弥足珍贵的支持；另一方面，构建新发展格局旨在优化发展布局，推动区域协调发展，充分激发中国市场潜力，为世界各国创造更多需求，从而为高质量共建"一带一路"提供更强动力、更大空间、更优路径，"与共建国家市场顺畅联通有助于我国充分利用两个市场、两种资源，实现高质量的国内大循环，催生高质量的供给和需求，进一步增强我国对全球资源要素的吸引力；共建国家通过参与'一带一路'建设，更多分享我国国内大循环释放的发展红利，为经济社会发展赢得更多机遇，不断增强参与高质量共建'一带一路'的动力和能力"[2]。正如习近平总书记指出的，中国进入新发展阶段、贯彻新发展理念、构建新发展格局，为"一带一路"合作伙伴提供了更多市场机遇、投资机遇、增长机遇。[3]

[1] 习近平：《论把握新发展阶段、贯彻新发展理念、构建新发展格局》，北京，中央文献出版社 2021 年版，第 482 页。

[2] 国家发展和改革委员会一带一路建设促进中心：《共建"一带一路"：进展、形势及展望》，载于《"一带一路"建设发展报告（2021）》，北京，社会科学文献出版社 2021 年，第 7 页。

[3]《习近平向"一带一路"亚太区域国际合作高级别会议发表书面致辞》，外交部网站，2021 年 6 月 23 日，https://www.mfa.gov.cn/zyxw/202106/t20210623_9136882.shtml。

第四节 与构建人类命运共同体紧密相连

共建"一带一路"和构建人类命运共同体都是习近平外交思想的重要方面，关于两者存在的紧密逻辑联系，习近平总书记多次作出清晰阐述："我提出'一带一路'倡议，就是要实践人类命运共同体理念"[1]；"以共建'一带一路'为实践平台推动构建人类命运共同体，这是从我国改革开放和长远发展出发提出来的，也符合中华民族历来秉持的天下大同理念，符合中国人怀柔远人、和谐万邦的天下观，占据了国际道义制高点"[2]；"我提倡共建'一带一路'和构建人类命运共同体，就是要促进不同文明的交流互鉴和各国之间的互利合作，建设一个持久和平、普遍安全、共同繁荣、开放包容、清洁美丽的世界"[3]。这些论述既阐明了构建人类命运共同体和共建"一带一路"的思想渊源共通性和目标任务统一性，也揭示了两者间的相互关系。

通过深入研究可以看出，构建人类命运共同体更侧重政治理念和哲学追求，着眼全局和"大系统"，解决总目标、大方向的问题；共建"一带一路"着眼具体区域和经济文化等具体领域的探索和实证，是"大系统"中的"小系统"，具有动态性灵活性，解决阶段性目标和实践平台问题。后者的不断推进为前者的最终实现贡献经验证的理念成果，并为之积累政治、经济、联通、生态、人心、伙伴、机制等方面的条

---

[1] 习近平：《论坚持推动构建人类命运共同体》，北京，中央文献出版社2018年版，第510页。

[2] 《习近平谈治国理政》（第三卷），北京，外文出版社2020年版，第487页。

[3] 《习近平同希腊总统帕夫洛普洛斯举行会谈》，新华网，2019年5月14日，http://www.xinhuanet.com/politics/leaders/2019-05/14/c_1124493702.htm。

件和基础。"'一带一路'建设是践行人类命运共同体理念的世纪工程，而推动构建人类命运共同体则是共建'一带一路'的目标和愿景"[1]。

一、为构建人类命运共同体积累和平条件和普遍安全基础

人类是不可分割的安全共同体，和平是各国人民的永恒期望。持久和平和普遍安全是构建人类命运共同体的前提和应有之义。共建"一带一路"首要目标就是建成和平之路。在推动共建"一带一路"过程中，中国一是充分利用这一重要多边舞台，反复强调和平安全是推进共建"一带一路"的基本前提和保证，呼吁构建以合作共赢为核心的新型国际关系，树立共同、综合、合作、可持续的安全观、营造共建共享的安全格局。二是通过真诚沟通和实际行动，厘清推进"一带一路"建设不是地缘政治战略，不会重复地缘博弈的老套路，而将开创合作共赢的新模式；不会形成破坏稳定的小集团，而将建设和谐共存的大家庭；不是制造分裂、开启冷战大门，具有排他性和结盟对抗性质的"马歇尔计划"，而是既与已有地区合作架构兼容，又与域外力量相包容，具有强烈的和平属性。三是针对"一带一路"沿线处在全球战略枢纽地带、民族冲突地带、宗教重叠地带、能源资源密集地带，历史和现实矛盾错综复杂的现实，在"一带一路"框架下同各共建国家共同构建争端解决机制，共建安全风险预警防控机制，共同制定应急处置工作机制，推动各方就各自利益关切沟通交流，尊重彼此核心利益和重大关切，和平解决分歧，为共建"一带一路"营造良好发展环境。四是通过推动文明之路建设，推动各国相互理解、相互尊重、相互信任，倡导不同民族、不同文化要"交而通"，而不是"交而恶"，彼此要

---

[1] 陈伟光：《共建"一带一路"：一个基于制度分析的理论框架》，《当代亚太》2021 年第 2 期，第 34－35 页。

多拆墙、少筑墙，把对话当作"黄金法则"用起来。五是通过推动包容性发展、聚焦惠民生和消除贫困。世界银行有关报告认为，到2030年，共建"一带一路"有望帮助全球760万人摆脱极端贫困、3200万人摆脱中度贫困。[1]这无疑有利于从根本上消除恐怖主义、极端主义等非传统安全因素滋生的土壤，通过推动经济共同繁荣发展促进政治和安全分歧的解决。

共建"一带一路"的历史使命、责任和作用就是促进发展，维护和平，通过扎实具体的行动推动摒弃文明冲突、冷战思维、零和博弈等陈旧观念，助力破解和平赤字、安全困境，为构建人类命运共同体积累和平条件和普遍安全基础。

二、为构建人类命运共同体积累发展条件和共同利益基础

习近平总书记深刻指出，当今世界面临的很多问题，归根结底都和发展问题相关。[2]人类走向命运共同体显然意味着走向共同富裕的前景，而不是共同贫穷的前景。构建人类命运共同体的基础是实现全球经济长期、稳定、均衡、可持续、包容性发展，各国人民形成基于广泛共同利益的利益共同体和发展共同体。

2008年国际金融危机爆发以来，世界经济不仅面临金融危机带来的周期性冲击，也面临由于全球价值链体系"结构固化"导致的地区发展不平衡、发展动力不足的长期性难题。经济属性是"一带一路"的基础属性，共建"一带一路"旨在提供一个包容性巨大的发展平台，

---

[1]《习近平谈治国理政》（第四卷），北京，外交出版社2022年版，第494页。

[2]《习近平在二十国集团领导人第十三次峰会第一阶段会议上的讲话（全文）》，"习近平外交思想和新时代中国外交"网站，2021年12月1日，http://cn.chinadiplomacy.org.cn/2018-12/01/content_76805594.shtml。

通过提高有效供给来催生新的需求。在"一带一路"建设走深走实过程中，国际产能合作、共建经济走廊和扩大贸易投资等实体经济形态发展，给参与国带来了新的发展机遇，"形成了基建引领、产业集聚、经济发展、民生改善的综合效应"[1]，并通过同各国发展战略、区域和国际发展议程的有效对接和协同增效，大大提升了各国参与经济全球化的广度和深度，使更多发展中国家和中小企业融入全球价值链、产业链和供应链，对促进全球经济可持续发展，释放新增长动能具有极为重要的意义。联合国秘书长古特雷斯指出，"一带一路"倡议根植于全球发展意愿，不仅与联合国 2030 年可持续发展议程实现对接，还将为推动这一议程提供巨大动力。美国麦肯锡咨询公司预测，到 2050 年，"一带一路"倡议将贡献 80% 的世界经济增长，新增 30 亿中产阶级。中国以身作则，为"一带一路"建设投入大量"真金白银"，发挥启动作用，产生示范效应。据商务部统计，2013—2020 年，中国对"一芇一路"沿线国家累计直接投资达 1360 亿美元，2021 年又实现同比两位数的增长，[2] 仅央企在世界各地投资的"一带一路"建设项目就有 3000 多个，[3] 还有更多民营企业的投资项目。比如，中白工业园是中国和白俄罗斯两国共建"一带一路"的标志性工程，在两国政府和企业的大力支持下，中白工业园正在逐步发展成一个基础设施完备、具备全面招商引

[1] 吴志成：《高质量共建"一带一路"引领全球发展治理》，《当代世界》2022 年第 4 期，第 64 页。

[2]《商务部副部长：中国与"一带一路"沿线国家货物贸易累计达 9.2 万亿美元》，中国政府网，2021 年 4 月 20 日，http://www.gov.cn/xinwen/2021-04/20/content_5600882.htm。

[3]《"一带一路"企业家大会：汇聚工商力量 擘画发展新蓝图》，人民网，2019 年 4 月 25 日，http://world.people.com.cn/n1/2019/0425/c1002-31050666.html。

资条件的现代化园区。又如，号称欧洲"南大门"的希腊比雷埃夫斯港，自中国企业正式参与运营后，交出了亮眼的成绩单，已成为全球发展最快的集装箱港口之一。

共建"一带一路"以开放包容、自由灵活的合作格局，高效多样、丰富平等的运作机制，为沿线国家的发展注入强大的动力，成为造福世界的"发展带"。中国既为共建国家提供条件优惠的融资，同时也对这些国家开放市场，把快速发展的中国经济同沿线国家的利益结合起来，在沿线乃至更大范围形成了不断增长的经济利益纽带，从而不断为构建人类命运共同体积累重要的发展条件和共同利益基础。

三、为构建人类命运共同体夯实互联互通基础

互联互通自古就是人类社会的追求，也是古丝绸之路的核心价值。人类命运共同体理念代表未来全球化发展的正确方向，而全球化的本质是减少交流障碍和桎梏，实现人类各方面的高度联通，更好地实现共享和谐发展。工业革命以来，全球互联互通持续发展，特别是随着信息时代的到来，联通的广度、深度、速度和多样性得到极大发展，"地球村"观念深入人心。然而表面繁荣的背后，全球互联互通仍存在着巨大的不平等、不平衡和倒退风险。比如 "一带一路"沿线许多国家基础设施发展明显滞后于其经济增长，且无论在质还是量上均低于国际标准。2017 年的一项研究显示，当年"一带一路"沿线国家和地区主要基于交通、能源和通信三方面基础设施的联通平均得分仅为 9.71，大大低于畅通水平标准（14 分），达到畅通水平的畅通型国家仅有 4 个。[1]

---

[1]《设施联通提升空间巨大——2018 年"一带一路"五通指数单项报告之二》，太和智库网站，2019 年 4 月 11 日，http://www.taiheinstitute.org/Content/2019/04-10/1648583409.html

"一带一路"和互联互通是相融相近、相辅相成的。"共建'一带一路'，关键是互联互通。如果将'一带一路'比喻为腾飞的两只翅膀，那么互联互通就是两只翅膀的血脉经络。我们要建设的互联互通，不仅是修路架桥，不光是平面化和单线条的联通，而更应该是基础设施、制度规章、人员交流三位一体，应该是政策沟通、设施联通、贸易畅通、资金融通、民心相通五大领域齐头并进。这是全方位、立体化、网络状的大联通，是生机勃勃、群策群力的开放系统。"[1] 在实践中，特别是初期阶段，共建"一带一路"积极推动铁路、公路、港口等重大互联互通基础设施"硬联通"，并在短时间内取得一系列成果，大量跨境铁路、公路、航线等的开通极大地便利了国家之间的交往与合作。比如，2016 年中欧班列统一品牌运行，从"连点成线"到"织线成网"，铸成了沿线国家互利共赢的桥梁纽带。中国国铁集团数据显示，截至 2023 年 10 月，中欧班列已铺画 86 条运行线路，通达欧洲 25 个国家的 200 多个城市，运输货品达 5 万余种。又如，中老铁路 2021 年底通车使素有"中南半岛屋脊"之称的老挝突破重山封锁变"陆锁国"为"陆联国"。再如，雅万高铁连接印尼首都雅加达和第四大城市万隆，是中国首个海外高铁项目，使两地交通时间从原来的 3 个多小时缩短至 40 分钟，极大促进了沿线经济的发展。在数字时代，数字联通意义更为凸显，迫切需要以互联网、物联网、云服务、云计算和人工智能为基础的深度泛在的"互联互通"。同时，以基础设施为主的"硬联通"对"一带一路"固然重要，但倘若没有后续的"软联通"跟进，其收益将会大打折扣。在推进传统意义上联通基础上，共建"一带一

---

[1] 中共中央宣传部、中华人民共和国外交部：《习近平外交思想学习纲要》，北京，人民出版社、学习出版社 2021 年版，第 97 页。

路"积极推进规则标准的"软联通",加快完善人员往来"快捷通道"和货物运输"绿色通道",在疫苗、绿色发展、数字经济、科技创新等新兴领域推动规则标准对接,打造面向融合发展的互联互通新格局。总之,共建"一带一路"通过推动互联互通破解逆全球化潮流和"发展鸿沟""数字鸿沟",促进共享发展和繁荣,持续为构建人类命运共同体夯实基础、增添动力。

四、为构建人类命运共同体创造生态文明条件

地球是人类的共同家园,人类共同的命运系于能否实现人类社会经济运行与自然生态的和谐共生。共谋全球生态文明、建设清洁美丽世界是推动构建人类命运共同体的关键一招,符合世界绿色发展潮流和各国人民共同意愿。共建"一带一路"以绿色为底色,是推动全球生态文明建设和全球环境治理体系建设,进而推动构建人与自然生命共同体的重要实践平台。

共建"一带一路"国家多为发展中国家和新兴经济体,面临着推进工业化和城镇化的艰巨任务,由此导致了环境污染、生态退化、气候变化等多种生态环境问题。习近平总书记高度重视绿色丝绸之路建设,提出要坚持开放、绿色、廉洁理念,把绿色作为底色,推动绿色基础设施建设、绿色投资、绿色金融,保护好我们赖以生存的共同家园。在共建"一带一路"框架下,中国同共建国家一道加大国际合作力度,建设美丽地球家园,顺应了共建国家追求绿色、高质量、可持续发展的愿望。一是打造绿色样本,传递绿色理念。中国的发展历程在广大沿线国家中具有典型性和代表性,各国高度关注中国在推进环境治理、生态保护和绿色发展中的成就和经验,中国立足实际发展情况,贯彻习近平生态文明思想,深入开展生态文明建设,为共建国家树立了典范,

并通过沟通交流，广泛传播了尊重自然、顺应自然、保护自然的生态文明理念。二是担当绿色责任，推动绿色发展。中国政府出台《对外投资合作环境保护指南》《关于推进绿色"一带一路"建设的指导意见》《"一带一路"生态环境保护合作规划》等一系列政策文件，在共建"一带一路"进程中，"中国始终高度重视当地环境保护和生态治理，不断引入绿色基础设施建设、绿色建筑、绿色能源等行业的国际环保标准，大力推广太阳能、风能和电动汽车等清洁能源应用，积极参与技术转让，降低技术转让成本，积极参与沿线国家水污染治理、荒漠化治理等"[1]，切实落实共建"一带一路"的绿色标准和绿色责任。比如，2022 年由中国公司提供关键设备的意大利贝莱奥利科海上风电项目全容量并网，这是意大利首个海上风电项目，总装机容量为 30 兆瓦，可以满足近两万家庭用电需求。中国在阿联酋迪拜的沙漠腹地正建设目前世界上装机容量最大、投资规模最大的光热项目，还在巴基斯坦、老挝、阿根廷、克罗地亚等国建设了很多水电站、风电站、太阳能电站等清洁能源项目。三是加强绿色团结，应对全球绿色赤字。中国与联合国环境规划署签署了关于建设绿色"一带一路"的谅解备忘录，与 30 多个共建国家签署了生态环境保护合作协议，同各方共建"一带一路"可持续城市联盟、绿色发展国际联盟，制定《"一带一路"绿色投资原则》，发起"关爱儿童、共享发展，促进可持续发展目标实现"合作倡议，启动共建"一带一路"生态环保大数据服务平台，实施绿色丝路使者计划，并同有关国家一道，实施"一带一路"应对气候变化南南合作计划等，建设绿色丝绸之路已成为落实联合国 2030 年可持续发展议程的重要路径。

---

[1] 丛晓男、王维：《以绿色"一带一路"推进全球生态文明建设》，《中国发展观察》2021 年第 16 期，第 17 页。

古丝绸之路兴起于农业文明时代，衰落于工业文明时代，是农业文明时代的辉煌代表。共建"一带一路"绝不是重回农业时代，而是要吸取工业文明时期的历史经验教训，着眼共同解决人类社会面临的气候变化、环境污染、资源浪费、粗放发展等共同问题，在人类文明史上再创奇迹，引领全球进入生态文明时代。

五、为构建人类命运共同体扩大民意条件和伙伴基础

"与天下同利者，天下持之"[1]。构建人类命运共同体的美好前景需要世界各国人民广泛认同和共同努力才能实现，而人们认同、接受、追随一种新的先进的思想理论往往需要时间的沉淀和实践成果的验证。作为由中国首倡发起、持续推动和精心维护的，涉及广大区域和广泛领域的重要实践平台以及中国向世界提供的重要全球公共产品，共建"一带一路"历史地承担了这样的重要使命：那就是通过大量理念、制度、方法、规则创新争取越来越多人认同中国智慧、中国理念、中国方案；通过大量实践成果使更多人感受中国推动构建人类命运共同体的真诚意愿和深沉情怀、巨大决心和强大能力；通过真实有效、互利共赢的沟通与合作扩大构建人类命运共同体的世界民意条件和国际伙伴基础。

毛泽东同志曾指出，"一切空话都是无用的，必须给人民以看得见的物质福利"[2]。习近平总书记说，"'一带一路'是大家携手前进的阳光大道，不是某一方的私家小路。所有感兴趣的国家都可以加入

---

[1] 《管子·版法解》。

[2] 毛泽东：《抗日时期的经济问题和财政问题》，载于《毛泽东文集》第二卷，北京，人民出版社1991年版，第467页。

进来，共同参与、共同合作、共同受益"[1]；"要坚持以人民为中心的发展思想，聚焦消除贫困、增加就业、改善民生，让共建'一带一路'成果更好惠及全体人民，为当地经济社会发展作出实实在在的贡献"[2]。

在实践中，中国推动将共建国家人民"心联通"作为重要基础，打造了一批标志性民生工程，提升了共建国家民众获得感和幸福感，建起了惠及民生的"幸福路"。比如，塞尔维亚斯梅戴雷沃钢厂一度面临破产，中国河钢集团 2016 年收购后给这座钢厂和它的 5000 名员工的生活带来了巨大变化。再如，位于"西非之角"的塞内加尔，很多地方面临淡水资源短缺的问题，中国提供融资实施的乡村打井工程，惠及塞内加尔全国七分之一人口，为当地 3000 多人创造了就业机会。又如，利用圣克鲁斯河水发电是阿根廷人多年的期盼，由中国与阿方企业组成的联营体在南美洲大陆最南端建设的水坝，正在帮助阿根廷人实现梦想。此外，中国与埃及合作开展智能灌溉技术研发，促进了埃及沙漠农业的发展，在非洲结合数字技术开展良种选育，大幅度地提高了当地粮食产量。截至 2021 年末，纳入中国商务部统计的分布于 46 国的境外经贸合作区，累计为当地人民提供了 39.2 万个就业岗位，为东道国缴纳税费 66 亿美元。

从 2017 年开始，中国在老挝、柬埔寨、缅甸 3 个国家选择 6 个村庄，实施为期 3 年的"整村推进"和"精准扶贫"试验，重点做了四项工作：一是通过"一带一路"基建项目建设实现基建脱贫，包括修建铁路、公路、港口、桥梁等方式，实现对贫困地区的"超级连接"；二是通过"一

---

[1]《习近平在博鳌亚洲论坛 2021 年年会开幕式上发表主旨演讲》，《人民日报》2021 年 4 月 21 日，第 1 版。

[2] 习近平：《齐心开创共建"一带一路"美好未来——在第二届"一带一路"国际合作高峰论坛开幕式上的主旨演讲》《人民日报》2019 年 4 月 27 日，第 1 版。

带一路"产业项目实现产业脱贫，主要依托当地资源发展特色产业如传统手工业、特色旅游、中草药种植，发展当地有优势的养殖业和发展庭院经济等；三是通过"一带一路"绿色发展实现脱贫，主要是雇佣一些员工从事与环境保护相关的岗位和职业；四是直接通过援助方式帮助受援地区及其人民减贫。结果显示，3国6村的试验效果非常好。[1]类似"小而美"的项目还有很多，切实帮助共建国家民众增加了收入，改善了生活。

为应对新冠疫情，中国向共建"一带一路"国家出口援助了大量医疗物资，中国生产的疫苗作为全球公共产品向共建"一带一路"国家提供，缓解了共建国家疫苗短缺的问题，为共建国家提供了强大的发展韧性。

共建"一带一路"以高标准、惠民生、可持续为目标，通过与共建伙伴携手打造的成功合作案例，给相关国家和地区人民带来实实在在的红利，中国与有关国家的友好合作关系也得到发展和深化，使人类命运共同体理念日益深入人心。

六、为构建人类命运共同体提供理论和机制探索

共建"一带一路"是国际合作以及全球治理新模式的积极探索，从多层次、多维度顺应着世界的变化，"搭建政治主张不同、文化背景各异的国家和地区间经济发展社会融合的综合平台……推动国际多元合作、宽容互信及世界和睦发展，从而实现人类命运共同体"[2]。

（一）对全球治理理论的探索

---

[1] 胡必亮：《以共建"一带一路"促高质量共同发展》，《光明日报》2020年12月7日，第5版。

[2] 胡正塬：《"一带一路"战略》，北京，中共中央党校出版社2017年版，第238页。

共商共建共享原则。这一重要原则最早是在"一带一路"视域下提出的，言简意赅，深入浅出，明确了共建"一带一路""不是封闭的，而是开放包容的；不是中国一家的独奏，而是沿线国家的合唱"这一重要特征，展现了政治和外交上的感召力以及经济上的吸引力和可持续性，很快为有关各方认可和接受，对推进"一带一路"建设发挥了重要指导作用。共建"一带一路"的成功实践向世人表明，只有践行共商共建共享原则，才能为合作找到最大公约数，汇聚最强大力量。在此基础上，共商共建共享原则被发展和上升为全球治理观。习近平总书记在谈到坚持真正的多边主义、国际关系民主化、提升亚太区域合作水平、二十国集团发挥更大引领作用、中国—中东欧国家合作等事关国际秩序、国际组织发展、地区合作的重大问题时，均多次提到共商共建共享原则，为世界各国和国际组织本着平等、开放、透明、包容精神共同推动全球治理体系变革、共同应对全球治理挑战提供了重要指引。

多边主义。推动多边主义、维护多边主义是全球治理体系完善和稳定的基石。"一带一路"就是典型的践行多边主义、实现多边治理的倡议，共建"一带一路"实施过程中兼顾各方利益和关切，寻求利益契合点和合作最大公约数，体现各方智慧，各施所长，各尽所能，互相借力，共同发展，共享成果，不仅给共建各国带去了经济发展和互联互通，更重要的是带去了友好协商的机制，带去了平等和尊重，体现了全球治理体系变革的内在要求，彰显了同舟共济、权责共担的命运共同体意识，为完善全球治理体系变革提供了新思路新方案，丰富了新形势下多边主义的实践。

全球发展倡议。2021 年 9 月 21 日，习近平总书记在第 76 届联合国大会一般性辩论期间提出全球发展倡议。全球发展倡议和"一带一路"

倡议虽然分别自成一体，各有侧重，合作方向和重点各有聚焦，但都致力于推动互利共赢的国际合作。从核心理念和内容看，两个倡议有高度的契合性，共建"一带一路"主张的打造"繁荣之路""增长之路""减贫之路"与全球发展倡议提出的"坚持发展优先、坚持以人民为中心、坚持普惠包容"，打造"创新之路"与"坚持创新驱动"，打造"绿色之路"与"坚持人与自然和谐共生"明显一脉相承。可以认为，共建"一带一路"为在全球范围内提出发展倡议提供了理念内涵基础。从重点领域看，联合国 2030 年可持续发展议程中的 17 项目标与"一带一路"政策沟通、设施联通、贸易畅通、资金融通、民心相通五大领域高度契合，全球发展倡议与 2020 年联合国"行动十年"规划彼此呼应，聚焦减贫脱贫、粮食安全、经济复苏、教育卫生等当前发展中国家面临的最紧迫问题，提供"21 世纪的解决方案"[1]，两者表现出明显的协同性和互补性。因此，共建"一带一路"对全球发展倡议的提出作出了理念和实践方面的贡献，两者共同为完善全球治理体系，促进全球共同发展，进而推动构建人类命运共同体提供了具体可行的理念和方案。

（二）与现有全球治理机制的融合

共建"一带一路"是中国参与全球经济治理体系改革和建设的标志性成果，是对全球经济治理制度的补充、完善和优化。"一带一路"合作机制与现存国际制度的关系不是替代和被替代的关系，而是主要体现为制度合作而非制度冲突，具体表现在，一是贸易领域，与现有的以世贸组织为代表的多边贸易机制融合，共建"一带一路"推进的贸易便利化措施也为世贸组织的改革提供了范例；二是金融领域，与

---

[1] 王义桅：《全球发展倡议与"一带一路"协同增效》，《北京日报》2022 年 4 月 18 日，第 12 版。

世界银行等多边开发金融机构合作协调，中国与世界银行、金砖国家新开发银行、亚洲开发银行、欧洲投资银行、欧洲复兴开发银行共同签署了加强"一带一路"合作备忘录，决定设立多边开发融资合作中心，2018 年中国—国际货币基金组织联合能力建设中心成立；三是在发展领域，在遵循联合国原则和宗旨的前提下，共建"一带一路"积极融入联合国现有的各种发展机制，如"一带一路"与联合国对接项目"海陆丝绸之路城市联盟"，"一带一路"合作学院与联合国粮农组织、联合国粮食计划署共同发起"一带一路"农业发展青年领袖计划等。

共建"一带一路"是国际制度体系中基本制度和专门性机制的融合，作为一种国际制度的创新，与现有各类国际机制实现合作互补，并发挥联动效应，解决国际贸易、金融、发展等领域的治理难题，减少不利因素的干扰，形成相互助推的动力机制，促成形成更加包容、公正、合理的国际经济新秩序。中国也在搭建制度合作平台的尝试中不断塑造自己的全球治理角色，更好地为国际合作提供公共产品。[1]

---

[1] 吴志成：《"一带一路"：以国际合作推进全球治理变革》，《人民论坛·学术前沿》2017 年第 4 期，第 32 页。

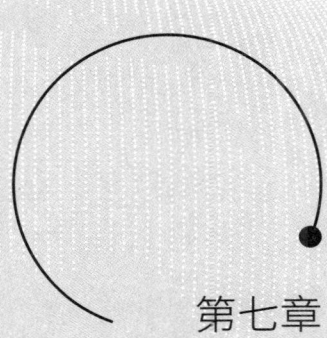

第七章

推进全球治理体系改革：推动构建人类命运共同体的必由之路

进入 21 世纪以来，第二次世界大战后建立起来的以联合国为核心的全球治理体系和国际秩序面临的制度困境正逐步显现，治理鸿沟和治理赤字亟待弥合。当今时代的全球治理已不再是"西方治理"或单纯由全球性大国对世界秩序作出安排，全球治理逻辑已经由西方性转向全球性。中国是世界上最大的发展中国家和全球第二大经济体，对世界经济增长的贡献率超过 30%。中国特色社会主义进入新时代，中国对世界的影响从未像今天这样全面、深刻、长远；世界对中国的关注也从未像今天这样广泛、深切、聚焦。

党的十八大以来，习近平总书记以卓越政治家、战略家的宏大视野和战略思维，高瞻远瞩地提出弘扬全人类共同价值、推动构建人类命运共同体等重要理念，为推进全球治理体系改革提供了价值基础，指明了目标方向。中国积极参与全球治理体系改革和建设既体现出中国对自身发展道路的坚定自信，又体现出中国为人类进步事业作出更大贡献的历史自觉，更体现出中国作为负责任大国的使命与担当。

第一节 全球治理体系改革处在历史转折点上

纵观人类历史，世界发展从来都是各种矛盾相互交织、相互作用的综合结果，大变局孕育于其中，演进于其中。当前，全球化使全球性问题更加多样。联合国主导的主要全球治理进程，如维和、可持续发展、应对气候变化等在困难中缓慢前行。二战后建立起来的全球治理体系面对这个变化了的世界出现了诸多的不适应，全球治理体系正在发生自冷战结束以来最为深刻的变化。

一、全球治理体系的发展和演进

1990 年，时任社会党国际主席、国际发展委员会主席勃兰特率先提出"全球治理"这一概念。1992 年，28 位国际知名人士发起成立"全球治理委员会"。"全球治理委员会"虽然不是联合国的正式机构，但它得到了时任联合国秘书长加利的认可，并通过联合国开发计划署的两个信托基金为其提供资金。1995 年，"全球治理委员会"发表题为《天涯成比邻》（*Our Global Neighborhood*）的研究报告，较为系统地阐述了全球治理的概念、价值以及全球治理同全球安全、经济全球化、联合国改革和加强全球依法治理的关系。

说到治理，自然就绕不开治理的理念，即价值认同，以及治理的主体、客体、制度规则，治理需要实现的目标或达到的效果等要素。而全球治理又不同于一般意义上的政府治理或社会治理。根据全球治理委员会报告的定义，全球治理是"各种公共的或私人的机构和个人管理其共同事务的诸多方式的总和。它是持续调和相互冲突或不同利益，并采取合作行动的过程。它既包括可以强制人们服从的正式机构与机制，也包括不同机构和个人已经同意或认可的符合其利益的各种非正式安排"[1]。从这一定义不难看出，全球治理依靠的并不是一个具有高度权威的世界政府，而是基于共同的价值理念认同之上，由各个行为主体，既可以是政府，也可以是非政府的组织或个人，通过协商达成一定规则，建立相应制度，调整相互关系并履行权利义务，同时也包括为确保缔约方履约而制定和采取的道德谴责、制裁等一系列惩罚措施和机制的治理架构。可见，全球治理是一个极其庞大和复杂的体系。

由于缺少一个具有高度权威的世界政府，要使这一体系有效运作，就需要从道德上对参与全球治理的各行为主体进行约束，而道德约束的前提是各行为主体拥有共同或相似的价值认同、正义判断和道德谴责标准。在此前提下，各行为主体会基于民主的原则，通过协商达成维系这一体系运转的公平规则和制度安排，进而共享有效的全球治理在促进经济发展和人类进步方面带来的积极成果。同时，由于各国家行为主体都是遵循本国利益最大化的原则进行决策，这就必然会导致存在利益冲突的行为主体对同一问题作出不同甚至根本对立的决策判断，这就需要行为主体之间的协商、让步和相互妥协，或诉诸集体决策机制来决定并执行其决议。

如果国家行为主体选择将争端诉诸武力或拒绝执行集体决策机制的决议，就会引发治理失灵；如果集体决策机制代表性不足，不能很好地体现多元化或大多数治理主体的意志，就会造成治理责任错位；如果新兴领域治理规则的确立远远落后于治理议题的提出，就会形成治理盲区；如果在某一领域或议题上治理主体间存在较大的理念和价值观分歧或利益竞争，致使各治理主体无法达成有效的治理规则和制

---

[1] Commission on Global Governance, *Our Global Neighborhood: The Report of the Commission on Global Governance*, New York: Oxford University Press, 1995, p.2.

度安排，就会产生治理规范缺失。上述种种情况都将引发全球治理的制度困境，从而降低全球治理体系的有效性。

事实上，在 20 世纪 90 年代，"全球治理"作为一个学术概念正式被提出之前，人类就早已开始了对我们所生活的世界进行有效治理的实践探索。

在东方，"普天之下莫非王土，率土之滨莫非王臣"的"天下观"已延续千余载，以中国"天子"为核心的朝贡体系构成了东亚地区国际秩序的基础。在中国与欧洲之间横跨亚非欧三大洲的广袤地区，自公元 7 世纪以来，伊斯兰教的世界秩序观长期占据着统治地位。公元 1648 年，威斯特伐利亚会议终结了欧洲"三十年战争"以及中欧地区绵延了一个多世纪的教派冲突和政治动荡，开创了国家之间通过谈判解决争端、结束战争的先例。依据《威斯特伐利亚和约》建立起来的威斯特伐利亚体系确认了近代以来国际关系中的主权平等和国家领土、国家独立等基本原则，确立了国际法中缔约国必须遵守条约、违约国应被视为和平的破坏者、其他缔约国对违约国可以进行集体制裁的原则，建立了国家间互派外交使团的制度，在欧洲搭建起一个有限的近现代国际关系体系基本雏形。与此同时，在大西洋彼岸的"新大陆"，一种新的秩序模式初露端倪，一批开启了"荒野之旅"的清教徒正致力于建立一座"山巅之城"，希望用"正义的原则和榜样的力量"来激励整个世界。然而，受到当时的生产力水平、工业化程度、交通运输方式和国家军力财力等制约，即便是 19 世纪 20 年代抛出的"门罗宣言"也只是将美国的利益范畴限定在美洲。因此，19 世纪中叶之前的全球治理体系，基本上可以看作是基于各个区域权力中心的不同区域秩序的简单加总，任何一种秩序模式都不具备真正意义上的全球属性。

全球性大国的出现为全球治理体系的构建提供了条件。公元 1500

年是世界历史上的一个重要分水岭。真正意义上的全球性大国伴随着伊比利亚人扩张的脚步开始出现，最初是葡萄牙和西班牙，到了 17 世纪至 18 世纪中叶，它们又先后被来自西北欧的强国荷兰、法国和英国赶超。此时的全球性大国对治理全球事务似乎并无兴趣，他们更热衷于对资源、财富、殖民地的掠夺和奴隶贸易。这一时期，推动全球性大国出现和更迭的重要原因是航海大发现、海上贸易及其背后的巨大经济利益和以国家财富为支撑的国家军事实力的增长。

发生在 18 世纪的第一次工业革命，推动人类社会进入了加速发展的轨道，科技革命和工业革命带来的巨大生产力，深刻改变了世界发展的既有格局。孤悬海外的英国得益于其独特的地理优势，躲过了欧洲大陆的百年战乱，完成了资产阶级革命。最终英国在 18 世纪中叶，凭借其海外贸易和海外殖民地积累的庞大财富，以及远超过法国的新大陆移民规模，先后战胜了荷兰和法国，夺取了全球霸权，成为真正的“日不落帝国”。从 19 世纪初期的维也纳体系到第一次世界大战后的凡尔赛—华盛顿体系，再到第二次世界大战后的雅尔塔体系，其变化的背后反映了世界大变局的演进和发展。

世界历史上具有真正意义的全球治理尝试开始于第一次世界大战后建立起来的国际联盟及其相关机构，但国联未能起到实现裁军和制止侵略的作用，第二次世界大战爆发后，国联名存实亡。两次世界大战的惨痛教训让各国人民痛定思痛，建立了以联合国为主体，包括国际货币基金组织（IMF）、世界银行（World Bank）、世界贸易组织（WTO）等机制的全球治理框架，全球治理也开启了新的篇章。

斯坦利·霍夫曼在《支配地位还是世界秩序》一书中指出，第二次世界大战结束后的世界秩序结构，包含着三重秩序安排：一是作为军事实力直接反映的雅尔塔体系，即形成了以美国和苏联两个超级大国对峙为特征的两极格局；二是作为政治秩序的敦巴顿橡树园体系，即建立了联合国；三是经济秩序，包括布雷顿森林货币体系、关税和贸易总协定（GATT）、欧洲经济合作组织（OECC）即后来的经济合作与发展组织（OECD）、世界银行和国际货币基金组织等。[1] 后来的事实表明，这样的秩序安排在将和平与发展确定为战后全球治理主要目标和方向的同时，也为接续而来的冷战深深埋下了伏笔。

尽管在联合国建立后的 70 多年时间里没有再发生世界大战，但以联合国为核心的国际治理体系既因其先天不足，又因冷战期间的两霸相争而长期难有作为。正如马凯硕在《大融合：东方、西方，与世界的逻辑》一书中所指出的，"在冷战时期，虽然莫斯科和华盛顿对任何事务都存在分歧，但他们唯独臭味相投的就是让联合国保持弱势"[2]。

二战后，随着第三世界国家纷纷摆脱殖民统治，旧殖民体系土崩瓦解，数百年来列强通过战争、殖民、划分势力范围等方式争夺利益和霸权的时代宣告终结。20 世纪 80 年代末至 90 年代初，东欧剧变、苏联解体，冷战的结束宣告了两极格局瓦解。在此后很长一段时期内，美国一直处于国际社会中的领导地位。

然而，随着中国等一大批发展中国家和新兴市场国家的快速崛起及其国际影响力的不断增强，多个发展中心在世界各地逐渐形成。美国虽然仍是世界上最强大的"一极"，但已不能独自主宰国际事务，[3]

---

[1] [美] 保罗·肯尼迪：《大国的兴衰》，陈景彪等译，北京，国际文化出版公司2006 年版，第 13 页。

[2] [新加坡] 马凯硕：《大融合：东方、西方，与世界的逻辑》，韦民等译，海口，海南出版社 2013 年版，第 2 页。

[3] 郑永年：《通往大国之路：中国与世界秩序的重塑》，北京，东方出版社 2011年版，第 51 页。

世界权力格局发生了近代以来最具革命性的变化。任何国家或国家集团都没有包揽国际事务、主宰他国命运、垄断发展优势的权力，国际秩序逐步向各国以制度规则协调关系和利益的方式演进，"全球政治在历史上第一次成为多极的和多文明的"[1]。

进入 21 世纪，世界大变局大调整呈现出一系列前所未有的新特征新表现。当前，按购买力平价计算，发展中国家与金砖国家等新兴经济体占世界经济总量的比重上升到 60% 左右，新兴市场国家和发展中国家对全球经济增长的贡献率已达 80%。世界经济第一次实现了真正全球范围的增长，发展中国家真正成为国际体系中的行为体。[2]

习近平总书记指出："全球治理格局取决于国际力量对比，全球治理体系变革源于国际力量对比变化。"[3] 随着新兴市场国家和发展中国家实力的增强，一个新问题出现了，即处于全球治理体系核心地位的联合国"如果不能为这些新兴发展中国家提供参与决策的渠道，联合国本身存在的合法性就要受到质疑"[4]。因此，推动以联合国为核心的全球治理体系朝着更加公正合理的方向发展就成为广大发展中国家的强烈共识。

---

[1] ［美］塞缪尔·亨廷顿：《文明的冲突》周琪等译，北京，新华出版社（授权京东电子版），第 21 页（京东电子书）。

[2] 孙吉胜：《全球治理体系变革的中国贡献》，《当代中国与世界》2021 年第 4 期，第 49 页。

[3] 习近平：《提高我国参与全球治理的能力》，人民网—中国共产党新闻网，2018 年 1 月 4 日，http://theory.people.com.cn/n1/2018/0104/c416126-29745992.html。

[4] 郑永年：《通往大国之路：中国与世界秩序的重塑》，北京，东方出版社 2011 年版，第 10 页。

二、应对全球性挑战需要推进全球治理体系改革

习近平总书记深刻指出："全球治理体系加快变革，但治理滞后仍是突出挑战。"[1]当前，新兴市场国家和发展中国家崛起速度之快前所未有，新一轮科技革命和产业变革带来的新陈代谢和激烈竞争前所未有，全球治理体系与国际形势变化的不适应、不对称前所未有，全球和平赤字、发展赤字、安全赤字、治理赤字不断扩大，全球治理体系和多边机制面临严重挑战。现行全球治理体系与当今国际力量对比存在诸多方面的不适应。

一是现行全球治理体系的行为主体缺乏广泛代表性。首先，二战后，包括联合国在内的各种国际组织和机构相继成立。联合国成立之初广大发展中国家尚未独立，只有 50 多个会员国，如今已发展到 190多个会员国。现行国际治理体系基本上反映的是二战结束后不久的国际力量对比，未能很好体现冷战结束以来，特别是进入 21 世纪之后国际力量对比已经发生的巨大变化。其次，众多全球性议题的治理主体已不再是传统意义上的主权国家，多边组织、地区组织、非政府组织，甚至企业或有影响力的个人都可能成为全球治理的行为主体。第三，参与全球治理也不再是全球性大国的特权和专利，互联网和交通运输方式的变化使得世界变成地球村，恐怖主义、气候变化、生态、极地等新疆域治理离不开大小国家的共同努力和参与。

二是现行全球治理体系在决策机制上缺乏应有的公平性。一方面，现行全球治理体系呈现"中心—外围"的治理架构，发达国家处于治

---

[1] 习近平：《同舟共济创造美好未来——在亚太经合组织工商领导人峰会上的主旨演讲》，人民网，2018 年 11 月 18 日，http://politics.people.com.cn/n1/2018/1118/c1024-30406392.html。

理架构的"中心",而广大发展中国家则处于治理架构的"外围",即大国是"治理者",发展中国家是"被治理者",这使得大国很容易通过主导规则制定权来维护自身利益。另一方面,国际货币基金组织、世界银行和世界贸易组织等重要金融和贸易机制都由美国主导设立。"加权投票制"使得西方国家能够保持对国际货币基金组织和世界银行的长期掌控。广大发展中国家没有能够全面参与规则制定及制度确立,他们的正当权益无法得到充分体现和维护。

三是现行全球治理体系在行动上缺乏足够的有效性。一方面,面对强权政治、霸权主义依然猖獗,单边主义、保护主义及逆全球化思潮上升等挑战,现行全球治理体系难以积极发挥有效作用。另一方面,在面对恐怖主义、网络安全、跨国犯罪、气候变化和全球性疫情等行为客体为非主权国家的情况时,以主权国家作为行为主体和管辖范围的治理模式已无法有效应对这类挑战。

四是现行全球治理体系的复杂性可能引发全球治理政策失灵。当前,除联合国、世贸组织等全球性治理机制外,地区性、领域性,甚至军事集团性质的政府间组织和各类非政府间国际组织大量存在,同时主权国家间、主权国家同多边组织间、多边组织相互之间的各种双边、多边协议和合作机制进一步增加了全球治理体系的复杂性。此外,由于全球治理议题交叉重叠,各议题领域中的制度安排缺乏协调,这就可能导致某一议题领域中的有效制度反而成为另一治理领域中的制约因素。这种全球治理体系呈现出的"碎片化"和"多元化"特征极易造成全球治理政策失灵。

五是现行全球治理体系还存在众多治理盲区和机制缺失。当前,全球化、信息化、网络化的快速发展正在重塑全球经济社会结构,世界经济、政治、社会、文化正在经历全面转型。大调整大变革一方面加剧了尚待解决的全球性问题的紧迫性，另一方面也开辟了全球治理的诸多新领域，由于很多新领域的治理规则尚未确立，便形成了众多的全球治理盲区。此外，随着国际权力结构发生深刻变化，新兴市场国家和发展中国家的全球影响力日渐增强，西方国家长期拥有的"权力优越感""制度优越感"和"文化优越感"遭到诸多挑战。参与全球治理的不同行为主体之间的价值观和治理理念分歧，使得一些领域难以达成有效治理机制，出现规则缺失。

六是现行全球治理体系中的不公正不合理成分严重制约国际社会团结合作。政治方面，以联合国为核心的强有力的全球治理体系还未真正建立，国际关系的法治化和民主化还远未实现。经济方面，广大发展中国家特别是贫困国家的发展问题尚未得到足够重视，多边贸易体制受到单边主义和贸易保护主义的干扰十分严重，发展中国家仍经常性遭受不公正贸易手段的打压和不公平对待。安全方面，世界动荡加剧，战争多点爆发，和平受到威胁。一些西方国家仍抱着冷战思维不放，逆历史潮流而动，继续利用北约等冷战遗产推进所谓自身安全，严重破坏国家间正常往来和相互合作。文化方面，国际文明对话体系被严重扭曲，世界文化思想领域的斗争尖锐复杂，不同文明与宗教间的矛盾持续升级甚至激化。

当前，各国相互联系、相互依存的程度空前加深，全球治理已不再是单纯的大国游戏，国际秩序的发展也早已脱离了西方设定的为其金融资本的全球流动和扩张打开市场的旧有轨道，世界各国都更加主动积极地参与到全球治理进程中来，新兴市场国家和发展中国家在国际事务中的参与度也在不断提升，努力争取能够在未来国际体系的规则制定中拥有一席之地，而全球治理的发展方向和实践进程也必将反映新兴市场国家和发展中国家话语权不断扩大的现实。与此同时，全球治理体系所面临的制度困境使得建立国际机制、遵守国际规则、追求国际正义成为多数国家的共识，加强全球治理、推进全球治理体系改革成为大势所趋。法国前总统雅克·希拉克曾表示："今天世界所经历的危机是历史上独一无二的，什么事情都可能发生。在这样的时候，特别需要政治上的行动和集体的努力。"[1]

应该看到，面对全球性挑战，国际社会虽然已在理念上就推进全球治理体系改革形成一定共识，但就其实现路径来讲，仍将充满曲折，很难一帆风顺。

三、中国参与全球治理体系改革和建设进入新阶段

中国是从 1840 年鸦片战争开始逐步"被纳入"现代世界体系的。从这个意义上讲，中国是全球治理的后来者。新中国的成立标志着中国同世界的关系开启了新篇章。新中国政府废除了旧中国缔结的一切不平等条约和帝国主义在华特权，真正成为国际社会平等主体。新中国与世界的互动和发展总体上经历了四个阶段：

第一个阶段是从 1949 年新中国成立至 1971 年中国恢复在联合国的合法席位之前。这一时期，中国面对的国际环境十分困难。新中国成立之初，美国就将战火烧到鸭绿江边，中国派出志愿军赴朝作战，同朝鲜军民并肩抗击侵略者。20 世纪 50 年代末期，中苏关系恶化，以苏联为首的社会主义阵营将中国"边缘化"。同时，中国也被西方资本主义世界体系排除在外。在此期间，中国努力寻求恢复联合国合法席位以及在其他国际组织的成员国地位，但因西方国家对中国进行孤

---

[1] 郑必坚等：《世界热议中国：寻找共同繁荣之路》，北京，中信出版社 2013 年版，第 59 页。

立和封锁，新中国对外交往受到很大限制，对全球治理的参与和影响十分有限。

第二个阶段是从 1971 年中国恢复在联合国的合法席位到 1978 年实行改革开放。20 世纪 70 年代初期，中国的对外联系仍十分有限，对国际制度和规则不够熟悉，参与全球治理的过程基本处于被动状态。随着国际形势发生变化，基辛格、尼克松相继于 1971 年和 1972 年访华，中美相互接触和两国关系正常化极大推动了中国与许多国家，特别是西方国家建立外交关系。这一时期，中国不仅同一大批第三世界国家建立了外交关系，还同所有西方大国实现了关系正常化，从根本上摆脱了被国际社会孤立和边缘化的状态。

第三个阶段是 1978 年中国实施改革开放政策到党的十八大胜利召开。改革开放以来，中国的外交政策趋向务实和灵活，在国际交往中也"不去计较历史的恩怨，不去计较社会制度和意识形态的差别"[1]。中国全面恢复参与全球事务，在国际体系内发展自己，在参与全球治理中学习运用国际组织运作机制和全球治理游戏规则，参与全球治理的能力和水平得到大幅提升。在此期间，中国先后加入 130 多个国际组织，参加近 300 个多边国际公约，[2]积极履行相关义务，国际影响力空前扩大。2001 年 12 月中国正式加入世界贸易组织，全面融入世界贸易体系，为中国完全参与经济全球化准备了国际制度基础和条件。2008 年，中国作为二十国集团创始成员参加了在华盛顿举行的二十国集团首次领导

---

[1] 邓小平：《结束严峻的中美关系要由美国采取主动》，载于《邓小平文选》第三卷，北京，人民出版社 1993 年版，第 330 页。

[2] 徐步：《推动全球治理体系朝着更加公正合理的方向发展》，《学习时报》2022 年 3 月 25 日，第 A1 版。

人峰会。2009 年匹兹堡峰会将二十国集团确定为国际经济合作主要论坛，中国从此进入了全球经济治理的核心圈。

第四个阶段是党的十八大以来。习近平总书记深刻把握 21 世纪中国和世界发展大势，在对外工作中进行一系列重大理论和实践创新，全方位提出关于经济发展、和平安全、环境保护、全球治理、人文交流等各领域重要倡议，形成了中国参与全球治理体系改革和建设的主要原则和理念。中国方案成为顺应世界潮流、引领人类进步的公共产品，中国对推进全球治理体系改革的影响和贡献也随之进入新阶段，国际社会在全球治理问题上更加期待听到中国声音。

中国是世界经济发展的重要引擎，解决全球经济发展失衡、稳定国际金融体系、缩小南北差距、应对全球性疫情等全人类共同挑战，世界离不开中国；实现第二个百年奋斗目标，让"中国梦"成为现实，中国同样离不开世界。21 世纪的中国不能脱离国际体系而独善其身，只能在世界发展的历史进程中顺势而为来实现中华民族伟大复兴的"中国梦"。中国在参与全球治理的进程中与世界实现了接轨，更要通过引领全球治理体系的发展方向来实现"各美其美、美人之美、美美与共、天下大同"的美好愿景。

习近平总书记指出："冲出迷雾走向光明，最强大的力量是同心合力，最有效的方法是和衷共济。"[1] 作为负责任大国，积极参与全球治理体系改革和建设，推动构建人类命运共同体，中国责无旁贷。

---

[1]《习近平在博鳌亚洲论坛 2022 年年会开幕式上发表主旨演讲》，求是网，2022 年 4 月 21 日，http://www.qstheory.cn/yaowen/2022-04/21/c_1128580883.htm。

第二节 中国参与全球治理体系改革和建设的主要原则和理念

一、坚持共商共建共享的全球治理观

习近平总书记指出："世界命运应该由各国共同掌握，国际规则应该由各国共同书写，全球事务应该由各国共同治理，发展成果应该由各国共同分享。"[1]推进全球治理体系改革，要坚持共商共建共享的全球治理观。共商共建共享构成了加强全球治理、推进全球治理体系与治理能力现代化的系统链条，缺一不可。[2]

坚持共商共建共享的全球治理观，政治上，要维护以联合国为核心的国际秩序和国际体系，推动政治解决国际和地区热点问题。要坚持真正的多边主义，推动国际关系民主化，推动各国权利平等、机会平等、规则平等，集众智、汇众力，动员全球资源，完善全球治理，应对全球挑战，促进全球发展，推动构建人类命运共同体；经济上，应顺应世界经济格局调整演变趋势，合力打造开放多元的世界经济，要同更多发展伙伴开展合作，提供区域和全球公共产品，推动区域经济一体化，推动经济全球化朝着更加开放、包容、普惠、平衡、共赢的方向发展，不断做大合作蛋糕，实现共同繁荣；安全上，应把互尊互信挺在前头，把对话协商利用起来，坚持求同存异、聚同化异，通过坦诚深入的对

---

[1] 习近平：《共同构建人类命运共同体——在联合国日内瓦总部的演讲》，人民网，2017 年 1 月 19 日，http://politics.people.com.cn/n1/2017/0119/c1001-29033860.html。

[2]《中国首次明确提出全球治理理念》，新华网，2015 年 10 月 14 日，http://www.xinhuanet.com/world/2015-10/14/c_1116824064.htm。

话沟通，增进战略互信，减少相互猜疑，共同维护普遍安全，共同掌握世界命运；文化上，要倡导不同文明交流互鉴，促进人类文明发展。

习近平总书记提出的共商共建共享的全球治理观回答了"由谁治理""怎样治理"和"为什么治理"的问题，形式更加明确具体，内容更加丰满充实，既体现了治理主体的多元、平等与民主，也彰显了治理体系的更广泛代表性、包容性、开放性和公正性，是应对共同挑战、促进世界繁荣、构建人类命运共同体的中国智慧、中国方案。

推进全球治理体系改革和建设是国际社会大家的事，各国应该有以天下为己任的担当，坚持共商共建共享，坚持公正合理、互商互谅、同舟共济、互利共赢，使全球治理体系改革的主张转化为各方共识，形成一致行动。

二、坚持以公平正义为理念推进全球治理体系改革

公平正义是人类社会的永恒追求，是世界人民的共同理想，是构建人类命运共同体的崇高目标。习近平总书记指出："什么样的国际秩序和全球治理体系对世界好、对世界各国人民好，要由各国人民商量，不能由一家说了算，不能由少数人说了算。"[1]

公平正义应主要体现在国家无论大小贫富强弱，主权一律平等，都应得到国际社会的普遍尊重，都拥有国际社会成员的平等身份，都拥有平等参与国际事务的权利；任何国家也不能垄断国际事务、干涉他国内政，反对弱肉强食的丛林法则，反对唯我独尊的霸权思维和强

---

[1] 习近平：《在庆祝中国共产党成立 95 周年大会上的讲话》，求是网，2021 年 4 月 15 日，http://www.qstheory.cn/dukan/qs/2021-04/15/c_1127330615.htm。

权政治；应提升发展中国家在国际事务中的代表性和发言权，摒弃贸易保护主义、转嫁危机等意图和做法，使发展成果更好地惠及各国人民。简言之，公平就是要把本国利益放到世界各国利益的框架内，找到本国利益同各国利益的汇合点，维护、发展、实现好各国共同利益。

公平正义是全球治理过程中协调各行为主体利益和责任的基本原则。习近平总书记在不同场合多次对正确义利观进行阐释，强调"我们要注重利，更要注重义。只有义利兼顾才能义利兼得，只有义利平衡才能义利共赢"[1]。在对外交往中，中国始终坚持正确义利观，讲信义、重情义、扬正义、树道义，做到"义之所在，不倾于权，不顾其利"。

坚定维护国际社会公平正义是新时代中国特色大国外交发出的时代强音。在国际事务中，中国坚持正确义利观，助力国际社会化解各种利益矛盾，解决利益纷争，追求和谐共赢。在热点问题上，中国坚持根据事情本身的是非曲直作出公正判断，劝和促谈，维稳防乱，不拉偏架，不谋私利，为维护国际和地区和平安宁发挥了建设性作用。中国坚定维护国际公平正义的做法有力推动了国际关系朝着更加民主化、法治化、合理化方向转型，有力维护了以联合国为核心的国际体系，契合国际社会的普遍共识和期待，得到广泛响应和支持。

三、统筹发展与安全

安全是发展的前提，发展是安全的保障。安全和发展，犹如鸟之两翼、车之双轮，任何时候都不能偏废。统筹发展和安全，既是摆在世界面前的现实挑战，也是加强全球治理的客观要求。

---

[1] 习近平：《在国际关系中践行正确义利观》，人民网，2014 年 7 月 4 日，http://politics.people.com.cn/n/2014/0704/c1001-25240344.html。

2016 年 9 月，在二十国集团领导人杭州峰会上，习近平总书记首次全面阐释我国的全球经济治理观。习近平总书记指出，全球经济治理应以平等为基础，更好反映世界经济格局新现实，增加新兴市场国家和发展中国家代表性和发言权，确保各国在国际经济合作中权利平等、机会平等、规则平等；应以开放为导向，坚持理念、政策、机制开放，适应形势变化，广纳良言，充分听取社会各界建议和诉求，鼓励各方积极参与和融入，不搞排他性安排，防止治理机制封闭化和规则碎片化；应以合作为动力，全球性挑战需要全球性应对，合作是必然选择，各国要加强沟通和协调，照顾彼此利益关切，共商规则，共建机制，共迎挑战；应以共享为目标，提倡所有人参与，所有人受益，不搞一家独大或者赢者通吃，而是寻求利益共享，实现共赢目标。[1]

时隔不久，2017 年 1 月，习近平总书记在瑞士日内瓦出席"共商共筑人类命运共同体"高级别会议时提出"建设一个普遍安全的世界。各方应该树立共同、综合、合作、可持续的安全观"[2]。共同安全，就是要尊重和保障每一个国家的安全。安全问题是双向的、联动的，只顾一个国家的安全而罔顾其他国家的安全，牺牲别国安全谋求自身所谓绝对安全，不仅不可取，而且最终会贻害自己。综合安全，就是要统筹维护传统领域和非传统领域安全。面对传统安全威胁和非传统安全威胁相互交织的现实，唯有多管齐下、综合施策，才能有效应对各

---

[1] 习近平：《中国发展新起点 全球增长新蓝图——在二十国集团工商峰会开幕式上的主旨演讲》，《人民日报》2016 年 9 月 4 日，第 3 版。

[2] 习近平：《共同构建人类命运共同体——在联合国日内瓦总部的演讲》，人民网，2017 年 1 月 19 日，http://politics.people.com.cn/n1/2017/0119/c1001-29033860.html。

类安全挑战。合作安全，就是要通过对话合作促进各国和本地区安全。"吹灭别人的灯，会烧掉自己的胡子"，这是时代现实的真实写照。各国要超越你输我赢的零和思维，坚持以合作谋和平、以合作促安全。可持续安全，就是要发展和安全并重以实现持久安全。只有重视安全赤字背后的发展赤字，才能夯实安全基础，实现标本兼治。

和平与发展是世界各国人民的共同事业，是联合国的崇高目标。作为推进全球治理体系改革和建设的积极力量，中国维护世界和平、促进共同发展的决心不会改变。

四、推动完善新疆域治理

习近平总书记指出："要秉持和平、主权、普惠、共治原则，把深海、极地、外空、互联网等领域打造成各方合作的新疆域，而不是相互博弈的竞技场。"[1]

深海、极地、外空、互联网等是全球治理的新疆域，也是各种国际力量竞争与合作的新领域。中国参与新疆域治理就是要从全人类的长远福祉出发，以各国的共同利益为考量，通过制度建设、和平利用、科学探索等方面的国际合作，创建公正合理的新疆域治理规则，推动各国共同应对资源能源安全、粮食安全、网络安全、气候变化、打击恐怖主义、防范重大传染性疾病等全球性挑战。

同时，在制定新疆域治理新规则时，要充分听取新兴市场国家和发展中国家意见，反映他们的利益和诉求，确保他们的发展空间；在

---

[1] 习近平：《共同构建人类命运共同体——在联合国日内瓦总部的演讲》，人民网，2017 年 1 月 19 日，http://politics.people.com.cn/n1/2017/0119/c1001-29033860.html。

治理过程中，要确保各国权利共享、责任共担。要通过不断完善新疆域治理规则，推动经济全球化朝着更加开放、包容、普惠、平衡、共赢的方向发展，让世界经济活力充分迸发。

五、坚持发展中国家定位，展现大国担当

习近平总书记深刻指出："世界好，中国才会好；中国好，世界才会好。"[1] 中国是世界的中国，中国的发展与世界紧密相连。新中国成立初期，努力打破外部封锁，积极开展经贸、文化等领域对外交流。改革开放以来，中国积极顺应全球化潮流，坚持对外开放基本国策，打开国门搞建设，拥抱世界、学习世界、贡献世界，在与世界的良好互动中实现共同发展。中国发展得益于国际社会，中国也为全球发展作出了贡献。

中国参与全球治理体系改革和建设，既要主动承担国际责任，同时也要尽力而为、量力而行。要坚持从中国国情出发，坚持发展中国家定位，把维护中国利益同维护广大发展中国家共同利益结合起来，坚持权利和义务相平衡，既注重与发达国家沟通协调，又加强与新兴市场国家和发展中国家的团结合作。要坚持以经济发展为中心，集中力量办好自己的事情，不断增强中国在国际上说话办事的实力。

同时，作为世界上最大的发展中国家和全球第二大经济体，中国始终以人类前途命运为己任，对世界和平与发展担负应尽的义务和责任。中国尊重其他大国的核心利益和重大关切，坚持换位思考，坚持

---

[1] 习近平：《建设开放包容、互联互通、共同发展的世界——在第三届"一带一路"国际合作高峰论坛开幕式上的主旨演讲》，外交部网站，2023 年 10 月 18 日，https://www.mfa.gov.cn/ziliao_674904/zyjh_674906/202310/t20231018_11162839.shtml。

合作共赢，加强协调与合作，努力构建和平共处、总体稳定、均衡发展的大国关系，当好世界和平与稳定的压舱石。

中华民族历来有立己达人、兼济天下的情怀。中国将继续承担大国责任，展现大国担当，努力为国际社会提供更多全球公共产品，推动世界各国共同繁荣、共同发展，为推动人类进步事业不断贡献中国智慧、中国力量、中国方案。

六、加强人才培养，做好人才储备

参与全球治理体系改革和建设，人才是重要因素。习近平总书记高度重视我国全球治理方面的人才培养工作。在主持第十八届中央政治局第二十七次集体学习时，习近平总书记指出："要加强能力建设和战略投入，加强对全球治理的理论研究，高度重视全球治理方面的人才培养。"[1] 在主持第十八届中央政治局第三十五次集体学习时，习近平总书记再次强调指出："参与全球治理需要一大批熟悉党和国家方针政策、了解我国国情、具有全球视野、熟练运用外语、通晓国际规则、精通国际谈判的专业人才。要加强全球治理人才队伍建设，突破人才瓶颈，做好人才储备，为我国参与全球治理提供有力人才支撑。"[2]

突破全球治理方面的人才瓶颈，需要从全球治理经验积累和人才储备两方面提升中国参与全球治理改革和建设的"软实力"。当前，

---

[1]《习近平在中共中央政治局第二十七次集体学习时强调 推动全球治理体制更加公正更加合理 为我国发展和世界和平创造有利条件》，中华人民共和国中央人民政府网站，2015 年 10 月 13 日，http://www.gov.cn/xinwen/2015-10/13/content_2946293.htm。

[2]《习近平在中共中央政治局第三十五次集体学习时强调 加强合作推动全球治理体系变革 共同促进人类和平与发展崇高事业》，人民网，2016 年 9 月 29 日，http://politics.people.com.cn/n1/2016/0929/c1024-28748164.html。

中国能够胜任国际组织，特别是重要国际机构工作的国际性人才还是
比较欠缺的，需要进一步加强顶层和流程设计，形成机制化、稳定化、
长期化和更加宽松、开放、战略性的人才流通机制，让更多的优秀人
才兼具国内、国外双重管理和工作经验。

第三节　坚定维护真正的多边主义

多边主义是世界上发展最快的概念之一。这种快速增长体现在有
越来越多的多边会议和多边协定，越来越多的国家被纳入越来越稠密的
组织框架之中。回顾历史，多边主义是国际体系发展的必然产物。立足
现实，多边主义是维护和平与发展的重要基石。展望未来，践行真正的
多边主义是推进全球治理体系改革、提升全球治理效能的必经之路。世
界上的问题错综复杂，解决问题的出路是维护和践行多边主义，推动构
建人类命运共同体。21世纪的多边主义要守正出新、面向未来，既要
坚持多边主义的核心价值和基本原则，也要立足国际社会力量对比变化，
着眼应对全球性挑战，在广泛协商、凝聚共识基础上改革完善全球治理
体系，让真正的多边主义在全球治理中发挥更为积极的作用。

一、坚定支持加强联合国作用

"世界正站在一个新的历史起点上。让我们重申对多边主义的坚
定承诺，推动构建人类命运共同体，在联合国旗帜下实现更大团结和

进步！"[1] 2020 年 9 月，在联合国成立 75 周年纪念峰会上，习近平总书记向世界发出了号召。

联合国是第二次世界大战后建立起来的最具普遍性、代表性和权威性的政府间国际组织，诞生于世界反法西斯战争的硝烟中，寄托着全世界对共建和平、共享发展的崇高理想，也是各方为实现这一愿景而搭建起来的最重要多边平台。自成立以来，联合国在维护世界和平、促进共同发展、推动国际合作方面发挥了不可替代的重要作用，作出了有目共睹的重大贡献。当今世界正经历百年未有之大变局，全球性威胁和挑战需要强有力的全球性应对。联合国的地位同以前相比不是下降了，而是上升了，世界比以往更加需要一个强有力的联合国。

中国一贯坚定支持联合国在全球治理中发挥积极作用。习近平总书记在联合国成立 75 周年纪念峰会上，针对后疫情时代联合国应该发挥怎样的作用，阐明了中国立场：

第一，主持公道。大小国家相互尊重、一律平等是时代进步的要求，也是联合国宪章首要原则。任何国家都没有包揽国际事务、主宰他国命运、垄断发展优势的权力，更不能在世界上我行我素，搞霸权、霸凌、霸道。单边主义没有出路，要坚持共商共建共享，由各国共同维护普遍安全，共同分享发展成果，共同掌握世界命运。要切实提高发展中国家在联合国的代表性和发言权，使联合国更加平衡地反映大多数国家利益和意愿。

第二，厉行法治。联合国宪章宗旨和原则是处理国际关系的根本遵循，也是国际秩序稳定的重要基石，必须毫不动摇加以维护。各国

---

[1]《习近平在联合国成立 75 周年纪念峰会上的讲话（全文）》，新华网，2020 年 9 月 22 日，http://www.xinhuanet.com/politics/leaders/2020-09/22/c_1126522721.htm。

关系和利益只能以制度和规则加以协调，不能谁的拳头大就听谁的。大国尤其要作出表率，带头讲平等、讲合作、讲诚信、讲法治，不搞例外主义，不搞双重标准，也不能歪曲国际法，以法治之名侵害他国正当权益、破坏国际和平稳定，真正展现大国的样子。

第三，促进合作。促进国际合作是联合国成立的初衷，也是联合国宪章重要宗旨。靠冷战思维，以意识形态划线，搞零和游戏，既解决不了本国问题，更应对不了人类面临的共同挑战。我们要做的是，以对话代替冲突，以协商代替胁迫，以共赢代替零和，把本国利益同各国共同利益结合起来，努力扩大各国共同利益汇合点，建设和谐合作的国际大家庭。

第四，聚焦行动。践行多边主义，不能坐而论道，而要起而行之，不能只开药方，不见疗效。联合国要以解决问题为出发点，以可视成果为导向，平衡推进安全、发展、人权，特别是要以落实联合国2030年可持续发展议程为契机，把应对公共卫生等非传统安全挑战作为联合国工作优先方向，把发展问题置于全球宏观框架突出位置，更加重视促进和保护生存权和发展权。[1]

2021年9月，习近平总书记在出席第76届联合国大会一般性辩论时又进一步强调，联合国应该高举真正的多边主义旗帜，成为各国共同维护普遍安全、共同分享发展成果、共同掌握世界命运的核心平台；要致力于稳定国际秩序，提升广大发展中国家在国际事务中的代表性和发言权，在推动国际关系民主化和法治化方面走在前列；要平衡推进安全、发展、人权三大领域工作，制定共同议程，聚焦突出问题，

[1]《习近平在联合国成立75周年纪念峰会上的讲话（全文）》，新华网，2020年9月22日，http://www.xinhuanet.com/politics/leaders/2020-09/22/c_1126522721.htm。

重在采取行动，把各方对多边主义的承诺落到实处。[1]

　　中国是第一个在联合国宪章上签字的国家，是联合国创始会员国。中国将始终做多边主义的积极践行者，参与并引领全球治理体系的改革和建设，坚定维护以联合国为核心的国际体系和以国际法为基础的国际秩序，坚定维护联合国在国际事务中的核心作用。

二、坚定维护以世界贸易组织为核心的多边贸易体制

　　世界贸易组织成立于1995年1月1日，其前身是关税和贸易总协定。世界贸易组织是世界上最大的多边贸易组织，与世界银行、国际货币基金组织被并称为当今世界经济体制的"三大支柱"。

　　国际贸易是促进全球经济增长的重要引擎，以世贸组织为核心的多边贸易体制是经济全球化和自由贸易的基石。作为全球经济治理体系的重要支柱，世贸组织在推动全球贸易发展、保障充分就业、促进经济增长和提高生活水平等方面作出了重要贡献。世贸组织成立20多年来，成员数量不断增加，涵盖全球98%的贸易额，[2]充分显示了多边贸易体制的代表性和对成员的吸引力。

　　当前，世贸组织正面临前所未有的危机。一方面，单边主义和保护主义日益严重，多边主义和自由贸易体制受到冲击。个别国家阻挠上诉机构成员遴选程序启动的做法导致上诉机构陷入瘫痪境地，严重影响争端解决机制的有效运行；滥用国家安全例外、不符合世贸组织

---

[1]《习近平出席第七十六届联合国大会一般性辩论并发表重要讲话》，求是网，2021年9月22日，http://www.qstheory.cn/yaowen/2021-09/22/c_1127887210.htm。

[2]《中国关于世贸组织改革的建议文件》，商务部网站，2019年5月14日，http://images.mofcom.gov.cn/sms/201905/20190514094326062.pdf。

规则的单边措施，以及对贸易救济措施的误用，严重破坏了以规则为基础，自由、开放的国际贸易秩序，影响了世贸组织成员特别是广大发展中成员的利益。上述做法损害了世贸组织的权威性和有效性，导致世贸组织面临前所未有的生存危机。另一方面，世贸组织并不完美，尚未完全实现《马拉喀什建立世界贸易组织协定》确定的目标。在谈判功能方面，多哈回合谈判在农业、发展和规则等议题上进展十分缓慢，反映21世纪国际经济贸易现实的电子商务等新议题没有得到及时处理；在审议和监督功能方面，世贸组织机构运行效率亟待提高，贸易政策透明度尚待加强。

部分世贸组织成员已经认识到世贸组织改革的紧迫性和必要性。近年来，二十国集团成员多次就支持世贸组织改革达成共识。中国是多边贸易体制的积极参与者、坚定维护者和重要贡献者，中国始终坚定维护自由贸易和多边贸易体制，努力同国际社会一道推动完善全球经济治理规则，避免全球贸易治理体系碎片化。习近平总书记指出："我们应该坚定维护自由贸易和基于规则的多边贸易体制。中方赞成对世界贸易组织进行必要改革，关键是要维护开放、包容、非歧视等世界贸易组织核心价值和基本原则，保障发展中国家发展权益和政策空间。要坚持各方广泛协商，循序推进。"[1]

中国支持对世贸组织进行必要改革，让世贸组织在扩大开放、促进发展方面发挥更大作用，增强多边贸易体制的权威性和有效性。改革的目的是要让世贸组织更好发挥作用，关键是要维护开放、包容、非歧视等世贸组织核心价值和基本原则，为国际贸易创造稳定和可预

---

[1]《习近平出席二十国集团领导人第十三次峰会并发表重要讲话》，新华网，2018年 12 月 1 日，http://www.xinhuanet.com/politics/leaders/2018-12/01/c_1123792388.htm。

见的竞争环境。同时，中国主张发展中国家享有的"特殊与差别待遇"必须得到保障，这是世贸组织的重要基石，要通过改革更好保障发展中国家的发展利益和政策空间，提升新兴市场国家和发展中国家在国际事务中的发言权和影响力，在相互尊重、平等对话、普遍参与的基础上，共同确定改革的具体议题、工作时间表和最终目标。

坚定维护以世界贸易组织为核心的多边贸易体制，要反对贸易保护主义，维护和发展开放型世界经济。打开窗子，才能实现空气对流，新鲜空气才能进来。搞保护主义和滥用贸易救济措施，损人不利己。要致力于营造自由开放的全球贸易环境，推动国际贸易自由化、便利化。要坚持通过对话和协商，妥善处理贸易摩擦。个别国家也要取消对高新技术产品出口的不合理限制。

坚定维护以世界贸易组织为核心的多边贸易体制，要继续推动多哈回合谈判。以世界贸易组织为核心的多边贸易体制的生命力在于普惠性和非歧视性。参与区域自由贸易合作，要坚持开放、包容、透明原则，使之既有利于参与方，又能体现对多边贸易体系和规则的支持。

坚定维护以世界贸易组织为核心的多边贸易体制，要完善全球价值链，建设全球一体化大市场。要正确认识各国在全球价值链中的分工、增值、获益情况，加强贸易政策协调，帮助发展中国家加强贸易能力建设。

坚定维护以世界贸易组织为核心的多边贸易体制，还要以开放、透明、包容、务实、灵活的态度面对新一轮科技革命和数字经济变革带来的机遇，建立回应时代发展和业界需求、充分考虑成员发展阶段和能力水平的国际贸易投资规则。

三、推动二十国集团合作，加强国际宏观政策协调

二十国集团峰会机制是中国首次以创始国和核心圈成员的身份参加的全球经济治理主要论坛，对中国来说是挑战，更是历史性机遇。2008年，在国际金融危机最紧要关头，二十国集团临危受命，秉持同舟共济的伙伴精神，将正在滑向悬崖的世界经济拉回到稳定和复苏轨道。"二十国集团不仅属于二十个成员，也属于全世界，目标是让增长和发展惠及所有国家和人民，让各国人民特别是发展中国家人民的日子都一天天好起来！"[1] 作为发达国家和新兴市场国家就国际经济事务平等对话的重要平台和开展国际经济合作的主要论坛，二十国集团已成为以联合国为核心的全球治理体系的有力补充，在促进世界经济稳定增长方面肩负重要使命，影响和作用举足轻重。

作为负责任的全球性大国，中国在参与全球治理体系改革和建设过程中需要充分利用二十国集团的有效平台进一步运筹大国关系，利用国际国内两种资源、两个市场维护和拓展发展利益，将中国的发展寓于新兴市场国家集体崛起之中，将实现中华民族伟大复兴的"中国梦"置于全球政治经济权力再平衡的历史进程中。

在2016年二十国集团领导人杭州峰会上，中国运用议题和议程设置主动权，引导峰会形成一系列具有开创性、引领性、机制性的成果，实现了为世界经济指明方向、为全球增长提供动力、为国际合作筑牢根基的总体目标。在中国推动下，二十国集团领导人峰会首次把创新作为核心成果，首次把发展议题置于全球宏观政策协调的突出位置，

---

[1] 习近平：《中国发展新起点 全球增长新蓝图——在二十国集团工商峰会开幕式上的主旨演讲》，人民网，2016年9月4日，http://politics.people.com.cn/n1/2016/0904/c1024-28689353.html。

首次形成全球多边投资规则框架，首次发布气候变化问题主席声明，首次把绿色金融列入二十国集团议程，在二十国集团发展史上留下了深刻的中国印记。

面对当今世界纷繁复杂的重大突出问题，二十国集团有责任发挥领导作用，为世界经济指明方向，开拓路径；要从历史大势中把握规律，引领方向，展示战略视野，确保世界经济开放、包容、平衡、普惠发展；要树立利益共同体和命运共同体意识，让二十国集团走得更好更远，真正成为世界经济的稳定器、全球增长的催化器、全球经济治理的推进器；要根据世界经济需要，调整自身发展方向，进一步从危机应对向长效治理机制转型，从侧重短期政策向短中长期政策并重转型，巩固作为全球经济治理主要平台的地位；要继续加强二十国集团机制建设，确保合作延续和深入；要广纳良言，充分倾听世界各国特别是发展中国家声音，使二十国集团工作更具包容性，更好回应各国人民诉求；要弘扬伙伴精神，本着相互尊重、相互信任态度，平等协商、求同存异、管控分歧、扩大共识。

2022 年 11 月，在出席二十国集团领导人第十七次峰会时，习近平总书记发表了题为《共迎时代挑战 共建美好未来》的重要讲话。习近平总书记指出，当今世界正在经历百年未有之大变局，这是世界之变、时代之变、历史之变。当前，新冠疫情反复延宕，世界经济脆弱性更加突出，地缘政治局势紧张，全球治理严重缺失，粮食和能源等多重危机叠加，人类发展面临重大挑战。各国要树立人类命运共同体意识，倡导和平、发展、合作、共赢，让团结代替分裂、合作代替对抗、包容代替排他，共同破解"世界怎么了、我们怎么办"这一时代课题，共渡难关，共创未来。二十国集团成员都是世界和地区大国，应该体现大国担当，发挥表率作用，为各国谋发展，为人类谋福祉，为世界谋进步。

要推动更加包容的全球发展。团结就是力量，分裂没有出路。我们生活在同一个地球村，面对各种风险挑战，应该同舟共济。以意识形态划线，搞集团政治和阵营对抗，只会割裂世界，阻碍全球发展和人类进步。人类文明已经进入 21 世纪，冷战思维早已过时。我们应该携手努力，开辟合作共赢的新境界。各国应该相互尊重，求同存异，和平共处，推动建设开放型世界经济，不应该以邻为壑，构筑"小院高墙"，搞封闭排他的"小圈子"。二十国集团要坚守团结合作初心，传承同舟共济精神，坚持协商一致原则。分裂对抗不符合任何一方利益，团结共生才是正确选择。

要推动更加普惠的全球发展。各国共同发展才是真发展。世界繁荣稳定不可能建立在贫者愈贫、富者愈富的基础之上。每个国家都想过上好日子，现代化不是哪个国家的特权。走在前面的国家应该真心帮助其他国家发展，提供更多全球公共产品。大国要有大国的担当，都应为全球发展事业尽心出力。

要推动更有韧性的全球发展。经济全球化遭遇逆风，世界经济面临衰退风险，大家日子都不好过，发展中国家首当其冲。我们要比以往任何时候都更加重视发展问题。要建设全球经济复苏伙伴关系，坚持发展优先、以人民为中心，始终想着发展中国家的难处，照顾发展中国家关切。中方支持非洲联盟加入二十国集团。各方要继续深化抗疫国际合作，遏制全球通胀，化解系统性经济金融风险，特别是发达经济体要减少货币政策调整的负面外溢效应。国际金融机构和商业债权人作为发展中国家的主要债权方，应该参与对发展中国家减缓债行动。

要继续维护以世界贸易组织为核心的多边贸易体制，积极推动世界贸易组织改革，推进贸易和投资自由化便利化。中方提出了数字创新合作行动计划，期待同各方一道营造开放、公平、非歧视的数字经济发展环境，缩小南北国家间数字鸿沟。应对气候变化挑战、向绿色低碳发展转型，必须本着共同但有区别的责任原则，在资金、技术、能力建设等方面为发展中国家提供支持。要坚持对腐败零容忍，加强追逃追赃国际合作。

粮食、能源安全是全球发展领域最紧迫的挑战。当前危机根源不是生产和需求问题，而是供应链出了问题，国际合作受到干扰。解决之道在于加强市场监管合作，构建大宗商品合作伙伴关系，建设开放、稳定、可持续的大宗商品市场，共同畅通供应链，稳定市场价格。要坚决反对将粮食、能源问题政治化、工具化、武器化，撤销单边制裁措施，取消对相关科技合作限制。二十国集团应该在生产、收储、资金、技术等方面为发展中国家提供必要支持。中方在二十国集团提出国际粮食安全合作倡议，期待同各方深化合作。[1]

四、推动金砖合作不断深化

作为新兴市场国家和发展中国家的代表，金砖国家共同致力于推动世界经济增长、完善全球经济治理、推动国际关系民主化，是国际关系中的重要力量和国际体系的积极建设者。同时，基于金砖国家地域分布广泛的特点，未来的金砖合作机制或将拓展成为金砖国家同不同区域发展中国家共同推进全球治理体系改革的重要多边平台。

中国高度重视金砖国家合作机制。2013 年 3 月，习近平总书记作为中国国家主席首次在国际多边舞台亮相，即是赴南非出席金砖国家领导人第五次会晤。面对尚处于起步阶段的金砖合作机制，习近平总

---

[1]《习近平出席二十国集团领导人第十七次峰会并发表重要讲话》，中国政府网，2022年 11 月 15 日，https://www.gov.cn/xinwen/2022−11/15/content_5727070. htm。

书记指出："我们来自世界四大洲的 5 个国家，为了构筑伙伴关系、实现共同发展的宏伟目标走到了一起，为了推动国际关系民主化、推进人类和平与发展的崇高事业走到了一起。"[1] 习近平总书记的这一重要论述为金砖合作机制在世界百年未有之大变局中如何更好发挥作用指明了方向。

从提出"开放、包容、合作、共赢"的金砖国家合作伙伴精神，到提出构建"维护世界和平、促进共同发展、弘扬多元文明、加强全球经济治理"四大伙伴关系；从继续扩大和巩固金砖国家"朋友圈"，到以提升金砖国家全球影响力的"金砖 +"合作新模式开启金砖合作第二个"金色十年"；从推动金砖合作向政治安全、经贸财金、人文交流"三轮驱动"提速换挡，到"共同建设金砖国家新工业革命伙伴关系"，习近平总书记为推动金砖合作机制的建设和发展不断注入中国理念、中国智慧、中国力量。中国秉持开放包容、合作共赢的金砖精神，积极拓展"金砖 +"模式，推动金砖国家领导人约翰内斯堡会晤迈出扩员历史性步伐，增强了"全球南方"国家联合自强的信心和底气。

自 2015 年 7 月成立以来，金砖国家新开发银行已累计批准对近百个发展项目提供 350 亿美元资金支持。金砖国家的诸多基础设施和发展项目，如巴西马拉尼昂州运输粮食等产品的"富裕路"、印度卡纳塔克邦太阳能发电基地的"绿色电"、南非德班集装箱码头"现代港"、俄罗斯大罗斯托夫等 9 座"历史小城"等，都得到新开发银行的有力支持。疫情面前，新开发银行发放 100 亿美元贷款专门用于金砖国家抗疫，金砖国家守望相助的兄弟情谊得到充分体现。从 2022 年到 2026 年，

---

[1]《习近平在金砖国家领导人第五次会晤时的主旨讲话》，中国政府网，2013 年 3 月 27 日，http://www.gov.cn/ldhd/2013-03/27/content_2364182.htm。

新开发银行还将继续为成员国提供 300 亿美元资金支持，其中 40% 的资金将被用于减缓气候变暖进程。[1] 可以预见，未来将有更多发展中国家的民生项目从新开发银行的资金支持中受益。

中国是金砖合作的参与者，更是推动者、贡献者。2022 年，中国再次担任金砖国家主席国。在中国推动下，金砖国家共同发布《金砖国家贸易投资与可持续发展倡议》《金砖国家加强供应链合作倡议》《金砖国家加强多边贸易体制和世贸组织改革声明》，签署《金砖国家数字经济伙伴关系框架》《金砖国家粮食安全合作战略》《落实〈金砖国家政府间文化合作协定〉行动计划（2022—2026 年）》，成立金砖国家航天合作联委会，建立金砖国家职业教育联盟，在线启动金砖国家疫苗研发中心，后续还将完成签署《金砖国家政府间关于海关事务的合作与行政互助协定》，金砖合作正不断唱响"中国好声音"，向着更广范围、更深层次延伸，成果也将更加丰硕。

2022 年 6 月 23 日至 24 日，以"构建高质量伙伴关系，共创全球发展新时代"为主题的金砖国家领导人第十四次会晤以线上方式成功举办。会后五国领导人共同发表《金砖国家领导人第十四次会晤北京宣言》，从加强和改革全球治理、团结抗击疫情、维护和平与安全、促进经济复苏、加快落实联合国 2030 年可持续发展议程、深化人文交流、完善金砖机制建设等 7 方面全面系统阐述了金砖国家对于进一步加强团结合作，进一步巩固战略伙伴关系，加强和改革多边体系，共同应对全球性风险挑战的坚定立场，擘画了新兴市场和发展中国家希望推动共建更加美好世界的强烈愿景。

---

[1] 罗熙丹：《为完善全球治理发挥更大作用》，人民网，2022 年 6 月 22 日，http://finance.people.com.cn/n1/2022/0622/c1004-32452720.html。

如今，金砖合作的成色越来越足，凝聚力越来越强，机制越来越健全，方向越来越明确。肩负着推动发展问题回归国际核心议程使命的金砖合作已成为多边主义的样板、南南合作的典范。金砖不仅是成就自我的金砖，更是带动周边的金砖、惠及世界的金砖。

习近平总书记在以视频方式出席 2022 年金砖国家工商论坛开幕式时指出："我们要坚持以人民之心为心、以天下之利为利，推动全球发展迈向新时代，造福各国人民。"[1]"以人民之心为心、以天下之利为利"不仅为金砖合作的未来发展指明了方向，更是为以金砖国家为依托，辐射和带动更多发展中国家，共商共建共享、实现共同发展提供了价值遵循。未来的金砖合作一定会在推进全球治理体系改革、推动构建人类命运共同体的道路上行稳致远。

五、推动完善国际投资和金融治理机制

国际投资和金融治理是全球经济治理的重要领域，是包括中国在内的新兴市场国家和发展中国家争取全球治理制度性权利的重要抓手。中国商务部发布的数据显示，2021 年，中国实际使用外资金额 11493.6 亿元人民币，同比增长 14.9%；[2] 中国对外全行业直接投资 9366.9 亿

---

[1] 习近平：《把握时代潮流 缔造光明未来——在金砖国家工商论坛开幕式上的主旨演讲》，中国政府网，2022 年 6 月 22 日，http://www.gov.cn/gongbao/content/2022/content_5699920.htm。

[2]《2021 年全国吸收外资 11493.6 亿元人民币，同比增长 14.9%》，商务部网站，2022 年 1 月 13 日，http://www.mofcom.gov.cn/article/xwfb/xwsjfzr/202201/20220103236797.shtml。

元人民币，同比增长 2.2%。[1] 按照联合国《2022 年世界投资报告》的排名，2021 年，中国吸收外资和对外直接投资双双位居世界第二位。[2] 此外，根据国家外汇管理局公布的数据，截至 2022 年 5 月，中国外汇储备规模为 31277.80 亿美元。[3] 上述数据以及 2008 年全球金融危机以来中国参与全球经济治理的实践充分证明，中国是推动全球对外投资增长、维护全球金融市场稳定的重要力量。在全球经济治理，特别是国际投资和金融治理领域中，中国的核心成员地位不容小觑。

当前，全球产业布局不断调整，新的产业链、价值链、供应链日益形成，而投资规则未能跟上新形势，机制封闭化、规则碎片化现象十分突出。同时，全球金融治理机制未能适应新需求，难以有效化解国际金融市场频繁动荡、资产泡沫积聚等风险，全球金融市场亟需增强抵抗风险的能力。改革完善国际投资和金融治理机制，既需要各国共同努力，也需要相关国际组织和多边机制的共同参与。

习近平总书记在不同场合多次就改革完善国际投资和金融治理机制提出建议，给出推动完善国际投资和金融治理机制的中国方案。

推动完善国际投资领域治理，各国要有"向外看"的胸怀，释放全球经贸投资合作潜力，推动自由贸易区建设，促进贸易和投资自由化便利化，共同构建开放透明的全球贸易和投资治理格局；要打造开

[1]《2021 年我国对外全行业直接投资简明统计》，商务部网站，2022 年 1 月 24 日，http://www.mofcom.gov.cn/article/tongjiziliao/dgzz/202201/20220103238997.shtml。

[2] *WORLD INVESTMENT REPORT 2022*, UNCTAD, Jun. 9th 2022, https://worldinvestmentreport.unctad.org/world-investment-report-2022/.

[3]《官方储备资产（2022 年）》，国家外汇管理局网站，2022 年 6 月 7 日，https://www.safe.gov.cn/safe/2021/0202/18180.html。

放型合作平台，维护和发展开放型世界经济，共同创造有利于开放发展的环境，推动构建公正、合理、透明的国际经贸投资规则体系，促进生产要素有序流动、资源高效配置、市场深度融合；要结合各国自身国情，积极发展开放型经济，参与全球治理和公共产品供给，携手构建广泛的利益共同体。

推动完善全球金融治理机制，要共同构建公正高效的全球金融治理格局，维护世界经济稳定大局；要制定反映各国经济总量在世界经济中权重的新份额公式，切实反映国际经济格局变化，加强新兴市场国家和发展中国家在国际经济金融事务中的代表性和话语权，让世界银行、国际货币基金组织等传统国际金融机构焕发新活力；要继续改革国际金融机构，多边开发机构要增加发展资源，各有关国家要落实好国际货币基金组织份额和治理改革方案，筑牢国际金融安全网；要继续加强国际金融市场监管，使金融体系真正依靠、服务、促进实体经济发展；要建设稳定、抗风险的国际货币体系，改革特别提款权货币篮子组成，加强国际和区域金融合作机制的联系，建立金融风险防火墙，为世界经济健康稳定增长提供保障；要建立稳定、可持续、风险可控的金融保障体系，创新投融资模式，推广政府和社会资本合作，建设多元化融资体系和多层次资本市场，发展普惠金融，完善金融服务网络。

习近平总书记的有关建议和倡议立足国际力量对比变化及广大新兴市场和发展中国家实现更好更快发展的现实需要，有利于广大新兴市场和发展中国家进一步参与全球经济治理、参与制定和完善治理规则、创造公平有效的国际竞争环境，破解制约自身发展的投融资难题和制度性瓶颈，得到广大新兴市场和发展中国家的积极支持和响应。

第四节 参与全球治理体系改革和建设的中国贡献

中国共产党十九届六中全会通过的《中共中央关于党的百年奋斗重大成就和历史经验的决议》指出："党的百年奋斗深刻影响了世界历史进程。"[1] 一百年来，中国共产党既秉持为中国人民谋幸福、为中华民族谋复兴的初心使命，也始终胸怀天下，为人类谋进步、为世界谋大同，深刻改变了世界发展的趋势和格局，不断书写人类进步事业的崭新篇章。

一、中国始终是世界和平的建设者

和平、和睦、和谐是中华民族 5000 多年来一直追求和传承的理念。要和平不要战争，要发展不要贫穷，要稳定不要混乱，是各国人民真实而朴素的共同愿望。中国坚持走和平发展道路，始终是维护世界和平的重要力量。

（一）中国为现行全球治理体系的确立作出重要贡献

中国是第二次世界大战亚洲主战场。中国人民抗日战争起始最早，持续时间最长，条件最艰苦，付出的牺牲也最惨重。面对侵略者，中华儿女不屈不挠、浴血奋战，消灭并牵制了日本侵略者大量兵力，以伤亡 3500 万人的巨大民族牺牲，最终赢得了抗日战争的伟大胜利，捍卫了中华民族 5000 多年发展的文明成果，捍卫了人类和平事业，铸就了战争史上的奇观、中华民族的壮举。

习近平总书记指出："中国人民以巨大民族牺牲支撑起了世界

---

[1]《中共中央关于党的百年奋斗重大成就和历史经验的决议（全文）》，中国政府网，2021 年 11 月 16 日，http://www.gov.cn/zhengce/2021-11/16/content_5651269.htm。

反法西斯战争的东方主战场，为世界反法西斯战争胜利作出了重大贡献。"[1] 这一伟大胜利，重新确立了中国在世界上的大国地位，使中国人民赢得了世界爱好和平人民的尊敬。这一伟大胜利，开辟了中华民族伟大复兴的光明前景，开启了古老中国凤凰涅槃、浴火重生的新征程。这一伟大胜利，也为二战后建立起以联合国为核心的现行全球治理体系打下坚实基础。

（二）新中国为维护世界和平作出重要贡献

新中国的成立，向世界庄严宣告中国人民站起来了，中华民族任人宰割、饱受欺凌的时代一去不复返了。中华人民共和国以崭新的姿态屹立于世界东方，极大改变了世界政治格局，鼓舞了全世界被压迫民族和被压迫人民争取解放的斗争。中国完成社会主义革命，确立社会主义基本制度，极大壮大了世界社会主义力量。

为维护国际正义、捍卫世界和平、保卫新生共和国，刚刚成立不久的新中国以非凡气魄和胆略作出抗美援朝、保家卫国的历史性决策，由中华优秀儿女组成的中国人民志愿军，肩负着人民的重托、民族的期望，高举保卫和平、反抗侵略的正义旗帜，雄赳赳、气昂昂，跨过鸭绿江，发扬伟大的爱国主义精神和革命英雄主义精神，同朝鲜人民和军队一道，历经两年零九个月艰苦卓绝的浴血奋战，赢得了抗美援朝战争伟大胜利。

习近平总书记深刻指出："伟大的抗美援朝战争，抵御了帝国主义侵略扩张，捍卫了新中国安全，保卫了中国人民和平生活，稳定了朝鲜半岛局势，维护了亚洲和世界和平。""抗美援朝战争伟大胜利，

---

[1] 习近平：《在纪念中国人民抗日战争暨世界反法西斯战争胜利75周年座谈会上的讲话》，求是网，2020年9月3日，http://www.qstheory.cn/yaowen/2020-09/03/c_1126450023.htm。

将永远铭刻在中华民族的史册上！永远铭刻在人类和平、发展、进步的史册上！"[1]

20世纪50年代，中国同印度、缅甸共提和平共处五项原则，与亚非国家共倡万隆会议十项原则，为如何践行联合国宪章宗旨原则提供了可见可行的"操作手册"，为多边主义理念丰富发展提供了东方智慧。周恩来总理率团出席日内瓦会议，为政治解决朝鲜问题和印度支那停战问题作出了重要贡献，成为中国多边外交实践的重要开端。中国作为反对殖民主义和霸权主义的中坚力量，大力支持亚非拉国家争取民族解放，有力维护了国际战略平衡和世界和平稳定。

改革开放和社会主义现代化建设新时期，中国共产党团结带领中国人民坚定不移推进改革开放，成功开辟中国特色社会主义道路。中国共产党科学判断时代特征和国际形势，提出和平与发展是时代主题，推动建立公正合理的国际政治经济新秩序。中国积极参与国际和地区事务，发起创建上海合作组织等多边平台，促进区域合作发展。不断深化同世界各国经贸投资等领域合作，加快融入世界经济体系，促进世界持久和平、共同繁荣。

（三）新时代的中国是建设持久和平世界的重要力量

党的十八大以来，中国特色社会主义进入新时代。面对单边主义、保护主义、霸权主义、强权政治对世界和平与发展造成的威胁，面对逆全球化思潮泛起的复杂国际形势和严峻外部风险挑战，以习近平同志为核心的党中央统筹中华民族伟大复兴战略全局和世界百年未有之大变局，紧扣服务民族复兴、促进人类进步这条主线推进中国特色大

---

[1] 习近平：《在纪念中国人民志愿军抗美援朝出国作战70周年大会上的讲话》，中国政府网，2020年10月13日，http://www.gov.cn/xinwen/2020-10/23/content_5553715.htm。

国外交，高举和平、发展、合作、共赢旗帜，推动构建新型国际关系，推动构建人类命运共同体，弘扬和平、发展、公平、正义、民主、自由的全人类共同价值，引领人类进步潮流。中国不断深化拓展平等、开放、合作的全球伙伴关系，坚持对话协商和平解决争议，同一切单边主义和霸凌行径作坚决斗争，坚定维护国际公平正义。中国反对军备竞赛，致力维护全球战略平衡与稳定。中国主动裁减军队员额400余万，签署或加入《不扩散核武器条约》等20个多边军控、裁军和防扩散条约。[1]中国坚持积极参与全球安全规则制定，加强国际安全合作，坚定支持并积极参与联合国维和行动，是联合国第二大会费和维和摊款国，是安理会常任理事国中第一大出兵国。中国积极参与国际军控、裁军、防扩散和反恐合作，积极推动朝鲜半岛核、伊朗核、缅甸、南苏丹、阿富汗等热点问题政治解决，为维护世界和平与安全贡献中国力量。2022年北京冬奥会前夕，中国和国际奥委会共同起草的奥林匹克休战议案得到173个国家积极响应。

习近平总书记强调："恐怖主义是人类的共同敌人。"[2]打击恐怖主义是全球安全治理的重要组成部分。当今世界安全形势乱变交织，恐怖主义活动持续活跃，贫穷落后、极端思想等滋生恐怖主义的旧土壤并未消除，网络恐怖主义、核恐怖主义等助推恐怖活动的新问题、新形态层出不穷。中国一直以建设性方式支持国际社会打击恐怖主义的努力，主张加强反恐国际合作，摒弃"双重标准"，着眼长远，综

---

[1]《新时代的中国与世界》白皮书，中国政府网，2019年9月27日，http://www.gov.cn/zhengce/2019-09/27/content_5433889.htm。

[2]《习近平就巴基斯坦发生严重恐怖袭击事件向巴基斯坦总统侯赛因致慰问电》，中国政府网，2018年7月15日，http://www.gov.cn/xinwen/2018-07/15/content_5306584.htm。

合施策，标本兼治，多措并举，从源头肃清恐怖主义滋生的温床。

面对核安全全球治理的根本性问题，中国提出打造核安全命运共同体，坚定维护核不扩散体系，秉持理性、协调、并进的核安全观。2022年新年伊始，中国推动五个核武器国家共同发表《关于防止核战争与避免军备竞赛的联合声明》。中国愿与各国一道努力，在相互尊重和承认彼此安全利益与关切的基础上开展建设性对话，创造更有利于促进裁军的安全环境，以各国安全不受减损的原则建立无核武器世界。

面对网络安全威胁，中国提出"尊重网络主权、维护和平安全、促进开放合作、构建良好秩序"四项原则，倡导建立多边、民主、透明的全球互联网治理体系，并多次将"构建网络空间命运共同体"理念写入联大决议。针对当前全球生物安全治理困境，中国主张任何国家和平利用生物科技的权利都不容侵蚀，倡议建立"生物防扩散出口管制与国际合作机制"，支持重新启动停滞20余年的核查机制多边谈判，推动联合国大会通过"在国际安全领域促进和平利用国际合作"决议，倡导公正、开放、包容的国际合作，为维护发展中国家在生物科技领域开展合作的权益保障提供了解决方案。

二、中国始终是全球发展的贡献者

中国是世界的中国，中国的发展与世界紧密相连，维护世界和平、促进共同发展是中国外交政策宗旨。新中国成立后，中国力所能及地向广大发展中国家提供真诚无私的援助，给予大量物质、技术、人员和智力支持，帮助发展中国家增强自主发展能力。

（一）中国发展为全球发展作出新贡献

改革开放从根本上改变了中国面貌。中国始终坚持以经济建设为中心，不断解放和发展社会生产力。经过40多年的发展，中国国内生产总值占世界生产总值的比重由改革开放之初的 1.8% 上升到 2021 年的 18.5%，[1] 多年来对世界经济增长贡献率超过 30%，[2] 成为世界经济增长的稳定器和动力源。

中国打赢脱贫攻坚战，全面建成小康社会，中国减贫人口占同期全球减贫人口 70% 以上，[3] 中国脱贫攻坚的成就大大加快了全球减贫进程，谱写了人类反贫困史上的辉煌篇章。中国积极参与国际减贫发展合作，支持联合国、世界银行等继续在国际减贫事业中发挥重要作用，推动建立以合作共赢为核心的新型国际减贫交流合作关系。中国始终关注和帮助生活在饥饿和贫困中的有关国家的人民，通过对外援助、减免债务、增加进口、扩大投资等措施，努力帮助发展中国家特别是最不发达国家增强自身发展能力，在扶贫减贫、疫病防控、难民救助等全球议题上继续贡献智慧和力量，让共同发展的阳光冲破贫困落后的阴霾、照亮共享繁荣的未来。

作为最大发展中国家，中国自身的发展就是对全球发展的贡献。中国始终坚持在发展中保障和改善民生，全面推进幼有所育、学有所教、劳有所得、病有所医、老有所养、住有所居、弱有所扶，不断改善人民生活、增进人民福祉。现在，中国已初步构建起世界上规模最大、覆盖人口最多，包括养老、医疗、低保、住房、教育等民生领域的社

---

[1]《新理念引领新发展 新时代开创新局面——党的十八大以来经济社会发展成就系列报告之一》，国家统计局网站，2022 年 9 月 13 日，http://www.stats.gov.cn/tjsj/sjjd/202209/t20220913_1888189.html。

[2] 习近平：《在庆祝改革开放 40 周年大会上的讲话》，新华网，2018 升 12 月 18 日，http://www.xinhuanet.com/politics/leaders/2018-12/18/c_1123872025.htm。

[3] 国务院新闻办公室：《人类减贫的中国实践》白皮书，新华网，2021 年 4 月 6 日，http://www.xinhuanet.com/politics/2021-04/06/c_1127295868.htm。

会保障体系。

人权是人类文明进步的标志。为中国人民谋幸福、为中华民族谋复兴是中国共产党的初心使命，尊重和保障人权是中国共产党人的不懈追求。经过长期艰苦奋斗，中国成功走出了一条顺应时代潮流、适合本国国情的人权发展道路，中国人民的人权得到前所未有的保障。作为联合国安理会常任理事国和负责任大国，中国始终遵循联合国宪章和《世界人权宣言》精神，积极参与全球人权治理，认真履行国际人权义务。中国先后批准或加入 29 项国际人权文书，包括 6 项联合国核心人权条约；成功参与 3 次联合国人权理事会国别人权审议，被称为"履约典范"；中国六度担任人权理事会成员，是当选次数最多的国家之一……这些事实和成就既是对中国人权事业成就的肯定，也展现了中国积极开展人权对话和合作的诚意。[1] 中国坚持把人权的普遍性原则与自身实际相结合，始终把生存权、发展权作为首要的基本人权，协调增进全体人民的各项权利，努力促进人的全面发展，彰显了当代中国人权观的先进性和现实性。

（二）中国发展为共同繁荣提供新机遇

习近平总书记指出："中国追求的是共同发展。我们既要让自己过得好，也要让别人过得好。"[2] 中国在推进自身发展的同时，坚定不移推进新一轮高水平对外开放，以自身发展为世界提供机遇。中国超额履行加入世界贸易组织承诺，为全球经济增长注入中国动力。中国

---

[1]《共同推进国际人权事业，造福各国人民》，《人民日报》2022 年 5 月 26 日，第 3 版。

[2] 习近平：《弘扬丝路精神　深化中阿合作——在中阿合作论坛第六届部长级会议开幕式上的讲话》，人民网—中国共产党新闻网，2015 年 7 月 21 日，http://cpc.people.com.cn/xuexi/n/2015/0721/c397563-27338175.html。

拓展能源、粮食、网络、极地、外空、海洋等领域国际合作，为可持续发展事业作出中国努力。中国积极开展南南合作和南北对话，支持和帮助广大发展中国家特别是最不发达国家实现发展。中国已加入几乎所有的重要国际和区域经济组织，与 28 个国家和地区签署了 21 个自贸协定，是 140 多个国家和地区的主要贸易伙伴。[1] 中国发起创建上海合作组织、博鳌亚洲论坛、中非合作论坛、中阿合作论坛、中拉论坛等多边平台，推动亚太自贸区、中日韩、中国—东盟等区域合作发展，为各层次多边机制互补互促发挥中国作用。《区域全面经济伙伴关系协定》已于 2022 年 1 月 1 日正式生效，是世界上人口规模和经贸规模最大的自贸区，中国将全面实施该协定，忠实履行义务，深化同协定各方经贸联系。中国还将推动同更多国家和地区商签高标准自由贸易协定，积极推进加入《全面与进步跨太平洋伙伴关系协定》和《数字经济伙伴关系协定》，进一步融入区域和世界经济，实现互利共赢。

中国国际进口博览会是迄今为止世界上第一个以进口为主题的国家级展会，是国际贸易发展史上一大创举。举办中国国际进口博览会是中国着眼于推动新一轮高水平对外开放作出的重大决策，是中国主动向世界开放市场的重大举措，体现了中国支持多边贸易体制、推动发展自由贸易的一贯立场，是中国推动建设开放型世界经济、支持经济全球化的实际行动。中国拥有巨大市场，通过进博会这样的窗口主动对外开放，对世界经济影响深远，尤其是对共建"一带一路"国家、中东欧国家和一些欠发达国家而言，进博会带来了前所未有的机遇。开放是当代中国的鲜明标识。中国扩大高水平对外开放的决心不会变，同世界分享发展机遇的决心不会变，推动经济全球化朝着更加开放、

---

[1]《携手构建人类命运共同体：中国的倡议与行动》，中国政府网，2023 年 9 月 26 日，https://www.gov.cn/zhengce/202309/content_6906335.htm。

包容、普惠、平衡、共赢方向发展的决心不会变。不管国际风云如何变幻，中国对外开放的大门只会越开越大，释放的红利也将越来越多，世界各国都将从中国的发展中长久受益。

（三）中国发展为全球治理增添新动能

中国积极支持世界卫生组织、世界知识产权组织、国际电信联盟、国际劳工组织等机构在全球治理中更好发挥作用，积极参与二十国集团、亚太经合组织、上海合作组织、金砖国家等多边合作机制，推动加强贸易和投资、数字经济、绿色低碳等领域议题探讨，坚定维护世界共同利益。中国积极推动金砖国家成立新开发银行和应急储备安排，发起建立亚洲基础设施投资银行，对国际金融体系形成有益补充，为促进世界发展繁荣作出新贡献，为改善全球经济治理增添新力量。

实现碳达峰碳中和是中国高质量发展的内在要求，也是中国对国际社会的庄严承诺。中国将力争在 2030 年前实现碳达峰、2060 年前实现碳中和，并将大力支持发展中国家能源绿色低碳发展，不再新建境外煤电项目。中国已发布《2030 年前碳达峰行动方案》，还将陆续发布能源、工业、建筑等领域具体实施方案。中国已建成全球规模最大的碳市场和清洁发电体系，可再生能源装机容量超 10 亿千瓦，1 亿千瓦大型风电光伏基地已有序开工建设。[1]

中国积极开展应对气候变化国际合作，秉持"授人以渔"理念，尽己所能帮助发展中国家提高应对气候变化能力。从非洲的气候遥感卫星，到东南亚的低碳示范区，再到小岛国的节能灯、数字经济、多元发展计划，中国应对气候变化南南合作成果看得见、摸得着、有实

---

[1] 习近平：《坚定信心 勇毅前行 共创后疫情时代美好世界——在 2022 年世界经济论坛视频会议的演讲》，人民网，2022 年 1 月 18 日，http://politics.people.com.cn/n1/2022/0118/c1024-32333606.html。

效，努力践行可持续发展"一个都不能少"的承诺。中国出资成立昆明生物多样性基金，为应对气候变化、保护生物多样性作出不懈努力。中国成功举办联合国《生物多样性公约》第十五次缔约方大会第一阶段会议，为推动建设清洁美丽世界作出贡献。

"悠悠万事，吃饭为大"[1]。粮食安全是世界和平与发展的重要保障，是构建人类命运共同体的重要基础，关系人类永续发展和前途命运。多年来，中国积极参与国际粮农治理，提出国际粮食安全合作倡议，在有需要的国家和地区开展农业投资，推广粮食生产、加工、仓储、物流、贸易等技术和经验，与"一带一路"共建国家积极开展粮食领域合作。40多年来，中国杂交水稻已在亚洲、非洲、美洲的数十个国家和地区推广种植，年种植面积达800万公顷。中国研究人员先后赴印度、巴基斯坦、越南、缅甸、孟加拉国等国提供建议和咨询，并通过国际培训班为80多个发展中国家培训超过1.4万名杂交水稻专业技术人才。在促进共同发展的道路上，中国不遗余力地帮助其他国家解决迫在眉睫的粮食安全问题。自2016年起，中国连续向亚非拉50余国提供紧急粮食援助，惠及上千万受灾群众。[2]南南合作和三方合作是应对全球饥饿、营养不良、贫困和不平等挑战的重要途径。中国是联合国粮农组织南南合作的重要战略伙伴，联合国粮农组织对中国的贡献深表赞赏，中国将同联合国粮农组织一道继续加强伙伴关系，扩大南南合作和三方合作前景，加快落实联合国2030年可持续发展议程。

在不确定的世界中，中国经济再次展现出韧性强、潜力足、回旋

---

[1]《习近平谈粮食安全：悠悠万事，吃饭为大》，中国政府网，2022年3月7日，http://www.gov.cn/xinwen/2022-03/07/content_5677598.htm。

[2] 曲颂等：《维护世界粮食安全的积极力量》，《人民日报》2022年4月8日，第3版。

余地广的特点。中国经济长期向好的基本面不会改变。中国将继续承担大国责任，做全球发展的贡献者，为世界经济企稳复苏提供强大动能，为各国提供更广阔的市场机会。

三、中国始终是国际秩序的维护者

新中国成立以来，中国共产党人始终顺应时代发展步伐，"站在历史正确的一边，站在人类进步的一边"[1]，坚定不移推动国际秩序朝着更加公正合理的方向发展，为实现世界永续和平发展不懈奋斗。

（一）始终站在历史正确一边

中国先后提出和平共处五项原则、建立国际政治经济新秩序、构建和谐世界等重要理念，为推动构建和平稳定、公正合理的国际关系和国际秩序贡献智慧。改革开放以来，中国已加入几乎所有普遍性政府间国际组织和 600 多项国际公约及修正案，[2]扎实履行缔约国权利义务，维护国际法权威。

进入新时代，党和国家事业取得历史性成就、发生历史性变革，实现中华民族伟大复兴进入关键时期，中国同世界关系发生历史性变化。中国的国际影响力、感召力、塑造力进一步提升，在国际事务中发挥着越来越重要的作用。中国鲜明提出构建新型国际关系、构建人类命运共同体、共建"一带一路"、弘扬全人类共同价值等富有时代精神、引领人类发展进步潮流的重要理念和重大倡议，丰富和发展了

---

[1]《习近平出席中华人民共和国恢复联合国合法席位 50 周年纪念会议并发表重要讲话》，中国政府网，2021 年 10 月 25 日，http://www.gov.cn/xinwen/2021-10/25/content_5644791.htm。

[2]《王毅：深入贯彻习近平外交思想 高举真正多边主义火炬》，理论网，2021 年 7 月 9 日，https://www.theorychina.org.cn/c/2021-07-09/1412195.shtml。

马克思主义国际关系理论，为人类应对全球性挑战、构建更加美好的世界指明了方向和路径。

（二）持续为构建国际政治经济新秩序作出贡献

中国秉持共商共建共享的全球治理观，积极参与全球治理体系改革和建设，坚定维护以联合国为核心的国际体系、以国际法为基础的国际秩序、以联合国宪章宗旨和原则为基础的国际关系基本准则。中国倡导国际关系民主化，维护和践行真正的多边主义，坚持国家不分大小、强弱、贫富一律平等，支持扩大发展中国家在国际事务中的代表性和发言权。中国积极推动经济全球化朝着更加开放、包容、普惠、平衡、共赢的方向发展，支持对世界贸易组织进行必要改革，更好建设开放型世界经济，维护多边贸易体系，促进贸易和投资自由化便利化，引导经济全球化健康发展。中国主张相互尊重、平等协商、摒弃冷战思维、反对强权政治，走对话而不对抗、结伴而不结盟的国与国交往新路；坚持以对话解决争端、以协商化解分歧，统筹应对传统和非传统安全威胁，反对一切形式的恐怖主义；坚持弘扬平等、互鉴、对话、包容的文明观，尊重世界文明多样性，以文明交流超越文明隔阂、文明互鉴超越文明冲突、文明共存超越文明优越；坚持环境友好，合作应对气候变化，保护好人类赖以生存的地球家园。

中国积极参与新疆域治理，推动完善新疆域治理规则。中国提出《全球数据安全倡议》，愿同各国共同探讨制定反映各方意愿、尊重各方利益的数字治理国际规则，积极营造开放、公平、公正、非歧视的数字发展环境。中国高度重视数字经济国际合作，决定申请加入《数字经济伙伴关系协定》，愿同各方合力推动数字经济健康有序发展。中国支持探讨制定法定数字货币标准和原则，支持国际标准协同发展，促进世界互联互通，支持探索标准化在完善全球治理、促进可持续发展中的积极作用，为创造人类更加美好的未来作出贡献。2022 年 5 月，《工业品外观设计国际注册海牙协定》以及《关于为盲人、视力障碍者或其他印刷品阅读障碍者获得已出版作品提供便利的马拉喀什条约》正式在中国生效，标志着中国在深度参与全球知识产权治理方面继续迈出坚实步伐。干旱与土地可持续治理是《联合国防治荒漠化公约》的重要内容，中国将同国际社会通力合作，共觅良方，打破贫穷与荒漠化的恶性循环，在全球发展倡议框架下推进绿色发展，构建公平合理的荒漠化治理体系，真正实现人与自然和谐共生。

中国发布《全球人工智能治理倡议》，指出人工智能是人类发展新领域，全球人工智能技术在给世界带来巨大机遇的同时，也带来难以预知的各种风险和复杂挑战。人工智能治理攸关全人类命运，是世界各国面临的共同课题。在世界和平与发展面临多元挑战的背景下，各国应秉持共同、综合、合作、可持续的安全观，坚持发展和安全并重的原则，通过对话与合作凝聚共识，构建开放、公正、有效的治理机制，促进人工智能技术造福于人类，推动构建人类命运共同体。各国应在人工智能治理中加强信息交流和技术合作，共同做好风险防范，形成具有广泛共识的人工智能治理框架和标准规范，不断提升人工智能技术的安全性、可靠性、可控性、公平性。中国欢迎各国政府、国际组织、企业、科研院校、民间机构和公民个人等各主体秉持共商共建共享的理念，协力共同促进人工智能治理。[1]

中国将继续高举人类命运共同体旗帜，全面阐述和积极践行中国主张的发展观、文明观、安全观、人权观、生态观、国际秩序观和全

---

[1]《全球人工智能治理倡议》，外交部网站，2023 年 10 月 20 日，https://www.fmprc.gov.cn/web/ziliao_674904/1179_674909/202310/t20231020_11164831.shtml。

球治理观，倡导不同文明包容互鉴，推动中国同世界各国人民民心相通，以更加开放自信、谦逊包容的姿态承担大国责任，践行大国担当，向世界呈现一个真实、立体、全面的中国，让各国人民走近一个可信、可爱、可敬的中国。

四、中国始终是公共产品的提供者

中国的发展得益于国际社会，中国也始终不忘回馈国际大家庭。习近平总书记指出："大国更应该有大的样子，要提供更多全球公共产品，承担大国责任，展现大国担当。"[1]党的十八大以来，中国秉持人类命运共同体理念，积极为国际社会提供公共产品。

（一）"一带一路"倡议

共建"一带一路"是习近平总书记深刻思考人类前途命运以及中国和世界发展大势，推动中国和世界合作共赢、共同发展作出的重大决策。推动"一带一路"建设，既对新时代中国改革开放空间布局进行了统筹谋划，又对中国与世界实现开放共赢的路径进行了顶层设计，是新时代中国特色大国外交的重大创举，是中国今后相当长时期对外开放和对外合作的管总规划，是中国共产党关于对外开放理论和实践的重大创新。共建"一带一路"搭建了广泛参与的国际合作平台，为全球治理体系改革提供了中国方案，成为推动构建人类命运共同体的生动实践，受到国际社会普遍欢迎，在世界发展史上具有重要里程碑意义。

共建"一带一路"秉持共商共建共享原则，坚持开放、绿色、廉洁理念，顺应全球治理体系改革的内在要求，彰显同舟共济、权责共担的命运共同体意识，努力实现高标准、惠民生、可持续目标，为改

---

[1]《习近平在第七十五届联合国大会一般性辩论上的讲话（全文）》，求是网，2020年9月22日，http://www.qstheory.cn/yaowen/2020-09/22/c_1126527766.htm。

革完善全球治理体系提供了新思路新方案。经过夯基垒台、立柱架梁，共建"一带一路"倡议从理念转化为行动，从愿景转变为现实，已成为当今世界规模最大的国际合作平台和最受欢迎的国际公共产品。

如今，从亚欧大陆到非洲、美洲、大洋洲，共建"一带一路"的朋友圈越来越大，好伙伴越来越多，合作质量越来越高，发展前景越来越好。随着共建"一带一路"与联合国 2030 年可持续发展议程对接不断深入，一条"减贫之路""增长之路"将持续向未来延伸。世界银行研究报告显示，到 2030 年，共建"一带一路"框架下的交通基础设施项目有望帮助全球 760 万人摆脱极端贫困、3200 万人摆脱中度贫困。联合国前秘书长潘基文盛赞："在人类通往消除贫困的道路上，中国作用不可或缺。"[1]

（二）抗疫国际合作

新冠疫情是百年来全球发生的最严重传染病大流行，给人类生命安全带来巨大威胁，给国际社会带来重大挑战，不仅是对各国执政能力的大考，也是对全球治理体系的检验。作为世界上最大的发展中国家，中国拥有世界最多的人口，做好国内疫情防控本身就是对全球公共卫生安全治理的重大贡献。中国用力量、智慧与牺牲为世界守住疫情防控的关键防线，为全球抗疫提供了信心、积累了经验、树立了典范。

面对肆虐的新冠疫情，中国提出构建人类卫生健康共同体。中国站在国际抗疫合作"第一方阵"，开展全球紧急人道主义救援．向 150 多个国家和国际组织提供力所能及的援助和支持。秉持疫苗公共产品"第一属性"，最早承诺将新冠疫苗作为全球公共产品，最早支持疫苗研发知识产权豁免，最早同发展中国家开展疫苗合作生产。担当疫

---

[1] 肖新新：《合力建设远离贫困、共同发展的美好世界》，《人民日报》2022 年 4 月 6 日，第 3 版。

苗公平分配"第一梯队",以自己的坚定承诺和实际行动为人类健康事业贡献中国力量。[1]

（三）全球发展倡议

2021 年 9 月,习近平总书记在出席第 76 届联合国大会一般性辩论时提出以坚持发展优先、坚持以人民为中心、坚持普惠包容、坚持创新驱动、坚持人与自然和谐共生、坚持行动导向为主要内容的全球发展倡议。[2]全球发展倡议着眼全球发展面临的挑战和机遇,将减贫、粮食安全、抗疫和疫苗、发展筹资、气候变化和绿色发展、工业化、数字经济、数字时代互联互通等作为重点合作领域,明确了全球发展的价值方向,指明了全球发展的动力来源,揭示了全球发展问题的治理之道。

全球发展倡议坚持以人民为中心的发展观,主张发展为了人民、发展依靠人民、发展成果由人民共享,真正体现了发展的核心价值。全球发展倡议主张在发展中保障和改善民生,保护和促进人权,不断增强人民的获得感、幸福感、安全感,实现人的全面发展,在理论上实现了客观效果与主观感受的结合,有助于让发展带来看得见、摸得着的实惠。

全球发展倡议系统给出了全球发展问题的解决方案。在方向选择上,坚持发展优先,将发展置于全球宏观政策框架的突出位置;在具体目标上,坚持普惠包容,着力解决国家间和各国内部发展不平衡、不充分问题;在治理路径上,坚持创新驱动,坚持人与自然和谐共生,

[1]《携手构建人类命运共同体:中国的倡议与行动》,中国政府网,2023 年 9 月 26 日,https://www.gov.cn/zhengce/202309/content_6906335.htm。

[2]《习近平出席第七十六届联合国大会一般性辩论并发表重要讲话》,求是网,2021 年 9 月 22 日,http://www.qstheory.cn/yaowen/2021-09/22/c_1127887210.htm。

坚持行动导向。

全球发展倡议致力落实联合国 2030 年可持续发展议程。联合国贸易和发展会议秘书长蕾韦卡·格林斯潘指出："中国提出的全球发展倡议与提升民生福祉紧密相关，有助于实现联合国 2030 年可持续发展议程，也为各国制定可持续发展政策提供了思路和启示。"[1]

全球发展倡议高度契合各方需要，一经提出就得到国际社会积极响应。2022 年 1 月，"全球发展倡议之友小组"启动会议在纽约联合国总部举行，逾百个国家和 20 多家联合国机构负责人齐聚一堂，为落实倡议凝聚了更广泛国际共识。

（四）全球安全倡议

2022 年 4 月，在博鳌亚洲论坛 2022 年年会开幕式上，习近平总书记着眼应对全球共同挑战、促进世界安危与共，提出全球安全倡议。习近平总书记指出，安全是发展的前提，人类是不可分割的安全共同体，冷战思维只会破坏全球和平框架，霸权主义和强权政治只会危害世界和平，集团对抗只会加剧 21 世纪安全挑战。习近平总书记倡议各方要坚持共同、综合、合作、可持续的安全观，共同维护世界和平和安全；坚持尊重各国主权、领土完整，不干涉别国内政，尊重各国人民自主选择的发展道路和社会制度；坚持遵守联合国宪章宗旨和原则，摒弃冷战思维，反对单边主义，不搞集团政治和阵营对抗；坚持重视各国合理安全关切，秉持安全不可分割原则，构建均衡、有效、可持续的安全架构，反对把本国安全建立在他国不安全的基础之上；坚持通过对话协商以和平方式解决国家间的分歧和争端，支持一切有利于和平

---

[1] 张朋辉：《全球发展倡议的提出恰逢其时（命运与共·全球发展倡议）——访联合国贸易和发展会议秘书长蕾韦卡·格林斯潘》，《人民日报》2022 年 4 月 4 日，第 3 版。

解决危机的努力，不能搞双重标准，反对滥用单边制裁和"长臂管辖"；坚持统筹维护传统领域和非传统领域安全，共同应对地区争端和恐怖主义、气候变化、网络安全、生物安全等全球性问题。[1]

全球安全倡议是中国提供的又一重要国际公共产品，是人类命运共同体理念在安全领域的生动实践，为破解全球安全治理难题贡献了中国方案。全球安全倡议着眼后疫情时代全球安全治理，秉持真正的多边主义，顺应经济全球化、世界多极化、国际关系民主化历史大势，强调安全是普遍的、平等的、包容的，强调通过对话合作促进安全，多管齐下、综合施策，既立足当下又着眼长远，为实现世界长治久安提供了可行思路。

五、中国始终是热点问题的斡旋者

作为负责任大国，中国努力探索和践行中国特色热点问题解决之道，在坚持不干涉内政前提下，根据当事国意愿和需要，建设性参与热点问题解决，以劝和促谈为主要方式，以公平务实为主要态度，以标本兼治为主要思路。

（一）朝鲜半岛核问题

在朝鲜半岛核问题上，中国的立场一贯而明确。中国坚持实现半岛无核化，坚持维护半岛和平稳定，坚持通过对话协商解决问题。长期以来，中国为推进半岛无核化进程、维护半岛和平稳定大局、推动尽早重启六方会谈作出不懈努力。中国认为，搞冷战式的军事同盟、构筑全球和地区反导体系，既不利于构建战略稳定与互信，也不利于

---

[1]《习近平在博鳌亚洲论坛 2022 年年会开幕式上发表主旨演讲》，人民网，2022 年 4 月 22 日，http://world.people.com.cn/n1/2022/0422/c1002-32405763. html。

构建包容性的全球及地区安全格局。此前，美国和韩国不顾包括中国在内有关国家的明确反对，宣布并推进在韩部署"萨德"反导系统；韩美两国还就加强延伸威慑的具体合作方案进行协商，拟适时在韩部署美战术核武器。美韩两国的做法严重破坏地区战略平衡，严重损害包括中国在内的地区国家战略安全利益，与维护半岛和平稳定努力背道而驰。中国主张，各国既要考虑本国安全利益，也要尊重别国安全关切，遵循维护全球战略稳定和各国安全不受减损的原则，共同营造和平稳定、平等互信、合作共赢的国际安全环境。中国将继续与国际社会一道，为推进朝鲜半岛无核化、实现半岛及东北亚长治久安作出不懈努力。

（二）缅甸问题

作为友好邻邦，中国一直密切关注缅甸局势发展，一直积极做缅甸各方工作，一直积极参与安理会有关讨论。中国始终认为，暴力和流血冲突不符合任何一方的利益，受害的是缅甸人民，缅甸人民以及外国公民和企业的生命及财产安全都应得到保障，任何袭击行为都不可接受。缅甸各方都应负起维护国家稳定和发展的责任，从人民的根本利益出发，坚持通过对话协商，在宪法和法律框架下找到缓和局势的办法，维护政治和社会稳定，继续推进国内民主转型。维护缅甸和平稳定符合国际社会共同利益，缅甸如果陷入长期动荡，对缅甸和整个地区都不利。国际社会应当在尊重缅甸主权、政治独立、领土完整和国家统一前提下，加大外交努力，积极推动缅甸各方弥合分歧，找到化解危机的办法。中国支持东盟秉持不干涉内政和协商一致原则，以"东盟方式"斡旋调停，为缓和缅甸事态发挥积极作用。

（三）阿富汗问题

阿富汗是中国的重要邻国。中国支持阿富汗和平重建，希望看到一个团结、稳定、发展、同周边国家和睦相处的阿富汗。当前，阿富汗正处在由乱及治的关键时期。包容建政、温和施政是方向，恢复经济、改善民生是根本，坚决打恐、融入地区是重点。中国支持阿富汗成为独立、中立、统一、民主、和平的国家，支持在阿富汗建立由阿富汗社会各民族、宗教和政治力量代表参与的包容性政府，支持在阿富汗消除恐怖主义、战争和毒品。阿富汗绝不能再度成为恐怖分子天堂，这是阿富汗未来任何政治解决方案必须坚守的底线。各国应根据国际法和安理会决议履行义务，合作打击一切恐怖主义，坚决防止"伊斯兰国""基地"组织、"东伊运"等恐怖组织趁乱坐大。

（四）伊朗核问题

中国始终认为对话和谈判是解决伊朗核问题的唯一正确途径，主张各方要继续坚持政治外交解决大方向，充分体现诚意，尊重彼此正当权益和合理关切，恢复全面协议权利和义务的平衡，妥善处理谈判基础问题，维护谈判进程，推动谈判早日取得成果，争取实现早期收获。美国单方面退出伊核协议，持续对伊极限施压，是当前伊核危机的始作俑者，理应首先取消所有对伊及第三方的非法制裁。伊朗则应在此基础上恢复全面履约。各方应切实排除干扰，确保谈判不走极端，不入歧途。伊方也应理解各方对其核能力快速发展的关切，保持建设性合作，早日解决相关未决问题，为复谈营造良好氛围。伊核问题牵动中东地区局势，维护全面协议就是维护地区和平稳定。地区国家应坚持对话谈判妥处分歧，域外国家应为缓和地区紧张提供建设性帮助，不在地区制造对立、煽动对抗，不将地区安全问题与恢复履约谈判挂钩。作为安理会常任理事国和全面协议参与方，中国始终致力于维护全面协议的有效性，维护安理会决议的权威性，维护国际核不扩散体系的完整性。中国将继续践行真正的多边主义，积极参与恢复履约谈判，为推动全面协议重返正轨、促进伊核问题政治外交解决、维护国际核不扩散体系和中东地区和平稳定发挥建设性作用。

（五）巴勒斯坦问题

巴勒斯坦问题是中东问题的核心，是中东的根源性问题，也是衡量国际公道正义的一把标尺。国际社会应从维护中东和世界的和平稳定出发，着眼长远，以标本兼治方式推动巴勒斯坦问题的政治解决，维护巴勒斯坦人民合法权益，防止巴以局势失控、中东地区滑向更大危机。中国是巴勒斯坦人民正义事业的坚定支持者，是巴以和平的积极斡旋方。2013 年 5 月，习近平总书记在同巴勒斯坦总统阿巴斯会谈时，就推动解决巴勒斯坦问题提出四点主张，即坚持巴勒斯坦独立建国，巴以两国和平共处这一正确方向；将谈判作为实现巴以和平的唯一途径；坚持"土地换和平"等原则不动摇；国际社会应为推进和平进程提供重要保障。2017 年 7 月，习近平总书记在同巴勒斯坦总统阿巴斯会谈时，提出关于推动解决巴勒斯坦问题的四点主张，即坚定推进以"两国方案"为基础的政治解决进程；坚持共同、综合、合作、可持续的安全观；进一步协调国际社会的努力，壮大促和合力；综合施策，以发展促进和平。2023 年 6 月，习近平总书记同阿巴斯总统会谈时，提出解决巴勒斯坦问题三点主张，强调要建设独立的巴勒斯坦国，要加大对巴勒斯坦发展援助和人道主义帮扶，要坚持和谈正确方向。中方愿为巴方实现内部和解、推动和谈发挥积极作用。上述主张是中国推动巴以问题政治解决进程的总遵循。中国认为，在巴勒斯坦问题上，正义已经迟到，但绝不能缺席，"两国方案"是公道正义的底线，必须坚守。

（六）南苏丹问题

中国密切关注南苏丹形势发展，受新冠疫情、地区局势动荡等影响，南苏丹经济和人道状况面临挑战，《解决南苏丹冲突重振协议》落实工作面临不少困难。中国鼓励南苏丹各方着眼国家团结发展大局，继续推进对话协商，有步骤地落实重振协议未决问题。国际社会应充分尊重南苏丹政府的主导权，加强与非洲联盟、东非政府间发展组织协调，支持它们继续开展斡旋努力。南苏丹和平来之不易，重振协议规定的停火总体维持，中国希望各方共同努力维护这一积极势头，共同维护和平稳定环境。南苏丹经济基础和卫生系统薄弱，国际社会应积极向南苏丹提供帮助，特别要有针对性地在经济和卫生领域提供援助，扩大在农业、能源、基础设施和医疗等领域的投资，助力南苏丹落实2030年可持续发展议程。从根本上解决保护平民问题，最终要靠推进政治进程和经济重建，只有这样才能为流离失所者返乡创造和平稳定的环境，为民众提供就业机会。国际社会应支持南苏丹以循序渐进方式探索符合本国国情的发展道路，而不是一味指责施压，更不能干涉南苏丹内政。在南苏丹国家建设的征途上，中国始终同南苏丹人民站在一起，愿为实现南苏丹和平稳定作出积极贡献。

（七）乌克兰危机

针对乌克兰局势发展变化，中国始终站在和平一边，从事情本身的是非曲直出发，独立自主作出判断并发挥建设性作用，始终坚持以自己的方式劝和促谈，就化解危机提出中国主张，就防止人道主义危机提出中国倡议，努力推动局势降温。中国支持俄乌双方通过谈判解决问题，主张大国之间应相互尊重、摒弃冷战思维、不搞阵营对抗。中国支持一切有利于和平解决乌克兰危机的努力，认为当务之急是劝和促谈，治本之策是照顾各方合理安全关切，逐步构建均衡、有效、可持续的全球和地区安全架构，呼吁各方共同抑制危机外溢效应，维护发展中国家正当权益。

第八章

全方位推动构建
人类命运共同体

构建人类命运共同体是一项宏伟壮丽、前无古人的伟大事业，需要世界人民凝聚共识、团结一致、通力合作、共同推动，通过一代又一代人接力奋斗才能实现。新时代十年，习近平总书记以伟大政治家战略家的天下情怀和远见卓识，穿透历史烟云、洞察世界大势，针对人类社会面临前所未有的挑战不间断地展开深邃思考，提出了一整套以构建人类命运共同体为核心理念、凝聚中国智慧、彰显大国担当的中国方案，亲力亲为地围绕构建人类命运共同体的核心要义、精神实质、丰富内涵、实践要求进行了全方位重要论述，为中国外交提供了根本遵循和行动指南，为整个世界指明了包容普惠、互利共赢的人间正道。我国对外工作在以构建人类命运共同体为核心理念的习近平外交思想指引下，为世界和平与发展崇高事业不断作出重要贡献，为解决人类共同挑战积极提供中国倡议、中国力量，对这一重要理念指导国际关系实践进行了全方位、全领域、全球性积极探索，取得重要成果。

　　在涉及全球治理改革与建设的广泛领域，习近平总书记在一系列重大国内国际场合围绕卫生健康、全球发展、传统和非传统安全、生态环境、网络空间等诸多领域积极倡导共同体理念，亲自提出并推动了构建网络空间命运共同体、打造核安全命运共同体、构建人类卫生健康共同体、构建人与自然生命共同体、构建海洋命运共同体、共建地球生命共同体、构建全球发展共同体、共建人类安全共同体等一系列重要理念和倡议，赢得世界人民广泛理解、认同和支持。命运共同体理念正在涵盖人类社会生活越来越多的方面，对世界发展和人类进步的促进作用越来越明显。

推动构建人类命运共同体与各领域命运共同体建设在理论和实践上是融通互促关系。从理念上看，构建各领域命运共同体必然要秉持人类命运共同体理念，并将其作为目标，推动相互尊重、团结合作、互利共赢，从而在各领域中推动国际团结合作、共同战胜挑战；推动构建人类命运共同体也要体现在构建各领域命运共同体的理念当中，从而使其更加具体、可操作。实践指导方面，两者是相互促进的。推动构建人类命运共同体引领国与国走对话而不对抗、结伴而不结盟的交往新路，为各国携手共建各领域命运共同体奠定政治基础。各领域命运共同体的建设则围绕推动构建人类命运共同体这个核心理念展开，为人与人友好相处、国与国合作共赢、文明与文明交流互鉴提供更多机遇。

从实践上看，有了推动构建人类命运共同体这一深具整体性、前瞻性、引领性的重要理念作为管总擘画，"九层之台"的顶层设计已经具备，而构建各领域命运共同体作为这一总体设计的重要组成部分，是"高台之垒土"，具有鲜明的实践性、基础性。构建各领域命运共同体从属和服务于推动构建人类命运共同体。但推动构建人类命运共同体并不是各领域命运共同体建设的简单叠加，其作用在于为把我们生于斯、长于斯的这个星球建成一个和睦的大家庭、把世界各国人民对美好生活的向往变成现实，提供一整套方案；构建各领域命运共同体旨在相应领域推动世界各国守望相助、同舟共济，携手战胜风险挑战，也为推动构建人类命运共同体、建设更加美好的世界积累条件和能量。同时，各领域命运共同体的建设一定程度上是对推动构建人类命运共同体的"重点突破"，在这一重大历史进程中发挥着"点动成线、线动成面、面动成体"的作用。

总体而言，全方位推动构建人类命运共同体是回答当今世界面临时代之问的中国智慧和中国方案，充分体现了习近平总书记的人民立场、新发展理念、天下情怀、全局视野和全球治理观，是给人类带来福祉的人间正道，也是站在十字路口的世界各国应当以负责任态度作出的明智选择。这项人类历史上前所未有的宏图伟业，关系到我国发展全局，关系到各国安身立命，关系到人类存续。展望未来，中国人民一定会同世界人民携手，沿着包容普惠、互利共赢的人间正道，共同开创人类更加美好的未来。

理念引领行动，方向决定出路。十年来，在习近平总书记亲自倡导、亲自擘画和亲力亲为之下，构建人类命运共同体的实践探索已经取得全面重要进展。迈上新时代新征程，中国外交必须坚持以习近平外交思想为根本遵循和行动指南，坚持统筹中华民族伟大复兴战略全局和世界百年未有之大变局，坚持大力弘扬全人类共同价值，积极推动人类命运共同体的构建和各方的参与。"道阻且长，行则将至；行而不辍，未来可期。前方的路会有曲折，但也充满希望"。

第一节 国际和平与发展领域

一、构建全球发展命运共同体

发展是人类社会永恒的主题，更是当今时代的突出课题。唯有发展，才能消除全球性挑战的根源，才能保障人民的基本权利，才能推动人类社会进步。全球发展倡议和构建全球发展共同体这组重要理念，是习近平总书记在长期深邃思考和指导中国人民实践探索基础上酝酿产生的，是基于中国共产党以人民为中心、发展为了人民、依靠人民、成果由人民共享、实现人的全面发展等发展理论与实践提出的重大主张，以中华优秀传统文化为坚实支撑，以新中国建设经验和外交实践经验为基础，"对促进全球平等和平衡可持续发展具有重要积极意义"[1]。

（一）提出理念

2021 年 9 月，习近平总书记在第七十六届联合国大会一般性辩论上发表重要讲话，郑重提出全球发展倡议，发出构建全球发展共同体的强有力呼吁，并面向整个国际社会贡献了坚持发展优先、坚持以人民为中心、坚持普惠包容、坚持创新驱动、坚持人与自然和谐共生、坚持行动导向的中国智慧和中国方案，为推动实现更加强劲、绿色、健康的全球发展指明方向。[2]

---

[1]《"全球发展倡议"受到各国普遍欢迎》，外交部发言人办公室，2021 年 11 月 8 日，https://baijiahao.baidu.com/s?id=1715861950313473433&wfr=spider&for=pc。

[2] 习近平：《在第七十六届联合国大会一般性辩论上的讲话》，"习近平外交思想和新时代中国外交"网站，2021 年 9 月 22 日，http://cn.chinadiplomacy.org.cn/2021-09/22/content_77766396.shtml。

全球发展倡议和构建全球发展共同体重要理念是对中国发展理念和经验的总结和拓展。党的十八大以来，在以习近平同志为核心的党中央坚强领导下，我国经济社会发展取得了前所未有的历史性成就，2021年如期完成消除绝对贫困的历史性任务。习近平总书记多年来一以贯之地坚持对中国人民发展实践进行理论提升和精彩总结，围绕国家全面可持续发展作出一系列重要指示、部署，受到全党全国各族人民衷心拥护和国际社会高度重视与广泛赞誉，为全球减贫和发展事业积累了宝贵经验、开辟了崭新道路。

全球发展倡议和构建全球发展共同体重要理念是对历史潮流和时代呼唤的回应。早在1986年，联合国大会就已通过了《发展权利宣言》，明确指出发展是实现人民幸福的关键，每个人和所有国家人民都有权参与、促进并享受经济、社会与文化和政治发展成果。但30多年来，发展不平衡、不充分仍然是国际社会面临的共同挑战，广大发展中国家和发达国家的发展差距仍很明显。特别是新冠疫情暴发后，疫情吞噬了过去10年的全球减贫成果，即使在发达国家也有很多人陷入生活困境，发展中国家遭受重创，南北发展鸿沟持续扩大。疫情给国际社会特别是发展中国家带来经济、公共卫生、粮食、社会等多重危机和挑战，新兴市场国家经济增长也显著放缓，落实联合国2030年可持续发展议程面临前所未有的挑战，国际社会围绕世界经济复苏和重振全球发展事业加强协调合作的迫切性上升。

推进国际发展事业不能坐而论道，需要起而行之。全球发展倡议和构建全球发展命运共同体的提出，对中国开启全面建设社会主义现代化国家新征程、世界百年未有之大变局加速演进具有时代标注意义，是习近平外交思想作为马克思主义中国化时代化的最新成果之一。它紧紧抓住了发展这个解决一切问题的总钥匙，秉持了以人民为中心的发展理念，将增进人民福祉、实现人的全面发展作为出发点和落脚点，把各国人民对美好生活的向往作为国际社会的共同努力目标，顺应了时代要求与各国人民期待，全力破解发展难题、创造国际合作机遇，为国际发展合作指明了前进方向。它一经提出就在国际社会引发强烈反响，迅速得到了联合国以及100多个国家的积极响应与支持。不仅发展中国家积极支持和呼应，不少发达国家也表示欢迎。

（二）核心要义

在世界各国面临何去何从的十字路口，全球发展倡议和构建全球发展共同体这组重要理念共生共进，相辅相成。全球发展倡议为全球发展事业树立了原则，提供了路径；构建全球发展共同体为国际发展合作指明了方向，确立了目标。二者共同为推进人类进步事业擘画了蓝图，共同的核心要义在于"六个坚持"浓缩的中国智慧和中国经验：

首先，坚持发展优先和坚持以人民为中心共同构成国际发展事业的根本原则和宗旨，是解决一切问题、增进各国人民福祉的总钥匙，是各国必须凝聚的共识和汇聚全球民意的根本保证。值此世界经济复苏艰难、各方期盼全球发展事业增添连续性、稳定性、可持续性的关键时刻，将发展主题置于全球宏观政策框架突出位置、进一步明确以人的全面发展作为出发点和落脚点，势在必行，不可或缺。

其次，坚持普惠包容和坚持创新驱动共同强调了全球发展事业的关注重点和合作增长点，既针对了南北差距、复苏分化，也注重了新兴发展动力和重要增长空间。广大发展中国家特别是困难特别大的脆弱国家是国际社会共同克服发展鸿沟的难点，事关国际公平正义和道义良知，更是如期落实联合国2030年可持续发展议程的焦点和非啃不可的硬骨头。关注创新则兼顾了发展断层、技术鸿沟等新问题，更为国际发展事业增添了实现跨越发展的新动力新视野新空间。

再次，坚持人与自然和谐共生和坚持行动导向彰显了新时代中国的绿色发展观、积极有为意识和大国担当精神。习近平总书记呼吁实现更加强劲、绿色、健康的全球发展，切中了人类生存与发展这一根本问题的要害在于解决好人与自然和谐共生，引发了国际社会的强烈共鸣，而这种高水平认知源自新时代中国对人与自然关系的深入思考和生态文明建设的有效推进。

中国致力于"建立更加平等均衡的新型全球发展伙伴关系，增进人类共同利益，共同建设一个更加美好的地球家园"[1]。从支持世界各国特别是广大发展中国家共同抗疫，到习近平总书记在第七十六届联合国大会宣布"未来3年内再提供30亿美元国际援助，用于支持发展中国家抗疫和恢复经济社会发展"[2]，再到中国和众多发展中国家开展的减贫合作、产能与基础设施合作、高科技合作，中国投身国际发展事业的努力真诚坦荡、卓有成效、广受赞誉。

（三）重大意义

构建全球发展共同体以及全球发展倡议的核心理念具有坚实的法理基础和重大理论与实践价值。1986年联合国大会通过的《发展权利宣言》是国际法领域申明普遍发展权的专门和权威文件，文件明确指出，每个人和所有国家人民都有权参与、促进并享受经济、社会与文化和政治发展成果。但知易行难，特别是一些发达国家在主动承担历史责任、真正兑现政治承诺、认真开展南北合作方面赤字巨大，广大发展中国家

[1]《习近平同外国专家座谈》，新华网，2012年12月5日，http://www.xinhuanet.com//politics/2012-12/05/c_113922453_2.htm。

[2] 习近平：《在第七十六届联合国大会一般性辩论上的讲话》，"习近平外交思想和新时代中国外交"网站，2021年9月22日，http://cn.chinadiplomacy.org.cn/2021-09/22/content_77766396.shtml。

在实现工业化、现代化道路上艰难前行。联合国在全球发展事业中的统筹协调地位亟需有效支持。

实现可持续发展需要凝聚众智，汇集众力。习近平总书记郑重提出构建全球发展共同体和全球发展倡议，彰显了开放包容的伙伴精神，是中国为国际社会提供的重要公共产品和合作平台，面向全球开放，欢迎各国共同参与，是对真正的多边主义的践行，是对以联合国为核心的全球治理体系的切实支持，对加快落实联合国2030年可持续发展议程、推动构建人类命运共同体意义重大，众多国家和国际组织给予高度认可。展望未来，全球发展倡议必将同共建"一带一路"、非洲发展新伙伴计划等协同增效，为广大发展中国家破解发展困局提供中国经验，并通过联合国、二十国集团、金砖国家等多边合作机制、区域和次区域平台凝聚更广泛国际共识，形成促进发展的强大合力。

构建全球发展共同体以及全球发展倡议遵循务实合作的行动指南，对推动实现各国人民的发展权具有普遍意义，对维护国际公平正义、跨越全球发展鸿沟意义重大。相关理念和倡议既支持推动以平等为基础的全球经济治理改革，增进新兴市场国家和发展中国家发言权和代表性，以确保各国在国际经济合作中权利平等、机会平等、规则平等，又指明减贫、粮食安全、抗疫和疫苗、发展筹资、气候变化和绿色发展、工业化、数字经济、互联互通作为重点合作领域，有助于将国际发展共识转化为务实行动。

中国不仅是构建全球发展共同体的提出者，也是推进落实这一重大倡议的行动派。2021年，中国推动《区域全面经济伙伴关系协定》生效，申请加入《全面与进步跨太平洋伙伴关系协定》和《数字经济伙伴关系协定》，在保护主义逆风中迈出区域合作新步伐。中国不断扩大高水平对外开放，以更短的负面清单、更优的营商环境、更大力度的制度型开放同世界分享中国机遇。成功举办第五届中国国际进口博览会，企业参展数、回头率、累计意向成交金额再创新高。共建"一带一路"作为国际发展合作的重要平台成果不断显现，日益深入人心。中欧班列成为全球供应链的"稳定锚"，中老铁路全线开通运营、帮助老挝实现"陆联国"夙愿。截至2022年底，"150个国家和32个国际组织组成'一带一路'大家庭，标注着国际经济合作新高度，打造了促进各国发展新引擎"[1]。"一带一路"正在成为造福世界的"富裕带"、惠及人民的"幸福路"。

全球发展倡议和构建全球发展共同体紧扣和平与发展的时代主题，呼应了各国人民追求更美好生活的强烈愿望，把发展议程放在国际合作的更重要位置，为各国聚焦发展、团结发展、共同发展注入了关键思想动力，为重振以联合国为核心的全球发展体系提供了行动指南，助力全球发展事业迎来更加光明的前景。

二、携手共建人类安全共同体

面对百年变局深度调整期、新冠疫情影响持续期、"两个一百年"奋斗目标历史交汇期三期叠加带来的新形势新情况新问题，习近平总书记在博鳌亚洲论坛2022年年会开幕式上郑重提出全球安全倡议，向国际社会发出共建人类安全共同体的中国邀约，将中国的国家安全思想上升到统筹发展和安全、推动构建人类命运共同体的历史新高度。

（一）提出理念

党的二十大报告明确指出："当前，世界之变、时代之变、历史

---

[1] 王毅：《矢志民族复兴，胸怀人类命运　奋进中国特色大国外交新征程》，《求是》2023年第1期，http://www.qstheory.cn/dukan/qs/2023-01/01/c_1129247001.htm。

之变正以前所未有的方式展开。一方面，和平、发展、合作、共赢的历史潮流不可阻挡，人心所向、大势所趋决定了人类前途终归光明。另一方面，恃强凌弱、巧取豪夺、零和博弈等霸权霸道霸凌行径危害深重，和平赤字、发展赤字、安全赤字、治理赤字加重，人类社会面临前所未有的挑战。世界又一次站在历史的十字路口，何去何从取决于各国人民的抉择。"面对着日益复杂严峻的国际安全形势，下行压力显著的世界经济走势，不断抬头的单边主义、保护主义，暗流涌动的文明冲突、零和博弈思维，国际社会迫切呼唤共建人类安全共同体。习近平总书记在多个重要场合深刻论述安全共同体理念，指引国际社会以实际行动促进共同安全。

2019 年 6 月，习近平总书记在同塔吉克斯坦总统拉赫蒙会谈时指出："中方愿同塔方加强两国关系顶层设计，提升各领域合作水平，共同打造中塔发展共同体和安全共同体[1]。"这是习近平总书记首次在双边层面提出构建安全共同体的重要理念。2020 年 11 月，习近平总书记在上海合作组织成员国元首理事会第二十次会议上，倡导"维护安全和稳定，构建安全共同体"[2]，将这一先进理念首次引入多边合作层面。2022 年 4 月，习近平总书记在博鳌亚洲论坛 2022 年年会开幕式上发表主旨演讲，强调"安全是发展的前提，人类是不可分割的安全共

---

[1]《习近平同塔吉克斯坦总统拉赫蒙会谈》，《人民日报》2019 年 6 月 17 日，第 1 版。

[2] 习近平：《弘扬"上海精神" 深化团结协作 构建更加紧密的命运共同体——在上海合作组织成员国元首理事会第二十次会议上的讲话》，《人民日报》2020 年 11 月 11 日，第 2 版。

同体"[1]，使构建安全共同体的范畴扩展至全球治理层面。5 月，习近平总书记在金砖国家外长会晤开幕式上发表视频致辞时，首次提出"共建人类安全共同体"重大主张[2]，6 月，习近平总书记在金砖国家领导人第十四次会晤上，再次强调"立足人类是不可分割的安全共同体，走出一条对话而不对抗、结伴而不结盟、共赢而非零和的新型安全之路"[3]，进一步提出实现新型安全的创新思路和实践路径。2023 年 2 月，在全球安全倡议提出一周年之际，中国政府正式发布《全球安全倡议概念文件》，为解决全球安全难题提供更系统的思路，更可行的举措，为全球安全倡议进一步走深走实擘画了路径，为守护世界和平安宁指明了方向。

（二）核心理念和重要原则

全球安全倡议深刻总结了人类社会在安全治理上的经验教训，坚持从人类共同福祉出发、以和平方式解决争端，积极推进国际社会的安全理念对接和利益共融，顺应了各国人民求和平、谋发展、促合作的期待，超越了西方国际关系理论中的地缘政治安全观和国强必霸、崇尚实力、零和博弈等陈旧思维，推动全球安全治理体系朝着更加公平、更加合理、更加有效的方向发展，为构建人类安全共同体提供了重要思想指引。

全球安全倡议的"六个坚持"明确了共建人类安全共同体的核心

---

[1]《习近平在博鳌亚洲论坛 2022 年年会开幕式上的主旨演讲（全文）》，人民网，2022 年 4 月 21 日，http://jhsjk.people.cn/article/32405039。

[2]《习近平在金砖国家外长会晤开幕式上发表视频致辞》，人民网，2022 年 5 月 19 日，http://jhsjk.people.cn/article/32425577。

[3]《习近平在金砖国家领导人第十四次会晤上的讲话（全文）》，人民网，2022 年 6 月 23 日，http://jhsjk.people.cn/article/32454893。

理念和重要原则，即要坚持共同、综合、合作、可持续的安全观，共同维护世界和平和安全；坚持尊重各国主权、领土完整，不干涉别国内政，尊重各国人民自主选择的发展道路和社会制度；坚持遵守联合国宪章宗旨和原则，摒弃冷战思维，反对单边主义，不搞集团政治和阵营对抗；坚持重视各国合理安全关切，秉持安全不可分割原则，构建均衡、有效、可持续的安全架构，反对把本国安全建立在他国不安全的基础之上；坚持通过对话协商以和平方式解决国家间的分歧和争端，支持一切有利于和平解决危机的努力，不能搞双重标准，反对滥用单边制裁和"长臂管辖"；坚持统筹维护传统领域和非传统领域安全，共同应对地区争端和恐怖主义、气候变化、网络安全、生物安全等全球性问题。[1]

（三）中国实践

在长期实践中，中国提出与坚守和平共处五项原则，确立与奉行独立自主的和平外交政策，向世界作出了永远不称霸、永远不搞扩张的庄严承诺。新中国成立以来，中国从未主动挑起过任何一场战争和冲突，从未侵占过别国一寸土地，不对任何国家构成威胁。中国一贯致力于通过和平方式处理同有关国家的领土主权和海洋权益争端，愿以最大诚意和耐心，推动对话谈判解决问题。目前，中国已同 14 个邻国中的 12 个以和平方式彻底解决陆地边界问题，[2] 成为维护世界和平与地区稳定的中坚力量。作为联合国安理会常任理事国和负责任大国，中国坚决维护联合国的地位和权威，是当前安理会常任理事国中派遣维和人员数量最多的国家，也是当前联合国第二大维和摊款国。中国

---

[1] 《习近平提出全球安全倡议》，中国政府网，2022 年 4 月 21 日，https://www.gov.cn/xinwen/2022-04/21/content_5686416.htm

[2] 王毅：《团结在联合国旗帜下，携手推动构建人类命运共同体》，《学习时报》2021 年 12 月 15 日，第 1 版。

军队参加联合国维和行动 30 多年来，维和官兵的足迹遍布柬埔寨、刚果（金）、利比里亚等 20 多个国家和地区，[1] 在推进和平解决争端、维护地区安全稳定、促进驻在国经济社会发展等方面作出了重要贡献。

中国以自身实践不断丰富拓展和平发展道路的内涵，不断壮大维护世界和平与安全的力量，给出了重建安全理性与维护世界和平的中国方案。[2] 在乌克兰问题上，中国立足是非曲直，恪守客观公正，积极劝和促谈，呼吁开展全面对话，尊重各方合理安全关切。在朝鲜半岛核问题上，中国致力于朝鲜半岛和平稳定，坚持并行推进半岛和平机制和半岛无核化进程。在阿富汗问题上，中国主动开展国际协调，第一时间提供人道主义援助，对阿局势平稳过渡发挥了建设性作用。在中东问题上，中国先后提出解决巴勒斯坦问题四点主张、促进中东和平稳定五点倡议和解决叙利亚问题四点主张，成功斡旋沙特与伊朗和解，支持中东国家和人民团结协作解决自身安全问题，独立自主探索自身发展道路。在伊朗核问题上，中国积极推动伊核全面协议恢复履约谈判，维护国际核不扩散体系。此外，中国同各国携手应对恐怖主义、气候变化、网络安全等非传统安全挑战，不断探索和实践具有中国特色的热点问题解决之道，以实际行动为推动实现持久和平与普遍安全而不懈努力。

---

[1]《中国军队参加联合国维和行动 30 年》，国务院新闻办公室网站，2020 年 9 月 18 日，http://www.scio.gov.cn/zfbps/32832/Document/1687750/1687750.htm。

[2] 陈曙光：《世界大变局与人类文明的重建》，《哲学研究》2022 年第 3 期，第 14 页。

第二节 生态文明领域

一、共同构建人与自然生命共同体

党的十八大以来，在以习近平同志为核心的党中央坚强领导下，我国经济社会发展和美丽中国建设都取得前所未有的历史性成就。习近平总书记全方位准确把握中华民族历史方位，心系人类共同前途命运，围绕国家发展绿色转型、全球治理合作提出一系列重要论断、观点、倡议，其中就包括提出人与自然生命共同体重要理念。

（一）提出理念

人类进入工业文明时代以来，在创造巨大物质财富的同时也加速了对自然资源的攫取，打破了地球生态系统原有的循环和平衡，造成人与自然关系紧张。近年来，全球气候变暖持续加剧，极端气候事件频发，生物多样性丧失，荒漠化加剧，全球环境保护面临严峻挑战。然而，一些国家大搞单边主义，奉行"本国优先"的原则，并将其带入到全球环境治理议程中，使相关领域国际合作进程遭遇前所未有的困难，全球始终难以达成确定合作方案。国际社会呼唤先进环境保护理念，亟需确立公正合理、切实可行的国际合作原则，达成应对气候变化合作协议，推进全球环境治理。

面对经济高速增长阶段的自然环境恶化问题，以习近平同志为核心的党中央根据国际国内形势变化，特别是我国发展条件和发展阶段变化，及时作出放弃速度偏好、重视发展质量的根本决策。在习近平总书记坚强领导和身体力行下，我国生态文明建设迈出开创性关键步伐，相关理论思考达到新境界，实践探索取得重大开创性成果。同时，党和国家坚持不懈推动绿色低碳发展，统筹推进新冠疫情防控和经济社会发展生态环境保护工作、坚决打赢污染防治攻坚战取得重大阶段性成果。人民群众对美好生活的向往和对清新空气、干净饮水、安全食品、优美环境的要求随着生活水平不断提高而愈加强烈，全社会对人与自然关系的认识提升到前所未有历史高度。

2021年4月，习近平总书记在"领导人气候峰会"上以视频方式发表重要讲话，首次全面系统提出共同构建人与自然生命共同体理念，科学阐释了生态环境保护和经济发展的辩证统一关系，为全球生态环境保护和应对气候变化指明了方向，为全球环境治理体系的改革完善提供了中国方案，彰显了中国为民族复兴尽责、为人类进步担当的世界情怀。

党的二十大更将"促进人与自然和谐共生"写入中国式现代化本质要求，再次强调"人与自然是生命共同体"，"中国式现代化是人与自然和谐共生的现代化"，并将"推动建设清洁美丽的世界"与构建人类命运共同体的其他行动目标一道写入党章，有效回应了人民群众对清洁美丽家园的向往，彰显了中国站在人与自然和谐共生的高度谋划发展的坚定立场与决心。

（二）核心要义

人与自然生命共同体理念是习近平总书记作为全党全国人民领袖对自身以及中国人民创新实践的理论提纯和精彩总结，是马克思主义中国化在生态文明领域的最新体现，具有鲜明的时代性与先进性，是习近平外交思想体系中一个具有重大原创性意义的要点。

首先，人与自然生命共同体理念是新时代中国对人与自然关系认知的最新成果，更是基于充分实践土壤上的厚积薄发。它是习近平总书记对中国人民从改造自然到与自然和谐共处，再到与自然融为生命共同体这一整个实践过程的经验总结与高度概括。习近平总书记作为人与自然生命共同体理念的创建者，对人与自然关系的思考与实践贯穿自身从基层到地方再到中央的从政经历，成为该理念实践基础的时代缩影。第二，人与自然生命共同体理念鲜明体现出"中华优秀传统文化＋近年来生态文明实践"模式，是中国人自古以来天人合一、敬畏自然、顺应自然、保护自然思想在新形势下的延伸。第三，人与自然生命共同体理念是对马克思主义理论关于人类改造自然思想的继承和发展，是马克思主义中国化的一个最新产物。人与自然生命共同体理念要求坚持系统治理，一方面强调的是以山水林田湖草沙为要素的整个生态系统的有机循环，另一方面强调的是生态建设与经济、社会、文化等其他各领域建设的协调有机配合，体现了马克思主义理论关于事物之间相互联系、相互作用，共同构成一个整体的宏观思维。此外，人与自然生命共同体理念还强调要坚持多边主义合作，并在合作中坚持共同但有区别的责任原则，以确保国际合作中体现依国家发展阶段而精准分配责任份额的真正公平正义，体现了马克思主义理论中矛盾具有普遍性与特殊性的辩证思维。

关于共同构建人与自然生命共同体的核心要义和指导原则，习近平总书记2021年4月在"领导人气候峰会"上以"六个坚持"进行了精准的概括。

一是坚持人与自然和谐共生。习近平总书记提出"人与自然是生命共同体"，"要像保护眼睛一样保护自然和生态环境，推动形成人与自然和谐共生新格局"。生态兴则文明兴，生态衰则文明衰。人类对大自然的伤害最终会伤及人类自身，不能只讲索取不讲投入、只讲发展不讲保护、只讲利用不讲修复；保护生态环境就是保护人类，建设生态文明就是造福人类。

二是坚持绿色发展。习近平总书记提出"绿水青山就是金山银山"，指明了实现经济发展和生态环境保护协同共生的新路径。人类的经济社会发展不是对资源和生态环境的竭泽而渔，生态环境保护也不应是舍弃经济发展的缘木求鱼，而是要坚持在发展中保护，在保护中发展。

三是坚持系统治理。习近平总书记提出，"我们要按照生态系统的内在规律，统筹考虑自然生态各要素，从而达到增强生态系统循环能力、维护生态平衡的目标"，指明了生态环境治理之道。大自然是一个相互依存、相互影响的共生体系，山水林田湖草沙是不可分割的生态系统。修复生态环境不能顾此失彼，必须按照生态系统的整体性、系统性及其内在规律，统筹考虑自然生态各要素，进行整体保护、系统修复、综合治理。

四是坚持以人为本。习近平总书记提出，"生态环境关系各国人民福祉"，指明了推进全球生态文明建设的出发点和落脚点。推进全球生态文明建设是为了人民，建设绿色家园是各国人民的共同梦想，良好的全球生态环境、更完善的全球气候治理是世界各国人民的共同财富，是最公平的国际公共产品、最普惠的民生福祉。

五是坚持多边主义。习近平总书记提出，世界各国"要携手合作，不要相互指责；要持之以恒，不要朝令夕改；要重信守诺，不要言而无信"，指明了推进全球环境治理和应对气候变化国际合作的前提条件。面对全球环境风险挑战，各国是休戚与共的命运共同体，任何一国都无法置身事外、独善其身；保护生态环境、应对气候变化需要世界各国同舟共济、共同努力，携手合作方为正道，单边主义不得人心。

六是坚持共同但有区别的责任原则。习近平总书记提出，"我们要充分肯定发展中国家应对气候变化所作贡献，照顾其特殊困难和关切。发达国家应该展现更大雄心和行动，同时切实帮助发展中国家提高应对气候变化的能力和韧性"，指明了在应对全球气候变化中实现公平正义的基本路径。

（三）重大意义

共同构建人与自然生命共同体，是习近平外交思想和习近平生态文明思想在全球生态环境治理领域中相结合的重大理论创新。习近平生态文明思想的科学性、先进性在建设美丽中国的过程中得到充分证明，对于全球生态文明建设同样具有重要意义。习近平总书记提出共同构建人与自然生命共同体，既弘扬了美丽中国建设的成功经验，又融汇了习近平外交思想中人类命运共同体理念，是习近平新时代中国特色社会主义思想的进一步丰富发展。

共同构建人与自然生命共同体，为推动全球生态文明建设提供了思想引领。全球生态文明建设关系到人类的生存和永续发展。共同构建人与自然生命共同体，对于人们在思想理念上科学正确认识人与自然的关系、实现人与自然和谐共生、经济社会可持续发展具有重要指导意义，必将引领国际社会推动构建尊崇自然、绿色发展的生态体系，努力建设一个绿色低碳、清洁美丽的世界。

共同构建人与自然生命共同体，为全球应对气候变化注入了信心。应对气候变化是人类共同的事业。习近平总书记提出中国将力争2030年前实现碳排放达峰、2060年前实现碳中和，并宣布一系列中国应对气候变化新举措。这是中国基于推动构建人与自然生命共同体的责任担当和可持续发展内在要求作出的重大战略决策，也是中国为应对全球气候变化、推进全球生态文明建设作出的庄严承诺，极大提振了国际社会信心。

中国是共同构建人与自然生命共同体的引领者、推动者和积极践行者，为全球生态文明建设做出了重大贡献。中国大力推动国内温室气体减排。2021年9月，习近平总书记在第76届联合国大会一般性辩论中宣布，中国将大力支持发展中国家能源绿色低碳发展，不再新建境外煤电项目，并重申中国碳达峰、碳中和目标。此外，中国还发布了《关于完整准确全面贯彻新发展理念做好碳达峰碳中和工作的意见》和《2030 年前碳达峰行动方案》，将逐步形成碳达峰、碳中和"1+N"政策体系，明确时间表、路线图。

中国积极推动联合国框架下气候多边进程。中国坚持"共同但有区别的责任"等《联合国气候变化框架公约》基本原则，维护多边主义，维护发展中国家整体利益，推动多边进程持续向前。2021 年 11 月，习近平总书记向《联合国气候变化框架公约》第二十六次缔约方大会世界领导人峰会发表书面致辞，为应对气候变化、推动世界经济复苏提出维护多边共识、聚焦务实行动、加速绿色转型三点建议。中国同美国在此次大会期间发布《中美关于在 21 世纪 20 年代强化气候行动的格拉斯哥联合宣言》，宣布将在 21 世纪 20 年代扩大各自和共同努力，加快向全球净零排放的经济转型，将全球平均气温升幅控制在低于 2℃ 之内，并努力使 1.5℃ 目标成为可能，有力推动大会达成共识。

中国积极参与温室气体减排国际合作。近两年，中国积极与各方就气候变化问题保持沟通对话，将气候变化内容写入各类声明、谅解备忘录、成果文件等固化共识。中国大力支持发展中国家能源低碳绿色发展，承诺不再新建境外煤电项目，已与其他发展中国家签署 40 多份气候变化南南合作谅解备忘录，合作建设低碳示范区、开展减缓和适应气候变化项目、举办应对气候变化南南合作培训班。中国倡导进一步提升亚洲基础设施投资银行在应对气候变化、促进绿色发展中的作用，通过资金动员、能力建设、促进技术转让等方式，帮助各成员国增强应对气候变化的能力。

人与自然生命共同体建设功在当代、利在千秋。在世界百年未有之大变局与中华民族伟大复兴战略全局交织激荡中，中国秉持人类命运共同体理念，促进经济社会发展全面绿色转型，与各国一道共谋全球生态文明建设之路，在国际社会共同构建人与自然生命共同体的努力中积极贡献中国力量。

二、共建地球生命共同体

（一）提出理念

近年来，全球生物多样性加速丧失，全球气候变暖持续，全球湿地、森林、海洋三大生态系统持续退化，保护生物多样性已成为关乎人类可持续发展的紧迫全球性问题，更是事关各国国计民生的重要课题。2020 年 9 月 30 日，习近平总书记在联合国生物多样性峰会上发表重要讲话指出，"'生态文明：共建地球生命共同体'既是明年昆明大会的主题，也是人类对未来的美好寄语。作为昆明大会主席国，中方愿同各方分享生物多样性治理和生态文明建设经验"[1]，从而向整个国际社会郑重发出了共建地球生命共同体重大倡议。习近平总书记还有针对性地介绍了中国用生态文明理念指导发展、采取有力政策行动、积极参与全球环境治理的相关理念与实践。

（二）核心要义

2021 年 10 月 12 日，在《生物多样性公约》第十五次缔约方大会领导人峰会上，习近平总书记以《共同构建地球生命共同体》为主题发表主旨演讲，完整准确全面地介绍了关于共建地球生命共同体的重要理念和主张：第一，以生态文明建设为引领，协调人与自然关系。

---

[1] 习近平：《在联合国生物多样性峰会上的讲话》，"习近平外交思想和新时代中国外交"网站，2022 年 9 月 30 日，http://cn.chinadiplomacy.org.cn/2020–09/30/content_77041777.shtml。

我们要解决好工业文明带来的矛盾，把人类活动限制在生态环境能够承受的限度内，对山水林田湖草沙进行一体化保护和系统治理。第二，以绿色转型为驱动，助力全球可持续发展。我们要建立绿色低碳循环经济体系，把生态优势转化为发展优势，使绿水青山产生巨大效益。我们要加强绿色国际合作，共享绿色发展成果。第三，以人民福祉为中心，促进社会公平正义。我们要心系民众对美好生活的向往，实现保护环境、发展经济、创造就业、消除贫困等多面共赢，增强各国人民的获得感、幸福感、安全感。第四，以国际法为基础，维护公平合理的国际治理体系。我们要践行真正的多边主义，有效遵守和实施国际规则，不能合则用、不合则弃。设立新的环境保护目标应该兼顾雄心和务实平衡，使全球环境治理体系更加公平合理。[1]

习近平总书记鲜明提出共建地球生命共同体重要理念与倡议，为全人类携手合作共同应对全球生态环境恶化指明了方向、规划了路径，指明了人与自然、经济发展与生态环境、人的发展与环境保护之间的和谐共生之道，指出了世界各国共同保护生态环境、实现可持续发展可行路径，有利于推动国际社会加快形成绿色发展方式，促进经济发展和环境保护双赢，构建经济与环境协同共进的地球家园。

（三）成功实践

中国高度重视生物多样性工作，为共建地球生命共同体贡献了中国智慧和中国方案。中国建设性推动全球生物多样性治理，是《生物多样性公约》及其有关议定书的重要参与者与推动者，率先签署和批准《生物多样性公约》，建设性参与《名古屋议定书》和《卡塔赫纳

---

[1] 习近平：《在〈生物多样性公约〉第十五次缔约方大会领导人峰会上的主旨讲话》，"习近平外交思想和新时代中国外交"网站，2021年10月12日，http://cn.chinadiplomacy.org.cn/2021-10/12/content_77803804.shtml。

生物安全议定书》并推动其达成和生效，并始终严格履约。中国全力推动《生物多样性公约》缔约方大会第十五次会议成功举办，成立昆明生物多样性基金，推动会议形成《昆明宣言》，引领全球生物多样性治理进程迈上新的台阶。中国积极推进 2020 年后全球生物多样性治理，积极支持推动"2020 年后全球生物多样性框架"订立，支持各方在公开、透明、缔约方驱动等原则基础上，充分讨论和磋商，相向而行，扩大共识，达成具有里程碑意义的"框架"成果文件，推进更加公正合理、各尽所能的 2020 年后全球生物多样性治理。

中国为保护生物多样性建立广泛的双多边合作交流机制。中国推动建立"一带一路"绿色发展多边合作机制，与中外合作伙伴共同发起成立"一带一路"绿色发展国际联盟，逐步构建"一带一路"生态环保大数据服务平台，为"一带一路"绿色发展提供决策和数据支持。中国实施绿色丝路使者计划，与发展中国家共同加强环保能力建设，先后为 120 多个共建国家培训环保官员、专家和技术人员 2000 多人次，其中涉及生物多样性的培训 600 多人次。中国还与法国、德国、挪威、英国、南非等分别建立双边合作机制，就生物多样性和生态系统服务、气候变化和生物安全等领域开展了广泛的合作与交流；与日本、韩国在中日韩环境合作机制下建立了中日韩三国生物多样性政策对话会议，在中国—东盟环境合作、澜沧江—湄公河环境合作、中国—非洲环境合作等平台中将生物多样性作为重点领域，定期就生物多样性保护、遗传资源获取和惠益分享等领域进行深入交流。

中国在南南合作框架下，积极为发展中国家保护生物多样性提供力所能及的支持。中国在绿色经济、国际环境公约履约等领域开展了一系列提高发展中国家环境管理能力的项目和活动，全球有 80 多个国家受益。在亚洲，中国定期举行澜沧江—湄公河环境合作圆桌对话，针对生态系统管理、可持续基础设施建设、生物多样性保护等议题进行交流；与东盟国家合作开发和实施了"生物多样性与生态保护合作计划""加强东南亚国家制定和实施 2011—2020 年生物多样性保护战略和实现爱知目标能力""GMS 核心环境项目战略框架与行动计划（2018—2022 年）"等一系列项目。在非洲，中国将生态保护作为主要合作领域，安排向有关国家提供生物多样性保护设备等项目；举办生物多样性保护领域培训班，培训发展中国家野生动植物保护、生态环境保护等领域官员和技术人员。

面对生态问题的挑战，人类是一荣俱荣、一损俱损的命运共同体。中国愿与国际社会携手同行，牢固树立尊重自然、顺应自然、保护自然的意识，积极分享中国生态文明建设的经验，坚持绿色发展理念，倡导低碳、循环、可持续的生产生活方式，共建地球生命共同体，共谋全球生态文明之路。

第三节 全球卫生治理

一、共同构建人类卫生健康共同体的内涵要义

2020 年初，新冠疫情突如其来，很短时间便呈现全球大暴发，成为百年来最严重的传染病大流行，对世界经济和各国发展带来的严重冲击是前所未有的。全球产业链供应链脆弱性凸显，大宗商品价格持续上涨，国际贸易和投资总额大幅下跌，世界经济一度按下暂停键，陷入 20 世纪大萧条以来最大范围最深度衰退。这场疫情在激发多重国际风险甚至危机形势的同时，也使得构建人类命运共同体理念更加深

入人心。疫情以生命作为代价告诫人类，病毒是人类共同的敌人，团结合作是战胜疫情最有力的武器；各国只有携起手来，才能共同维护好人类唯一可以生存的这个星球。但仍有些国家和一些政客置本国人民生命健康于不顾，大搞疫情政治化、病毒污名化、溯源工具化，严重干扰和破坏病毒溯源研究，乃至全球疫情防控合作大局。

面对复杂严峻的国际形势和繁重艰巨的抗疫任务，习近平总书记于 2020 年 3 月首次提出人类卫生健康共同体这一重要理念。当年 5 月，习近平总书记在第 73 届世界卫生大会上正式提出共同构建人类卫生健康共同体的中国主张，围绕"全力搞好疫情防控、发挥世卫组织领导作用、加大对非洲国家支持、加强全球公共卫生治理、恢复经济社会发展、加强国际合作"，从核心原则、主导力量、关键举措、努力重点、体系建设等各方面对如何构建人类卫生健康共同体进行了全面论述，呼吁共同护佑各国人民生命和健康，共同护佑人类共同的地球家园，对动员国际社会共同调动全球资源打赢疫情阻击战、构建人类卫生健康共同体起到关键作用。

2021 年 5 月，习近平总书记以《携手共建人类卫生健康共同体》为题在全球健康峰会上发表重要讲话，[1]进一步丰富完善了相关理念和倡议，强调要坚持人民至上、生命至上。抗击疫情是为了人民，也必须依靠人民。要彻底战胜疫情，必须把人民生命安全和身体健康放在突出位置，同时要保证人民群众生活少受影响、社会秩序总体正常；要坚持科学施策，统筹系统应对。坚持弘扬科学精神、秉持科学态度、遵循科学规律。要系统应对，统筹药物和非药物干预措施，统筹常态化

---

[1] 习近平：《携手共建人类卫生健康共同体——在全球健康峰会上的讲话》，人民网，2021 年 5 月 21 日，http://jhsjk.people.cn/article/32110248。

精准防控和应急处置，统筹疫情防控和经济社会发展；要坚持同舟共济，倡导团结合作。要秉持人类卫生健康共同体理念，团结合作、共克时艰，坚决反对各种政治化、标签化、污名化的企图；要坚持公平合理，弥合"免疫鸿沟"。要摒弃"疫苗民族主义"，解决好疫苗产能和分配问题，增强发展中国家的可及性和可负担性；要坚持标本兼治，完善治理体系。要加强和发挥联合国和世界卫生组织作用，坚持共商共建共享，充分听取发展中国家意见，更好反映发展中国家合理诉求。

在世界百年未有之大变局和新冠疫情全球大流行交织影响的关键时刻，共同构建人类卫生健康共同体重要理念和倡议的提出和完善，明确表达了中国携手国际社会联合抗击新冠疫情的重要主张，进一步丰富、深化、完善了人类命运共同体理念的核心内涵。

二、重大理论和实践价值

从理论构建的角度看，相关理念与倡议是人类命运共同体理念的进一步深化和升华。习近平总书记指出："坚定信心、同舟共济，是战胜疫情的唯一正确道路。"[1] 中国积极参与全球卫生治理，主动承担国际责任，以积极开展元首外交、提供国际援助、分享抗疫经验等实际行动为全球抗疫传递信心并注入巨大动力。这是与世界各国携手抗疫开展国际合作的重要宣示，为国际社会树立了团结协作应对全球挑战的典范。

从国际法的角度看，相关理念与倡议展现了中国对全世界各国人民基本人权的尊重。尊重全世界各国人民平等的生命健康权，这是人类命运共同体理念的题中应有之义。生命权是最基本也是最重要的人

---

[1] 习近平：《坚定信心 勇毅前行 共创后疫情时代美好世界——在 2022 年世界经济论坛视频会议的演讲》，《人民日报》2022 年 1 月 18 日，第 2 版。

权，中国坚持人民至上、生命至上。为保护人民生命健康安全，中国暂停社会和经济运行，依法果断采取隔离等措施，遵循世卫组织的专业建议，科学施策，阻断病毒传播，不惜一切代价拯救生命。事实证明，只有拿出这样的政治勇气和担当，才能在疫情中最大限度保护人民的生命权，真正做到尊重和保护人权。

从构建新型国际关系、引领国际务实合作的角度看，相关理念与倡议为在国际抗疫合作中共同弥合全球"免疫鸿沟"、摆脱政治制度差异和意识形态分歧、战胜"政治病毒"，真正实现团结合作贡献了中国方案。面对疫情冲击，发展中国家尤其是最不发达国家更加脆弱。人类卫生健康共同体理念特别强调帮助发展中国家战胜疫情，促进疫苗供应和公平分配，以灵活方式拓展疫苗研发和生产合作，反对"疫苗民族主义"，消除"免疫鸿沟"，同时深化减贫、粮食等非传统安全领域合作，保护脆弱人群的生计，为帮助发展中国家走出疫情阴霾提供了有效方案和正确路径。面对疫情冲击，某些国家某些政客散布"政治病毒"、破坏国际抗疫合作大局的言行不断。中国以实际行动坚决抵制了国际"政治病毒"的肆虐，有力确保了国际抗疫合作顺利健康开展。

三、中国的率先实践

中国从一开始就本着公开、透明、科学、负责的态度，同世卫组织和国际社会携手抗击疫情。最早向世界卫生组织报告疫情，第一时间发布新冠病毒基因序列等关键信息，第一时间公布诊疗方案和防控方案。组织上百场跨国视频专家会议，开设向所有国家开放的疫情防控网上知识中心，毫无保留地与各国分享抗疫经验。

中国发挥自身产能优势，发起新中国成立以来规模最大的全球人道主义行动,打响了以紧急物资援助为重点的抗疫合作上半场。在全球抗击新冠疫情的关键时刻,中国克服自身困难,累计向 153 个国家和 15 个国际组织提供 46 亿件防护服、180 亿人份检测试剂、4300 余亿个口罩等抗疫物资,极大助力全球抗疫。

中国始终把稳团结合作的"方向盘",倡导全球疫苗合作行动,自 2021 年起开启以疫苗合作为重点的抗疫合作下半场。中国发起"一带一路"疫苗合作伙伴关系倡议,始终站在抗疫合作第一方阵,秉持疫苗公共产品第一属性,担当疫苗公平分配第一梯队。中国最早承诺将新冠疫苗作为全球公共产品,最早支持疫苗知识产权豁免,最早同发展中国家开展疫苗生产合作,向 120 多个国家和国际组织提供超过 23 亿剂新冠疫苗,占中国以外全球疫苗使用总量的三分之一,中国疫苗成为人民的疫苗、世界的疫苗、可及的疫苗。中国还向 34 个国家派出 38 支医疗专家组,与 180 多个国家和国际组织分享疫情防控经验。尤为重要的是,中国为发展中国家送去"及时雨",同 20 国合作就地生产疫苗,让疫苗跨越山海、跑赢病毒。

中国为病毒溯源合作正本清源。新冠病毒是人类共同的敌人,政治病毒是疫情肆虐的帮凶。中国积极参与全球科学溯源,同世卫组织发布联合专家组溯源报告,体现了公开、透明的合作态度。个别国家借病毒溯源之名,行政治攻击之实,不仅破坏了国际抗疫努力,也放纵了病毒的滋生蔓延。全球 80 多个国家以致函世卫组织总干事、发表声明或照会等方式,反对溯源政治化。反对疫情政治化、病毒污名化、溯源工具化成为国际共识。无论是新冠病毒还是国际"政治病毒",最终都将被人类所战胜。

人类文明史也是一部同疾病和灾难的斗争史。病毒没有国界,疫病不分种族。人类是命运共同体,团结合作是战胜疫情最有力的武器。

通过践行人类卫生健康共同体理念，中国为全球团结抗疫凝聚最广泛共识，为世界各国尤其是发展中国家提供有力支援，赢得了国际社会普遍赞誉。

第四节 新型领域治理

一、构建海洋命运共同体

海洋对于人类社会生存和发展具有重要意义。面对世界海洋战略形势的深刻变化，习近平总书记郑重提出构建海洋命运共同体重大倡议，为全球海洋治理贡献了中国智慧和中国方案，向国际社会展现了大国的责任担当。

（一）提出理念

2019 年 4 月 23 日，习近平总书记在集体会见应邀参加中国人民解放军海军成立 70 周年活动的外方代表团团长时指出："我们人类居住的这个蓝色星球，不是被海洋分割成了各个孤岛，而是被海洋连结成了命运共同体，各国人民安危与共。"[1]

习近平总书记强调，海纳百川、有容乃大。国家间要有事多商量、有事好商量，不能动辄诉诸武力或以武力相威胁。各国应坚持平等协商，完善危机沟通机制，加强区域安全合作，推动涉海分歧妥善解决。这次多国海军活动，将召开以构建海洋命运共同体为主题的高层研讨会，

---

[1]《习近平集体会见出席海军成立 70 周年多国海军活动外方代表团团长》，《人民日报》2019 年 4 月 24 日，第 1 版。

希望大家集思广益、增进共识，努力为推动构建海洋命运共同体贡献智慧。[1]习近平总书记的讲话为保障海洋安全、促进海洋合作指明了前进方向，展现了中国作为负责任大国的气魄和担当。

（二）重大意义

当今世界正处于百年未有之大变局，国际格局正发生深度演变调整，不稳定性、不确定性明显增加，海上安全形势尤为严峻复杂。习近平总书记提出构建海洋命运共同体理念意义重大，有利于推动各国深化海洋合作，使海洋永远成为人类可以栖息、赖以发展的美好家园。

首先，从全新视角阐释了人类与海洋和谐共生的关系。当前，"以海洋为载体和纽带的市场、技术、信息、文化等合作日益紧密"[2]，但与此同时，海上安全问题层出不穷，海洋生态环境日益严峻，海洋全球治理面临各种挑战。构建海洋命运共同体倡导要像对待生命一样关爱海洋、保护海洋，一切从有利于人类长远发展进步的角度出发，是人类命运共同体理念在海洋领域的延伸和体现，为正确处理人类与海洋的关系提供了思想纲领和行动指南。

其次，有利于推动海上互联互通和各领域务实合作。海洋是国际产业链供应链的大动脉，海上互联互通是发展海洋经济的关键。构建海洋命运共同体理念的提出，有利于推动各国坚持普惠共治的原则，通过推进"21世纪海上丝绸之路"和共建蓝色经济伙伴关系，加快海上互联互通建设，积极搭建海洋合作平台，共同深化海洋合作，推动蓝色经济发展，推动海洋文化交融，不断增进海洋福祉，为促进海洋

---

[1]《习近平集体会见出席海军成立70周年多国海军活动外方代表团团长》，《人民日报》2019年4月24日，第1版。

[2]《习近平谈治国理政》（第三卷），北京，外文出版社2020年版，第463页。

发展繁荣作出积极贡献。

第三，为全球海洋事业发展明确了前进方向。当前，百年变局加速演进，经济和安全面临复杂严峻挑战，各国的前途命运前所未有地联系在一起。"人类不应被海洋分割成不同孤岛和阵营，而应通过海洋更紧密团结起来"[1]。当前，全球海洋治理不仅面临传统安全和非传统安全挑战，还面临随深海、极地等战略新疆域开发利用而出现的新问题。构建海洋命运共同体的提出，有利于深化各国对多边主义的正确认识，坚定捍卫以联合国为核心的国际体系，维护以国际法为基础的海洋秩序，不断完善全球海洋治理机制，推动全球海洋事业持续健康发展。

（三）中国实践

"21世纪，人类进入了大规模开发利用海洋的时期。海洋在国家经济发展格局和对外开放中的作用更加重要，在维护国家主权、安全、发展利益中的地位更加突出，在国家生态文明建设中的角色更加显著，在国际政治、经济、军事、科技竞争中的战略地位也明显上升"[2]。中国始终本着相互尊重、共商共治、开放共享的原则，与各国携手并肩，坚定不移地践行多边主义，共同保护利用海洋，推进完善海洋治理，倡导包容务实的海洋合作，用实际行动推动构建海洋命运共同体。

一是倡导各方加速对话交流，共同维护海上和平安宁。面对复杂海洋安全形势，中国坚定奉行防御性国防政策，主张各国抛弃零和思维，

---

[1]《加强团结合作，携手共建海洋命运共同体——王毅国务委员在"第二届海洋合作与治理论坛"开幕式上的致辞稿（视频）》，外交部网站，2021年11月9日，https://www.fmprc.gov.cn/web/wjbzhd/202111/t20211109_10445908.shtml。

[2]《习近平：进一步关心海洋认识海洋经略海洋 推动海洋强国建设不断取得新成就》，《人民日报》2013年8月1日，第1版。

树立共同、综合、合作、可持续的安全观，共同维护海洋的和平与安宁。中国倡导各国加强海上对话交流、深化海军务实合作，走互利共赢的海上安全之路。中国倡导通过对话弥合分歧，通过谈判化解争端。中国同韩国、日本、菲律宾、越南等海上邻国以及美国、巴基斯坦等国建立了双边滨海磋商机制，积极拓展合作，妥善管控分歧。在黄海方向，中国致力于推动中韩海域划界谈判，与朝韩开展海上务实合作。在东海方向，中国致力于与日本全面有效落实东海问题原则共识，把东海建设为和平、合作、友好之海。在南海问题上，中国致力于与东盟国家全面有效落实《南海各方行为宣言》，推动"南海行为准则"磋商不断取得新进展，把南海建设为和平之海，友谊之海、合作之海。中国坚持平等协商、开放包容、公平公正原则，积极推动加强和完善全球海洋治理机制。自2020年起，成功举办四届"海洋合作与治理论坛"，为推进全球海洋合作与治理做出了积极贡献。

二是倡导共建蓝色经济伙伴关系，为世界经济复苏注入新活力。"海洋是高质量发展战略要地"[1]，是经济可持续发展的有力支撑和强大引擎。近年来，中国不断加快海洋科技创新步伐，提高海洋资源开发能力，培育壮大海洋战略性新兴产业。中国提出共建"21世纪海上丝绸之路"倡议，积极发展"蓝色经济伙伴关系"，搭建"一带一路"国际合作高峰论坛海洋合作专题论坛、中国海洋经济博览会、中非海洋科技合作论坛等开放合作、共赢共享平台。在疫情冲击和逆全球化趋势加剧双重不利影响下，中国致力于促进海上互联互通，推动自由贸易进程，与各国一道共同落实"全球发展倡议"，为世界经济复苏和可持续发

[1]《习近平致信祝贺2019中国海洋经济博览会开幕强调　秉承互信互助互利原则让世界各国人民共享海洋经济发展成果》，人民网，2019年10月16日，http://jhsjk.people.cn/article/31402114。

展提供强劲动力。

三是与各国深化生态合作，推动实现海洋绿色发展。中国政府高度重视海洋生态文明建设，主张开发利用海洋必须与加强海洋治理和加大海洋生态保护同时进行，持续推进海洋经济转型过程中急需的核心技术和关键共性技术的研究开发，着力推动海洋开发方式向循环利用型转变。迄今为止，中国已先后出台《海洋环境保护法》《固体废物污染环境防治法》《海洋倾废管理条例》等 20 余部配套法规，加强海洋环境污染防治，保护海洋生物多样性，实现海洋资源有序开发利用。中国已和 40 多个国家和国际组织签署了海洋领域合作协议，深化海洋生态环境保护、防灾减灾能力建设和应对气候变化等领域合作，共同为海洋的绿色发展作出积极贡献。

二、共同构建网络空间命运共同体

近年来，网络空间成为全人类共同的新家园以及各国合作与竞争的"新疆域"，各国人民在网络空间命运与共、休戚相关。构建网络空间命运共同体是推动构建人类命运共同体理念在网络空间的具体体现和重要实践。自习近平总书记面向全世界提出这一重要倡议以来，网络空间国际交流合作不断深化，构建网络空间命运共同体日益成为国际社会广泛共识。

（一）提出理念

2015 年 12 月，习近平总书记在第二届世界互联网大会开幕式上指出"网络空间是人类共同的活动空间，网络空间前途命运应由世界各国共同掌握。各国应该加强沟通、扩大共识、深化合作，共同构建网络空间命运共同体"，[1] 正式提出共同构建网络空间命运共同体重要倡议。习近平总书记并就全球互联网发展治理提出包括"五点主张"的中国方案：加快全球网络基础设施建设，促进互联互通；打造网上文化交流共享平台，促进交流互鉴；推动网络经济创新发展，促进共同繁荣；保障网络安全，促进有序发展；构建互联网治理体系，促进公平正义。同时，习近平总书记还详细阐述了推进全球互联网治理体系变革应坚持的"四项原则"：即尊重网络主权、维护和平安全、促进开放合作、构建良好秩序。[2]

此后，习近平总书记在历届世界互联网大会开幕式上视频致辞或致贺信时，均倡导构建网络空间命运共同体，强调全球互联网治理体系变革进入关键时期，呼吁各国顺应时代潮流，深化网络空间国际合作。2023 年 11 月 8 日，习近平总书记在向 2023 年世界互联网大会乌镇峰会开幕式发表视频致辞表示："互联网日益成为推动发展的新功能、维护安全的新疆域、文明互鉴的新平台，构建网络空间命运共同体既是回答时代课题的必然选择，也是国际社会的共同呼声。我们要深化交流、务实合作，共同推动构建网络空间命运共同体迈向新阶段。"[3]

（二）重大意义

当前，新一轮科技革命和产业变革加速演进，人工智能、大数据、

---

[1]《习近平在第二届世界互联网大会开幕式上的讲话（全文）》，人民网，2015年12月16日，http://jhsjk.people.cn/article/27937316。

[2]《习近平在第二届世界互联网大会开幕式上的讲话（全文）》，人民网，2015年12月16日，http://jhsjk.people.cn/article/27937316。

[3]《习近平向 2023 年世界互联网大会乌镇峰会开幕式发表视频致辞》，中国政府网，2023 年 11 月 8 日，https://www.gov.cn/yaowen/liebiao/202311/content_6914131.htm?device=app。

物联网等新技术新应用新业态方兴未艾，数字经济蓬勃发展，各国利益更加紧密相连，互联网迎来了更加强劲的发展动能和更加广阔的发展空间。与此同时，互联网的蓬勃发展也给世界各国主权、安全、发展利益带来许多新的挑战，全球互联网治理体系变革进入关键时期。习近平总书记提出携手构建网络空间命运共同体等中国理念、中国方案，凝聚国际社会最大共识，为互联网发展指明前进方向。

第一，在网络空间领域践行人类命运共同体理念的具体体现。中国倡导构建网络空间命运共同体，生动诠释了人类命运共同体理念的深刻内涵，彰显了对人类福祉的高度关切，体现了中国同世界各国共同应对网络空间风险挑战、实现共享共治的真诚愿望。构建网络空间命运共同体同人类命运共同体理念一脉相承，为推动全球互联网发展治理贡献了中国智慧、中国方案。

第二，推动世界各国共同搭乘互联网和数字经济发展快车。近年来，随着数字技术对经济发展的放大、叠加、倍增作用不断释放，各国竞相制定数字经济发展战略，出台一系列激励政策。数字经济呈现发展速度快、辐射范围广、影响程度深的鲜明特点，已成为重组全球要素资源、重塑全球经济结构、改变全球竞争格局的关键力量。构建网络空间命运共同体有利于各国加强沟通、建立互信，密切协调，深化合作，推动互联网、大数据、人工智能同产业优化升级深度融合，让数字文明真正造福各国人民。

第三，推动全球互联网治理体系向更加公正合理方向迈进。发展好、运用好、治理好互联网，让互联网更好造福人类，是国际社会的共同责任。中国既是全球互联网发展的受益者，也始终是国际网络空间和平的建设者、发展的贡献者、秩序的维护者。构建网络空间命运共同体的提出，有利于深化网络空间国际交流合作，积极分享发展经验，为国际社会凝聚共识和探索实践发挥积极作用，共同构建和平、安全、开放、合作、有序的网络空间。

（三）中国实践

当前，百年变局加重演进，构建网络空间命运共同体的重要性和紧迫性更加凸显。中国作为负责任的网络大国，倡导维护各国在网络空间的主权、安全和发展利益，积极参与网络空间全球治理进程，倡导和推动网络领域的国际交流与合作，共同维护全球网络安全，共同促进全球网络数字发展，共同分享全球网络数字机遇和成果，主要体现在：

一是高水平举办世界互联网大会。2014 年以来，中国连续八年在浙江乌镇举办世界互联网大会，搭建中国与世界互联互通的国际平台和国际互联网共享共治的中国平台。近年来，国际各方建议将世界互联网大会打造成为国际组织，更好助力全球互联网发展治理。在多家单位共同发起下，世界互联网大会国际组织于 2022 年 7 月在北京成立，宗旨是搭建全球互联网共商共建共享平台，推动国际社会顺应数字化、网络化、智能化趋势，共迎安全挑战，共谋发展福祉，携手构建网络空间命运共同体。中国将继续创新办好世界互联网大会，努力将其打造成为展示全球互联网前沿科技成果的最佳舞台、分享数字文明新时代发展机遇的合作盛会、携手构建网络空间命运共同体的对话平台。

二是不断提出网络安全治理的中国主张。面对各国对数据安全、数字鸿沟、个人隐私、道德伦理等方面的关切，中国推动制定《二十国集团数字经济发展与合作倡议》，发起《"一带一路"数字经济国际合作倡议》，提出《全球数据安全倡议》，发布《携手构建网络空间命运共同体行动倡议》，提交《中国关于全球数字治理有关问题的立场》，积极参与数字领域国际规则和标准制定，与各国一道，携手打造开放、公平、公正、非歧视的数字发展环境，推动建立多边民主透明的全球互联网治理体系。

三是推动构建网络空间命运共同体走深走实。中国不断深化网络空间国际交流合作，致力于与国际社会各方建立广泛的合作伙伴关系，深化数字经济国际合作，共同维护网络空间安全，积极参与全球互联网治理体系改革和建设，促进互联网普惠包容发展，与国际社会携手推动网络空间命运共同体。中国建设性参与联合国网络安全进程，大力推进亚太经合组织数字经济合作进程，积极参与二十国集团框架下数字经济合作，不断拓展金砖国家和上海合作组织网络安全和数字经济交流合作，深化同东盟数字经济合作，积极推动世贸组织数字经济合作，助力全球数字经济发展，推动网络空间互联互通、共享共治，网络空间命运共同体理念日益深入人心。

三、构建核安全命运共同体

核安全是全球安全治理体系的重要一环。党的十八大以来，中国的核安全事业进入安全高效发展的新时期。习近平总书记提出理性、协调、并进的核安全观，"强调发展和安全并重，倡导打造全球核安全命运共同体，为新时期中国核安全发展指明了方向，为推进核能开发利用国际合作、实现全球持久核安全提供了中国方案"[1]。

（一）提出过程

自 2010 年起，核安全峰会每两年举办一次，旨在集聚国际社会力量共同关注核安全问题及防范打击恐怖主义，中国领导人多次在峰会上表明促进核能和平利用和国际合作的愿望。

---

[1]《中国的核安全》白皮书，国务院新闻办公室网站，2019 年 9 月 3 日，http://www.scio.gov.cn/zfbps/32832/document/1663405/1663405.htm。

2016年4月1日,在美国华盛顿举行的第四届核安全峰会上,习近平总书记首次提出打造核安全命运共同体,强调要强化政治投入,把握标本兼治方向,强化国家责任,构筑严密持久防线,强化国际合作,推动协调并进势头,强化核安全文化,营造共建共享氛围。习近平总书记指出,核恐怖主义是全人类的公敌,核安全事件的影响超越国界。在互联互通时代,没有哪个国家能够独自应对,也没有哪个国家可以置身事外。在尊重各国主权的前提下,所有国家都要参与到核安全事务中来,以开放包容的精神,努力打造核安全命运共同体。[1]

(二)重大意义

习近平总书记提出构建核安全命运共同体这一重大倡议,展现出中国坚定履行大国责任和国际义务的大国担当,为各国凝聚共识、携手确保核安全、共同完善全球核治理指明方向。其意义在于:

一是核安全治理领域的重大理论创新。构建核安全命运共同体是中国核安全观的重要内容,也是总体国家安全观的重要组成部分。它扩展和整合了国际社会对核安全的认识,是人类命运共同体理念在核安全领域的延伸与发展,是推进国际核安全进程的重要里程碑,为解决当前全球核安全治理的根本性问题指明了原则、方法和路径。

二是有利于强化国家责任,深化国际核合作。和平开发利用核能是世界各国的共同愿望,确保核安全是世界各国的共同责任。"中国倡导各国从国家层面部署实施核安全战略,制定中长期核安全发展规划,完善核安全立法和监管机制,并确保相关工作得到足够投入和支持"。中国坚持公平原则,本着务实精神推动国际社会携手共进、精诚合作,

---

[1]《习近平在华盛顿核安全峰会上的讲话(全文)》,人民网,2016年4月2日,http://jhsjk.people.cn/article/28245927。

共同构建公平、合作、共赢的国际核安全体系，共同推进全球核安全治理。构建核安全命运共同体的提出，有利于推动各国践行核安全理念，履行各项承诺，为全球核安全治理注入正能量。

（三）中国实践

作为负责任的大国，中国始终从国家安全战略高度重视核安全问题，坚持核能开发与安全并重理念，长期保持着良好的核安全记录。作为联合国安理会常任理事国和国际原子能机构指定理事国，中国大力推动核安全双多边合作，积极促进核能和平利用，为全球核安全治理贡献了中国智慧和中国力量，主要体现在两个方面：

一是为应对核安全问题提出中国方案。近年来，全球核安全形势的日益复杂性加深了国际社会对核安全的担忧，核材料的安全使用和保存、核泄漏、核恐怖主义、核军备竞赛、国际核安全制度不健全、核文化薄弱等问题正威胁人类生存与发展，加强国际核安全体系、推进全球安全治理还任重道远。中国将核安全纳入总体国家安全观，不断完善国家核安全体系，明确核安全的战略定位，提升核安全能力建设。中国忠实履行国际义务和政治承诺，批准了核安全领域所有国际法律文书，支持和参与核安全国际倡议，为推动全球核安全治理贡献中国力量。

二是坚定支持多边机制，推动核安全国际交流合作。中国坚定维护多边主义，支持国际原子能机构在核安全国际合作中发挥核心作用，严格执行联合国安理会决议，并强调照顾广大发展中国家合理诉求。中国积极推动国际交流合作，分享技术和经验，贡献资源和平台，不断为提高全球核安全水平提供更多公共产品。中国不仅重视国家间的核安全政策交流与务实合作，还倡导提升学术界和公众的核安全意识，在核安全治理进程中的国际声誉不断提升。

后　记

　　构建人类命运共同体是习近平新时代中国特色社会主义思想的重要内容，是习近平外交思想的核心理念，已成为中国特色大国外交不懈追求的总目标。这一重大理念体现在中国外交实践的方方面面，包括推动全球发展倡议、全球安全倡议、全球文明倡议，以及共建"一带一路"等。构建人类命运共同体是面对世界之问、历史之问、时代之问的回答，明确了各国无论大小都是国际社会的平等一员，都应当承担应尽的责任，都享有公平的权利，人类社会应当是和平共处、公平正义、合作共赢的命运共同体。

　　中共中央政治局委员、外交部长王毅同志和外交部党委高度重视习近平外交思想的研究、阐释和宣介工作。王毅同志担任习近平外交思想研究中心主任，外交部党委书记齐玉同志担任习近平外交思想研究中心副主任，多次就本书编写和出版工作作出重要指示和宝贵指导。外交部党委委员审阅了书稿，并提出指导意见和建议。

　　本书编写工作由习近平外交思想研究中心统筹组织，时任秘书长徐步牵头撰写并主持编审工作，现任秘书长陈波主持了后期审定工作，于江专职副秘书长组织撰写并负责审改工作，吴晓丹、王文起、张伟鹏负责框架设计和全书统稿工作。各章节作者的具体分工是：第一章王天灵，第二章陈文兵，第三章吴晓丹，第四章徐步，第五章郑学方，第六章王文起，第七章李平一，第八章于江。沈中明、庞珊珊、张玉环、杨守征、任红岩、何丹、贾丁、张馨等参与了本书的编校工作。

外交部政策规划司为本书的出版做了大量协调工作，外交部各有关司局为本书提出了宝贵意见。五洲传播出版社在本书编辑出版中给予大力支持。

谨向相关部门和同志为本书作出的贡献致以谢意。

本书编写组

2023 年 12 月

图书在版编目（CIP）数据

推动构建人类命运共同体 / 习近平外交思想研究中心著 .
-- 北京：五洲传播出版社， 2024.3
ISBN 978-7-5085-5083-1

Ⅰ . ①推… Ⅱ . ①习… Ⅲ . ①中外关系－研究 Ⅳ . ① D822

中国国家版本馆 CIP 数据核字 (2023) 第 162475 号

推动构建人类命运共同体

著　　　者：习近平外交思想研究中心
出 版 人：关　宏
责任编辑：邱红艳
装帧设计：正视文化
出版发行：五洲传播出版社
地　　　址：北京市海淀区北三环中路 31 号生产力大楼 B 座 6 层
邮　　　编：100088
发行电话：010-82005927，010-82007837
网　　　址：www.cicc.org.cn　www.thatsbooks.com
承　　　印：中煤（北京）印务有限公司
版　　　次：2024 年 3 月第 1 版第 2 次印刷
开　　　本：710mm×1000mm 1/16
印　　　张：24
字　　　数：210 千字
定　　　价：98.00 元